Ancient Rome
as it was

重返古罗马

西班牙 RBA 传媒公司 - 著

唐　正 - 译

现代出版社

目录

引言	9
从尤利乌斯·恺撒到奥古斯都	**19**
共和国的遗产	23
古罗马广场	24
恺撒广场	32
祭祀区	37
台伯岛	44
奥古斯都时期的罗马	53
奥古斯都广场	54
奥古斯都之家和莉薇娅之家	64
马切罗剧院	69
奥古斯都时期的建筑工程	74
战神广场	77
和平祭坛	80
和平祭坛的重建	87
奥古斯都陵墓	90
阿格里帕之家和莉薇娅别墅	95
帝国的辉煌	**103**
面包与竞技	107
罗马大角斗场	108
图密善竞技场	118
图拉真浴场	121
宗教崇拜	125
万神殿	126
维纳斯和罗马神庙	134
以神圣的方式安葬死者	139
哈德良陵墓	142
帝国议事广场	149
图拉真广场	152
图拉真柱	157
图拉真市场	164
从"野牛之地"到考古公园	169
和平广场	172
涅尔瓦广场	174

皇家官邸	177
帕拉蒂尼山的宫殿群	178
金宫	186
哈德良别墅	193
克诺珀斯	196
塞拉比斯	201
海上剧场	206
佩奇勒花园	211
水池及其周围的建筑	217
奥斯提亚，古罗马的大型港口	225
克劳狄港与图拉真港	228
商会广场	233
仓库	240
帝国的黄昏	**247**
权力的炫耀	251
古罗马广场	252
新巴西利卡	262
从"世界之都"到意大利首都	267
公共娱乐和私人奢侈品	271
马克西穆斯竞技场	272
卡斯特伦斯圆形竞技场	279
马克森提乌斯宫及竞技场	284
密涅瓦医神庙	289
丰富的家居用品	296
戴克里先浴场	298
宗教的熔炉	305
拉特朗圣约翰大殿	306
建在使徒墓上的圣殿	311
地下墓穴	319
使用罗马绘画技术的基督教艺术	328
附录	**331**
卡比托利欧博物馆	332
罗马文明博物馆	340
梵蒂冈博物馆	346
漫步奥古斯都时期的罗马	352
漫步罗马帝国鼎盛时期的罗马	357
漫步西罗马帝国时期的罗马	360

引 言

在经历了公元 1 世纪末频繁的大火后,罗马从灰烬中重生,以更大的辉煌昭示着它的荣光。罗马宏伟壮丽的建筑使其无愧于"世界之都"的盛名。

公元 2 世纪中叶,雅典演说家埃利乌斯·阿里斯蒂德斯(Elio Arístides)在他的《罗马颂》(*Elogio de Roma*)中称,大都会就是帝国,而帝国就是世界。他还肯定地说,人们只需要到屠牛广场(Foro Boario)边上的河港看看,就会见到世界上的丰富物产,因为这里汇聚了来自五湖四海的"一年四季中世界各地生产的东西,以及希腊人和蛮族的艺术作品"。那个时期,罗马城经济发达,文化繁荣,来自帝国各地的人们聚居于此,他们虽然习俗和信仰各不相同,但都以拉丁语沟通,并在罗马皇帝的法律面前享有平等的地位。

一些历史学家将公元 2 世纪称作"最幸福的世纪"(beatissimum saeculum)。从这一评价来看,这应该是一个和平时期,但事实上,公元 2 世纪的军费开支比公元 1 世纪翻了一番,负责确保边境安全和人民福祉的军团的数量达到了顶峰。12 亿塞斯特提[1]用于维持 30 个军团的开销,与之相比,只有 7500 万塞斯特提用于帝国的行政管理、2000 万到 6000 万塞斯特提用于建筑工程。公元 2 世纪最著名的纪念性建筑的建筑费用都来自战利品,建筑上的装饰都在宣告着罗马至高无上的军事权

---

[1] Sestercio,一种古罗马银币。——译者注

■ 引言

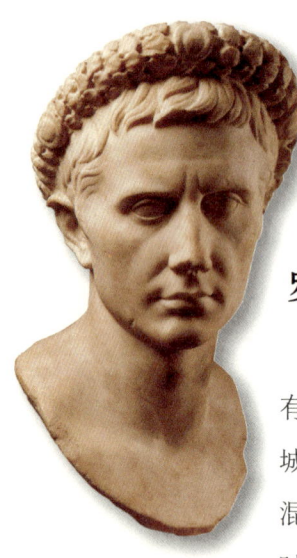

▲ 出土于梅鲁拉纳路的奥古斯都像。其头戴的橡树叶冠代表胜利者所戴的金色王冠或伊特鲁里亚王冠，这可能是奥古斯都在公元前29年庆祝三连胜时所戴的。

🏛 现藏于卡比托利欧博物馆

◀◀ 罗马大角斗场通往圣道（Vía Sacra）的入口。右侧是维纳斯和罗马神庙的柱廊及其底座，远处是提图斯凯旋门。

威。因此，城市空间的改造首先服从于宣扬国泰民安、彰显帝国权威的物质性和象征性要求。

罗马的大火

在尼禄之前，从来没有罗马帝国的皇帝敢于改变城市的原始布局。在先前的混乱的城市结构中，共和国时期的将军和朱里亚-克劳狄王朝最早的领导者的纪念性建筑占据了大量空间。只有在战神广场（Campo de Marte），即部队在罗马城的神圣界限外的郊区训练的大片平原，才有空间建立一个与扩张中的帝国首都相匹配的纪念中心。

奥古斯都曾将罗马城划分为14个区，公元64年罗马城的大火——部分研究将其归咎于尼禄——烧毁了其中的10个区，这使人们得以根据不同于先前的合理且实用的城市规划建立新城。塔西佗（Tácito）认为："新城的区域划分经过精心设计，宽阔的街道被修建起来；建筑高度受到限制（不超过25米）；房屋后有了院子，屋前也有了门廊作为保护。"也是在这一

极致扩张的罗马帝国版图

图拉真是最后一位能征善战的罗马皇帝。在他统治期间，罗马帝国的疆域拓展到多瑙河以北，吞并了纳巴泰王国的土地，并在一段时间内延伸至波斯湾。

地中海沿岸

在被罗马人称为"我们的海"（Mare Nostrum）的地中海的沿岸地区，图拉真拥有广阔的领土。此后，再也没有哪个国家能够独占地中海沿岸的土地。

行省的划分

很难准确估计这个多元化帝国的规模。罗马帝国的疆域达到约600万平方公里，被划分为多个行省（在图拉真统治时期，行省的数量超过30个）。

一个人口众多的帝国

罗马帝国是历史上最强大的帝国之一。它的人口在6000万到1亿之间，接近当时世界人口的一半。研究表明，罗马帝国军队人数约为40万，而令人惊讶的是，其行政部门工作人员只有约1万人。

时期，尼禄下令兴建皇室住宅，其宏伟壮丽可以媲美罗马的一些附属国或盟国的希腊风格和东方建筑风格的宫殿。尼禄修建的别墅名为金宫（Domus Aurea），占地 80 公顷，从帕拉蒂尼山的西端一直延伸到埃斯奎利诺山顶，包括切利奥山丘的一部分。

▲卡比托利欧的母狼铜像，描绘的是神话传说中喂养罗马的创造者罗慕路斯（Rómulo）和勒莫斯（Remo）的母狼。

🏛 现藏于卡比托利欧博物馆

11

■ 引言

无论是尼禄的城市规划措施，还是奥古斯都时期创建的由 7000 名获释奴隶组成的消防队，都没能使罗马免于一场场大火。家用和街道照明使用的油灯和牛油火炬是引发这些大火的主要原因。公元 80 年，罗马再次被大火吞噬。战神广场被夷为平地，斯塔提利乌斯·陶洛斯圆形竞技场（Anfiteatro de Estatilio Tauro）、阿格里帕浴场（Termas de Agripa）和尼禄浴场（Termas de Nerón）等建筑被毁。公元 104 年，大火烧毁了奥皮欧山上的金宫的最后遗迹，提图斯皇帝在罗马人口最多的两个区（奎里纳莱和苏布拉）兴建的浴场也未能幸免，而当时图密善皇帝在战神广场紧张的建设工作还未完成。

6 年后，大火吞噬了阿格里帕的万神殿（Panteón）——这是罗马建筑史和工程学发展历史上最伟大的作品之一。在弗拉维王朝和安敦尼王朝时期，人们在重建万神殿的同时，开展了新的建筑工程，这些工程甚至改变了城市的地形。人们拆除了一些与声名狼藉的皇帝有关的标志性建筑和为传达如今已经没有意义的政治信息而建的建筑，同时修建了其他纪念性建筑，以展现一种不同的政治主张。人们在金宫内古湖的故址之上建起了罗马大角斗场（Coliseo）；为建造图拉真广场（Foro de Trajano）夷平了一座山，并在沼泽谷地和战神广场之间的地带开辟了一条通道，牺牲了古老的自由之家（Atrio de la Libertad）；此外，还用来自山上的土石掩埋了金宫的遗迹，在上面建造了最早的帝国浴室。

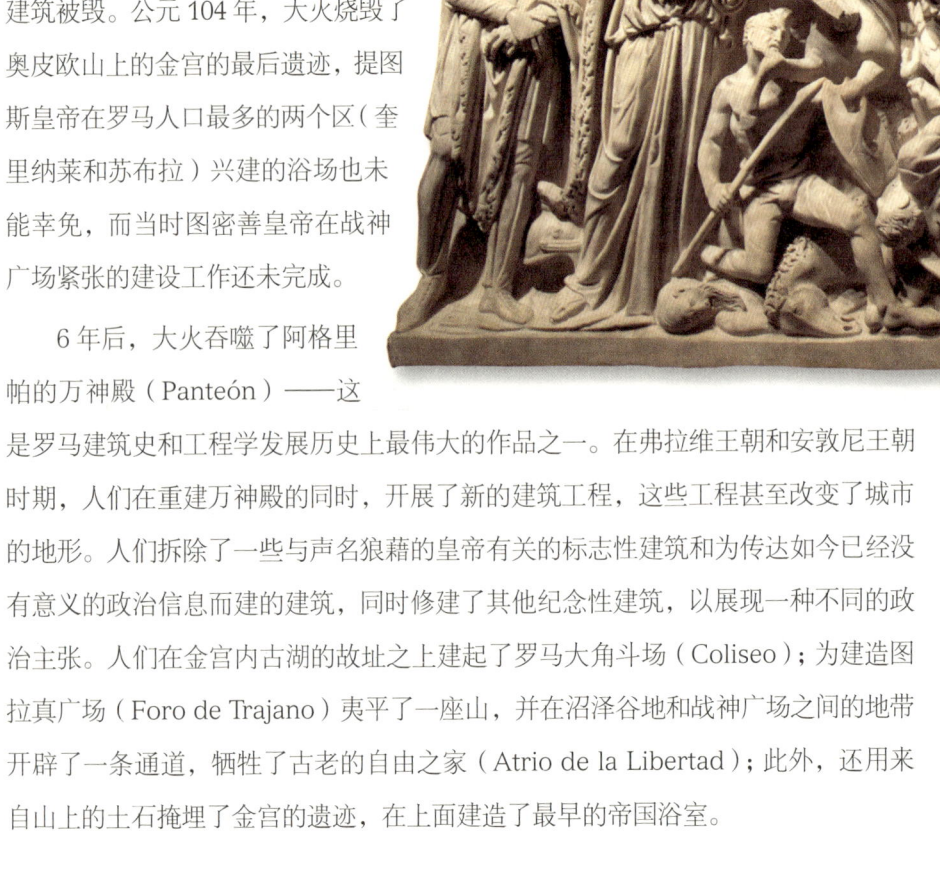

一座脏乱嘈杂的城市

在拥有 100 万居民、人口规模巨大的罗马城,贫穷肮脏的居民区与精致奢华的公共纪念性建筑形成了鲜明的对比。许多生活在公元 1 世纪末到公元 2 世纪初的古典作家纷纷抱怨罗马街道的喧嚣嘈杂、洗衣店和集市的异味,以及诸多威胁生命安全的危险:夜间的抢劫、谋杀,以及随时发生的火灾和房屋倒塌。尤维纳利斯(Juvenal)不无讽刺地问道:"还有什么悲惨孤独的地方比这个危险重重

▲ 波尔多纳奇奥的石墓,属于一位参加马可·奥勒留统治时期的马科曼尼人战争的罗马将军。坟墓的装饰主题为战争的喧嚣,灵感来源于奥勒留圆柱上的浮雕。墓盖上的浮雕讲述了这位将军从出生到投降的一生。

🏛 现藏于罗马国家博物馆马西莫宫

引言

▶ 朱尼厄斯·巴苏斯石棺。石棺由卡拉拉大理石制成，正面装饰着10个高浮雕场景，暗示着《旧约》和《新约》的情节，里面是罗马总督朱尼厄斯·巴苏斯的遗体，他于359年被埋葬在梵蒂冈。这具石棺是4世纪基督教古典主义雕塑中最古老的杰作之一。

🏛 现藏于梵蒂冈圣彼得大教堂宝藏历史博物馆

的野蛮城市更令人厌弃呢？"马提亚尔（Marcial）也说过："在这个城市里，人既不能思考也不能休息。早上，教师们授课的声音传遍了大街小巷，下午，面包师在大声叫卖，而锅匠一整天都在叮叮当当，吵得人不得安生。"

不过，罗马的街区并不相同。阿文提诺山被改造成住宅区，当地的平民房屋后来被精致的贵族住宅所取代——例如图拉真和哈德良在迁居帕拉蒂尼山之前的宅邸，而诸如苏布拉或桑布科的其他街区几个世纪以来一直保持着它们的平民性。苏布拉以其色情行业而闻名。一条崎岖的街道横穿此地，不时传来骡子缓慢的踏步声。根据马提亚尔的描述，石铺的路面很脏，总是被奥菲斯喷泉的水打湿。而桑布科区民风淳朴，小巷蜿蜒曲折，房屋

罗马城的变迁

今天，罗马最受游客欢迎的建筑万神殿和罗马大角斗场，是在弗拉维王朝和安敦尼王朝时期建造的。那是罗马的一段辉煌时期。

公元前27年
"第一公民" 屋大维击败了共和派并实行元首制。他在这一年获得了"奥古斯都"封号。

公元前44年
尤利乌斯·恺撒去世 恺撒在庞培议事堂遇刺身亡，其甥外孙屋大维成为继承人。

公元69—79年
韦斯巴芗 韦斯巴芗开启了弗拉维王朝的统治。罗马由此进入辉煌时期。

公元14年
奥古斯都去世 在统治帝国近44年后，奥古斯都在诺拉去世。他选定提比略为王位继承人。

公元98—117年
图拉真 这位"最好的统治者"开创了帝国的"黄金时代"。他修建了图拉真广场。

公元81—96年
图密善 图密善的独裁政权让罗马沾满了鲜血。同时，他的宏伟的城市建设计划改变了罗马。

朴实无华，人们每天清晨在鸡鸣声中醒来。在拉塔路附近有巨大的砖砌建筑，高达8层，"似乎可以直达云端"，给人留下了深刻的印象。其中最著名的筑是费利克勒斯住宅楼，根据特土良（Tertuliano）的描述，它的高度十分惊人。由于人口密度大，每个街区至少有70个浴场、9个仓库、超过18个面包炉、无数的"cauponae"（酒鬼、赌徒和妓女聚集的肮脏酒吧），以及几家洗衣店，人们用门口的大罐子里盛的尿液对布进行"消毒"。

罗马虽然具有让人着迷的古迹和各种各样的游戏和节日，但同时也是一座肮脏、嘈杂和危险的城市。

希腊文化的影响

在作坊里工作的青铜匠、雕刻家、制陶工匠、画家、纺织工人大多来自大希腊（意大利南部和西西里岛）或希腊大陆，他们被委托建造和装饰大型公共建筑。

公元117—138年
哈德良 安敦尼王朝的西班牙裔皇帝哈德良与元老院多有分歧。

公元180—192年
康茂德 康茂德的专制独裁结束了罗马帝国的"平衡时代"和安敦尼王朝的统治。

公元284—305年
戴克里先 戴克里先建立了四帝共治制，使其成为罗马帝国的政体。

▶ 公元315年，在提契纳姆（帕维亚）铸造的刻有君士坦丁雕像的银币。
现藏于慕尼黑德意志国家硬币收藏馆

公元138—161年
安东尼·庇护 安东尼·庇护的妻子大福斯蒂娜来自乌尔比乌斯家族。这桩婚姻使他成为哈德良的继任者。

公元193—235年
塞维鲁王朝 在经历了公元186年和192年的毁灭性的大火后，塞普蒂米乌斯·塞维鲁和他的后人们重建了罗马城。

公元312—324年
君士坦丁大帝 在统治期间，君士坦丁大帝为促进基督教在罗马帝国的发展，出资建造了许多神庙。

引言

公元前212年，罗马征服叙拉古，确立了其在世界范围内的军事和政治霸权。此后，希腊文化的影响开启了一个尤以奢华著称的新时代。来自希腊化的东方的厨师、理发师、医生、教育家和建筑师主动或被迫移民罗马，为统治阶级服务，并最终改变了古老的罗马习俗。由于大理石、水泥等新建筑材料与新的建筑形制和装饰模式的引进，以及工人数量及国家财政和私人资金投入的增加，罗马纪念性建筑的建造发生了巨大改变。除了在城市的重要地带建立的、用将军们的战利品支付建筑费用的神庙、柱廊和胜利纪念碑，人们还改变了一段（超过2公里的）河流的流向，在阿文提诺山山脚下建立了一个新的河港（恩波里厄姆港）和许多仓库（加尔瓦那仓库、洛亚那仓库、塞安那仓库、沃里亚那仓库和沃尔特里亚仓库），确保来自地中海各地的货物的装卸以及它们在整个城市的储存和分配。

在罗马，新的桥梁、水渠、街道、保护民众免受日晒雨淋的宽阔拱廊以及商业基础设施的出现，并不是真正意义上的城市重建，因为这需要大面积的拆迁和改变城市空间分布。尽管独裁者卢基乌斯·科尔内利乌斯·苏拉（Lucio Cornelio Sila）发起了对大片公共区域尤其是卡比托利欧山和广场的改造，但他并没有对城市进行全面的重新规划。

罗马的重建

尤利乌斯·恺撒（Julio César）最早提出真正的城市发展方案。他不仅设想拆除几座神庙、将台伯河从梵蒂冈山下的米尔维奥桥引向台伯岛，还计划将战神广场完全城市化，并将其原有功能转移到梵蒂冈地区，甚至重新划定城市的神圣界限。事实上，他不切实际的想法中不乏大胆的冒险，如排干彭迪那沼泽地，在富齐诺湖建造一个排水口，或是在科林斯地峡建造一条运河。他的计划引起了保守派的不满，为了实施这些计划，他颁布了一项关于城市发展的法律。

尽管恺撒的城市重建计划因其于公元前44年遇刺身亡而中断，但部分建筑工程已经完成了。例如，为扩建古罗马广场（Foro Romano）、致敬维纳斯女神新建的恺撒广场（Foro de César），以及在广场的主要位置修建的祖先维纳斯神庙（Templo de Venus Genetrix）。已竣工的建筑工程还包括尤利乌斯议事堂（Curia Julia）、尤

利乌斯巴西利卡 [2]（Basílica Julia）以及弗拉米尼乌斯竞技场（Circo Flaminio）旁的大型剧院。恺撒的一些建设项目得到了继续推进，这决定了其继承人奥古斯都统治期间罗马的纪念性建筑的发展方向，但同时他的大部分重建计划被取消，显示了奥古斯都的保守。

奥古斯都从未试图改变罗马原有的城市结构，也没有将任何区域的功能转移到其他地方。他致力于对80多座神庙进行改造，并在广场周围、特拉斯提弗列区和战神广场附近地区建造大型纪念性建筑群。自此，战神广场从一个招募和训练年轻士兵的地方变成古代世界的建筑奇迹之一。

奥古斯都的印记

苏维托尼乌斯（Suetonio）曾说："罗马曾常年受火灾和洪水侵袭，并没有展现出帝国首都应有的宏伟壮观的气象。经奥古斯都改造后，罗马焕然一新，其变化之大使奥古斯都可以自豪地宣称他把一座土坯城市改造成了一座大理石城市。"

奥古斯都本人在《奥古斯都神功业记》（Res gestae DiviAugusti）中赞扬了自己的建筑工作，包括建造和修复多座神庙，完成恺撒广场和尤利乌斯巴西利卡的建设，修缮庞培剧场（Teatro de Pompeyo）和弗拉米尼亚大道（Vía Flaminia），清理并拓宽台伯河河道以遏制频繁的河水泛滥，拓宽马西亚水渠，以及铺设保证城市供水的新水渠。

在公元14年奥古斯都去世时，人们在罗马兴建了一些有史以来最宏伟壮观的建筑，这预示着罗马即将成为真正的"世界之都"（caputmundi）。

---

[2] 尤利乌斯巴西利卡是一座装饰华丽的巨大公共建筑，在罗马帝国早期是举办会议和执行其他公务的场所。——译者注

▶ 泰勒斯，地球母亲，被生育的标志——果实和两个孩子——所环绕，这两个孩子可能是罗慕路斯和勒莫斯。罗马和平祭坛东立面上的浮雕。

从尤利乌斯·恺撒到奥古斯都

尽管罗马在共和国末期试图进行城市改造,并且从公元前2世纪起就吸收了希腊化的东方建筑风格,但罗马在很长一段时间后才真正具有了帝国首都应有的城市形象。

罗马，世界之都

贺拉斯（Horacio）在其于公元前17年为世纪庆典而作的诗中赞颂了罗马，这座城市经奥古斯都改造后已成为名副其实的帝国首都："恩慈的太阳，你乘着炫目的战车／领入又隐藏白昼，每日不同／又相同，愿你俯瞰的城市都不若／罗马辉煌。"然而，公元前1世纪末的罗马在美感上无法与最著名的希腊化城市相比，也不及新建立的罗马城市。狭窄的街道组成的复杂混乱的路网使罗马人没有足够的空间建造公共纪念性建筑。因此，在奥古斯都统治时期，这些纪念性建筑主要集中在战神广场。根据斯特拉波（Estrabon）的说法，这片荒无人烟的大平原最终被改造成古代世界的奇迹之一。

① 阿格里帕之家　⑤ 马切罗剧院
② 台伯岛　　　　⑥ 阿波罗神庙和贝罗那神庙
③ 屠牛广场　　　⑦ 屋大薇柱廊
④ 欧利托里奥广场　⑧ 弗拉米尼乌斯竞技场

- ⑨ 庞培剧院及其柱廊
- ⑩ 祭祀区
- ⑪ 战神广场
- ⑫ 奥古斯都日晷
- ⑬ 和平祭坛
- ⑭ 奥古斯都陵墓
- ⑮ 莉薇娅别墅
- ⑯ 奥古斯都广场
- ⑰ 恺撒广场
- ⑱ 古罗马广场
- ⑲ 奥古斯都之家和莉薇娅之家
- ⑳ 马克西穆斯竞技场

共和国的遗产

如果先前没有对地中海东部的建筑师引进的新技术和新形式进行试验，公元前1世纪下半叶对罗马的改造就无法实现。波利比乌斯（Polibio）、波利克莱斯（Policles）、赫尔莫多鲁斯（Hermodoro de Salamina）等希腊化时代的艺术家、教育家和理论家推动了罗马缓慢但持续的现代化，影响了社会生活的各个方面，从衣着梳洗方式的改变到被旧共和制贵族厌恶的铺张浪费现象的兴起。

这种变化的产生主要归因于争权夺势的将军们，如福尔维（Fulvio）、梅特卢斯（Metelo）或埃米利乌斯（Emilio）。他们拥有大片土地和巨额财富，可以购买采石场、开采建筑石料，并让罗马最好的规划师和建筑师为他们服务。希腊化时代的马其顿、小亚细亚和非洲北部的王朝的史书中记载，这些将军通过与这些王朝的战争中获得的战利品增加他们的财产，并将其投入大型纪念性建筑的建设中。

渴望控制帝国命运的领袖们创造了帝国的历史。以竞技比赛、游艺活动、戏剧比赛、公共宴会和分发钱财等形式公开庆祝政治领袖和国家功臣的诞辰，将其名字写入祷词和誓言中，以及将和平、福祉、和谐等美德的人化形象引入古典万神殿中，都是他们创造罗马英雄历史的最佳方式。怀有创造历史的野心的领袖们在公共生活的中心地带建立纪念性建筑，以此延续他们的记忆，并以这种方式促进了城市化进程和城市的转型。

■ 共和国的遗产

古罗马广场 [3]

在罗马，没有什么地方比广场更能感受这座城市的脉搏。古罗马广场是罗马的政治中心、宗教中心和商业中心。只要在广场走上一圈，就足以知道当时谁在掌权，或谁在觊觎权力，因为装饰广场的柱廊、大殿和神庙的就是统治者及其亲友的雕像。

在游览广场时，罗马民众可以参加公开葬礼（funeraindictiva），即元老院为最杰出的公民、人民的恩人和国家的英雄所举行的葬礼。在大号、小号和长笛的乐声中，可以听到一位逝者家人在演讲台上以雷鸣般的声音赞美逝者的美德，周围还有戴着逝者祖先面具的演员。如果有人想知道有多少人在罗马的

▶ 从罗马国家档案馆（Tabularium）俯瞰古罗马广场。

◀◀ 和平祭坛博物馆侧墙上的浅浮雕，表现的是一次神圣游行。

[3] 专指罗马城市中心的古罗马广场（Foro Romano），又译城市广场，第三章第一节中有对这个广场的进一步介绍。——译者注

■ 共和国的遗产

管辖之下，或者想知道帝国的边界有多遥远，只需要到商店去看看各种各样的进口商品，问问在大殿旁便携式桌子上工作的货币兑换员兑换了哪些钱币，或者参加旗杆前的拍卖战俘的活动——他们被当作奴隶和各种战利品一起出售。

此外，人们也可以参加沿着圣路向卡比托利欧山的朱庇特神庙（Templo de Júpiter Capitolino）进发的胜利游行，凯旋将军站在四匹白色骏马拉动的战车上，脸被涂成红色，一个奴隶将皇冠高举过他的头顶，在他耳边重复："记住，你只是一个凡人。"尽管现场人头攒动，无法看清细节，但所有人都可以看到马车上的战利品，以及被征服的部族的酋长和他们的家人，他们被五花大绑，承受着胜利者的羞辱。在声势浩大的游行队伍、震耳欲聋的音乐、士兵们的歌声、小丑们的笑话以及神庙祭坛上燃烧的熏香的影响下，人们很难不被欢庆的气氛所感染，进而加入庆祝的人群中。不过，这样的庆祝活动并不常见，因其扰乱了广场上进行的日常活动。

① 恺撒神庙
② 灶神庙
③ 卡斯托尔和波吕克斯神庙
④ 尤利乌斯巴西利卡
⑤ 农神庙
⑥ 演讲台
⑦ 和谐女神庙
⑧ 尤利乌斯议事堂
⑨ 埃米利乌斯巴西利卡

尤利乌斯议事堂是元老院的所在地，由恺撒开始建造，并在公元前29年由奥古斯都举行落成典礼。它的内部非常简朴，但采用了碎石镶嵌艺术进行装饰的地板引人注目。

世界之脐——罗马人称之为"罗马的中心"（Umbilicusurbis）——被认为是罗马的神圣中心。这个以圆锥体为顶的圆柱形建筑与罗马的奠基仪式有关。

巴西利卡类建筑于公元前 2 世纪出现在罗马。它们模仿希腊的柱廊和托勒密王朝埃及神庙的大厅，用于司法活动，经济、金融活动和公民会议。

公元前 44 年，恺撒遇刺身亡后，奥古斯都在焚烧尸体的火堆旁建立了一座神庙以纪念恺撒。恺撒是罗马第一个被神化的人。

自公元前 159 年起，卡斯托尔和波吕克斯神庙成为元老院会议的场所。神庙前建有一个讲坛。

公元前 29 年，为纪念阿克提姆海战而修建的单拱门。十年后，人们在它的两侧增加了两个拱门。

演讲台装饰着公元前 338 年拉丁战争期间在安齐奥作战的战船的冲角。

农神庙与卡斯托尔和波吕克斯神庙是广场上最古老的神庙，建于公元前 6 世纪末至公元前 5 世纪初。

金色里程碑是一个小型的圆形纪念碑，从罗马通向帝国境内其他地方的所有道路都以之为起点。它建于公元前 20 年，位于演讲台的一侧。

■ 共和国的遗产

拥挤喧闹的广场

广场总是像一个大市场一般，无论是贵族还是平民，无论是罗马公民还是外国人，都带着不同的目的来到广场。正如普劳图斯（Plauto）所描述的那样："要想找一个作伪证的人，就到大会堂去找；要想找一个信口开河的吹牛的人，那就去维纳斯·克洛阿奇纳神殿（Templo de Venus Cloacina）吧；要想找快破产的浪荡的丈夫，就到波西亚巴西利卡（Basílica Porcia）去，在那里你还会找到憔悴的歌妓和商人；想吃大锅饭就去卖鱼的广场。广场的下部是达官富贾聚集的地方；在中部靠近运河的地方，则可以找到家世显赫的贵族；在库尔蒂乌斯湖（Lago Curcio）附近，可以找到骗子和造假者……在旧商店旁边，放债人和他们的受害者聚集在一起；在卡斯托尔和波吕克斯神庙（Templo de los Dióscuros）后面，有一些你不应该信任的人；在伊特鲁里亚（Etrusco）小巷，有一些卖身的无耻之徒；在维拉布罗谷地，有面包师、屠夫、二手商贩……"

到公元前1世纪末，广场已不再是最初的沼泽谷地。在塔奎尼乌斯（公元前7世纪统治罗马的伊特鲁里亚国王）建造马克西姆下水道（Cloaca Máxima）之后，淹没谷地的水都被排走，只剩下朱图尔纳喷泉（Fuente Yuturna）。在罗马共和国的最后一个世纪，由于对立党派之间的冲突，奥斯蒂吕斯议事堂（Curia Hostilia）和波西亚巴西利卡被烧毁。因此，恺撒调整了广场的部分结构，使作为帝国首都的罗马更加威严。

元老院的所在地：尤利乌斯议事堂

公元前52年，一场大火烧毁了奥斯蒂吕斯议事堂。卢基乌斯·科尔内利乌斯·苏拉曾在30年前扩建该议事堂，以容纳元老院的600名参议员。尤利乌斯·恺撒对其进行重建，并改变了它的位置，使其成为古罗马广场和新建的恺撒广场之间的连接点，后者正是祖先维纳斯神庙的所在地。恺撒去世后，建筑工程陷入停滞，直到奥古斯都恢复了工程。在恺撒神庙建成10天后的公元前29年8月28日，尤利乌斯议事堂落成。

奥古斯都和卡西乌斯·狄奥（Dión Casio）都将议事堂的建造与"chacidicum"的建造联系起来。最近的研究认为这是指延伸到议事堂外墙的柱廊，它曾出现在一些奥古斯都时代的钱币上。在公元283年卡里努斯大火之后，戴克里先对议事堂进行了最后一次修缮。目前，尤利乌斯议事堂保存良好。我们现在看到的尤利乌斯议事堂是公元7世纪以来对其进行基督教化改建后的圣阿德里安教堂（Iglesia de San Adrián）。

■ 共和国的遗产

古罗马广场上的建筑

尤利乌斯·恺撒没有选择在奥斯蒂吕斯议事堂原来的位置建尤利乌斯议事堂，而是将其作为旧的古罗马广场和他为庆功而新建的恺撒广场之间的连接性建筑。同时，尤利乌斯巴西利卡的建设工作已经开始，卢基乌斯·埃米利乌斯·保卢斯（Lucio Emilio Paulo）资助的埃米利乌斯巴西利卡已经竣工，对演讲台的改建也已完成。

在奥古斯都的权力得到巩固后，古罗马广场的结构也最终确定下来，并一直延续至帝国灭亡。位于广场的东侧和南侧的埃米利乌斯巴西利卡和尤利乌斯巴西利卡的对称性掩盖了广场的不规则的形状。广场的西侧是罗马国家档案馆（由卢基乌斯·科尔内利乌斯·苏拉建造，连接广场和卡比托利欧山的阿尔克斯山峰）和奥古斯都用大理石重建的和谐女神庙与农神庙，后者是国库的所在地。广场的东北方向的阿金塔斯路（Clivus Argentarius）通向恺撒和奥古斯都建造的帝国议事广场的最早的两个广场，并环绕着新建的尤利乌斯议事堂。在广场的东南角，奥古斯都建立了恺撒神庙，以纪念"神圣的尤利乌斯"（divus Iulius），并竖立了两个拱门，以纪念阿克提姆海战和安息战争的胜利。

一座纪念凡人的神庙

古罗马广场上的恺撒神庙是非常新颖的，因为它是西方第一座不是为供奉神灵，而是为纪念被神圣化的凡人所建立的神庙。

在奥古斯都击败反恺撒派后，布鲁图斯（Bruto）和卡西乌斯（Casio）跌落英雄的神坛，成为新政权的牺牲品。屋大维、马克·安东尼（Marco Antonio）和雷必达（Lépido）结成的后三巨头同盟下令在火化恺撒的尸体的地方建造一座英雄祠（纪念英雄或半神的神庙）。事实上，人们将恺撒的尸体从庞培议事堂（他遇刺的地方）搬运到雷吉亚（他本人作为大祭司的住所），并决定在雷吉亚附近将他火化。在火化尸体的地方，人们竖立了一个供奉"国父"的柱子，后来被公元前29年8月18日落成的神庙所取代。

从那时起，每年3月15日，为了纪念他，人们都会在维斯塔贞女的圣殿中进

行祈祷，因为恺撒是那里的祭司，圣殿中有他的肖像。这个仪式的意义在于，正如灶神维斯塔的香火在灶神庙里持续燃烧一样，作为神的尤利乌斯·恺撒和作为人的屋大维将永远护佑国家的安宁。

人们在神庙前建立了一个新的演讲台，用于宣读恺撒的葬礼悼词。背景中的神庙大大增强了悼词的修辞效果。

▲ 献给灶神维斯塔的处女，她们是大祭司从罗马的贵族家庭中挑选出来的女孩子，负责看守广场上的灶神庙中燃烧的圣火。

■ 共和国的遗产

恺撒广场

公元前 2 世纪以来，罗马受到希腊文化影响，城市的建筑外观和人们的心理都发生了改变。军事和政治领袖假借神意之名，创造自己的英雄血统、操纵歪曲历史事件，以向人民展示自己是天选之人。而罗马的大将军则利用图像的力量作为宣传手段，用神话的象征性语言传达他们的政治意图。

在恺撒和庞培之间的权力斗争中，恺撒选择以赞颂个人荣耀为中心进行宣传，歌颂其在神的护佑下取得的军事成就，传播胜利的象征、梦想和预言，以及公开举办大型表演活动，让他赢得了人民的崇敬，实现了他的政治抱负。和卢基乌斯·科尔内利乌斯·苏拉数十年前所做的一样，尤利乌斯·恺撒将尤利乌斯家族的血统追溯到希腊神话中的伊鲁斯（Iulo）[4]，他是特洛伊

[4] 又称阿斯卡尼乌斯（Ascanio）。——译者注

▶ 从南面看恺撒广场。祖先维纳斯神庙的遗迹仅剩三根柱子、墩座和石阶。

■ 共和国的遗产

英雄埃涅阿斯（Eneas）的儿子、阿佛洛狄忒女神（Afrodita）[5]和安喀塞斯（Anquises）的孙子。与同样将自己置于阿佛洛狄忒女神的庇佑之下的苏拉和庞培不同，恺撒通过他的半神性血统强调其与众神有直接的联系，他在钱币上铸的头像就体现了这一点[6]。

根据古罗马历史学家阿庇安（Apiano）的说法，在出发前往法萨卢斯之前，尤利乌斯·恺撒发誓，如果打败了庞培，他将把一座神庙献给维纳斯女神："在午夜的祭祀过程中，恺撒向战神玛尔斯（Marte）和他的祖先维纳斯祈福，并承诺，如果他的事业获得成功，他将在罗马为她建立一座神庙，感谢她带来的胜利。"在恺撒于公元前54年从法萨卢斯凯旋后，他在恺撒广场的西北端建立了祖先维纳斯神庙。恺撒广场是为扩建古罗马广场，由恺撒慷慨出资建造的。为了建造这个广场，恺撒委托西塞罗买下阿及雷多路（Vía Argiletum）和自由之家

[5] 古罗马神话中的维纳斯。——译者注
[6] 最早的古罗马钱币上的肖像是各城邦的保护神。恺撒是第一个将头像铸在钱币上的凡人。——译者注

① **广场** 恺撒广场长160米，宽75米，它的三面被柱廊包围，主入口在东南侧。在广场的中央矗立着一尊恺撒的青铜雕像，雕像中的恺撒骑着骏马，身披盔甲。神庙内还有另一座恺撒的雕像。

② **柱廊** 长方形的广场被一个U形的柱廊所包围，柱廊宽16米。柱廊有屋顶遮盖，在雨天，它相当于一个大殿，人们可以聚集在这里聊天和讨论。

广场西侧的一些商铺，由凝灰岩和石灰华建成。人们可以从环绕广场的柱廊进入商铺。

西侧的柱廊与阿金塔斯路相连。这条街道经过恺撒广场和卡比托利欧山。

神庙的大基座前有方形喷泉。

③ **祖先维纳斯神庙** 祖先维纳斯神庙在广场的远端。它的正面有8根科林斯柱，侧面有9根。神庙内殿用古黄色大理石柱装饰，额枋上雕刻着众英雄的形象。神庙内有维纳斯的雕像，她是神话中尤利乌斯家族的祖先。

神庙的半圆形后殿内的维纳斯女神雕像出自希腊著名雕塑家阿尔克西拉乌斯（Arcésilas）之手。

史料显示，神庙里有无数的艺术品和贵重物品：宝石浮雕、绘画和众多的雕像，包括两座恺撒的雕像和一座他的情人克里奥帕特拉七世（Cleopatra）[7]的镀金铜像。

恺撒广场最早是由两个半圆形的壁龛封闭起来的。这两个壁龛一边由商铺支撑，另一边由祖先维纳斯神庙的侧墙支撑。

[7] Cleopatra，即俗称的埃及艳后。——译者注

（位于卡比托利欧山和奎利那雷山之间）之间被私人住宅占据的土地。8年后，用于纪念维纳斯的广场和神庙落成，人们在广场上进行了一系列庆祝和表演，这些表演此后每年都会进行，主要是为了颂扬恺撒的功绩、纪念他的胜利。

权力的舞台

从恺撒广场落成到公元前44年，尤利乌斯·恺撒在他的广场上接待元老院成员，自己坐在维纳斯神庙的平台中央。这个举动也许是为了强调他的个人权威，因为元老院会议经常在庞培议事堂里举行，那里有一座他的政治对手庞培的大型雕像。

公元前44年7月，在弑君事件发生4个月后，恺撒的甥孙和合法继承人屋大维决定举行庆典，以纪念恺撒和维纳斯女神。在为期一周的庆祝活动期间，天空中出现了一颗彗星，在日光之下清晰可见。这一天文现象被视作一个神迹，表明恺撒的神化，成为"神圣的尤利乌斯"。此后不久，元老院正式将恺撒敬奉为神，并计划在古罗马广场上举行火葬的地方为他建造一座神庙。

公元前1世纪末，恺撒的养子屋大维·奥古斯都决定将庆祝祖先维纳斯神庙周年纪念日的日期改为他自己的生日，这样一来，为纪念尤利乌斯家族的保护神维纳斯而举行的庆祝活动似乎变成了屋大维本人的纪念活动。自此，他的诞辰开始被公开庆祝，就像希腊化时代的君主那样。

祭祀区

银塔广场（Largo di Torre Argentina）上有四座互不相连的祭祀神庙，它们建成于罗马共和国的不同时期，时间跨度在公元前4世纪末（神庙C）和公元前1世纪（神庙B）之间。公元前2世纪末，祭祀区上有三座神庙（神庙C、A、D），它们的前面各有一个独立的祭坛。然而，在公元前111年的一场大火之后，该地区被重建为一个统一的神庙群，并新建了第四座神庙。这是一座圆形神庙，融合了意大利-伊特鲁里亚的建筑传统和公元前2世纪传入罗马的希腊风格。广场的地面被抬高了1.4米，掩埋了先前的祭坛。其中，C神庙前的祭坛刻有公元前151年执政官奥卢斯·波斯图米斯·阿尔比努斯（Aulo Postumio Albino）的名字。公元前2世纪中期，人们在这一神圣区域的北面和东面建了两个柱廊，划定了它的界限：一个是百柱廊；另一个是在马库斯·米努基乌斯·鲁夫斯（Marcus Minucius Rufus）战胜色雷斯的斯科迪坎部落后建的柱廊。

目前，除圆形神庙外，尚不清楚这些神庙是供奉哪些神灵的。圆形神庙是克温图斯·路泰提乌斯·加图路斯（Quinto Lutacio Cátulo）为纪念他在公元前101年韦尔切利战役中战胜辛布里人而兴建的。这座神庙祭祀的是时运女神福尔图娜（神庙名为"今日的幸运"），她或许是不可预料的、残酷的，但她在战争中保佑了加图路斯将军。神庙内有一座巨大的福尔图娜雕像，头部和四肢用大理石雕刻，身体的其他部分则用其他材料做成，可能是青铜或多色的镀金木材。目前在卡比托利欧博物馆蒙特马蒂尼中心（Centrale Montemartini）展出的巨像头部（高1.46米）、一只手及两只手臂的部分以及左脚，都是1928年由马尔凯蒂·隆吉（Marchetti Longhi）在圆形神庙和神庙C之间的区域发现的。

其他三座神庙供奉的可能是朱图尔纳（神庙A）、费罗尼亚女神（神庙C）和培玛里尼（神庙D），不过目前没有足够的证据。

古典诗人和历史学家对圆形神庙内的豪华装饰赞不绝口，他们称这座圆形神庙

■ 共和国的遗产

是罗马可以欣赏到较多希腊艺术杰作的三个地方之一，另外两座是繁荣神庙（la aedesFelicitatis）和梅特罗柱廊（后来被称为屋大薇柱廊）。普林尼（Plinio）在谈到时运女神的青铜雕像时，提到了一些保存在神庙内的希腊艺术品，如卢基乌斯·埃米利乌斯·保卢斯的雅典娜雕像，加图路斯亲自奉献的两座带托盘的菲迪亚斯雕像，以及八座毕达哥拉斯雕像，它们可能来自远征忒拜的七位将军。

祭祀区的发现

今天看到的这四座神庙是在1926年至1929年被发现的，当时为了疏导罗马交通、开辟一条新的街道，拆除了一些房屋。

人们对神庙群进行了大量的复原和修饰工作，去掉了被认为是"晚期"的元素，并隔离出了最重要的建筑。1929年4月21日，罗马举行了盛大的落成典礼。在接下来的

▶ 从银塔广场的北侧拍摄祭祀区的神庙。前面是A神庙，祭祀的是水和泉的仙女朱图尔纳。

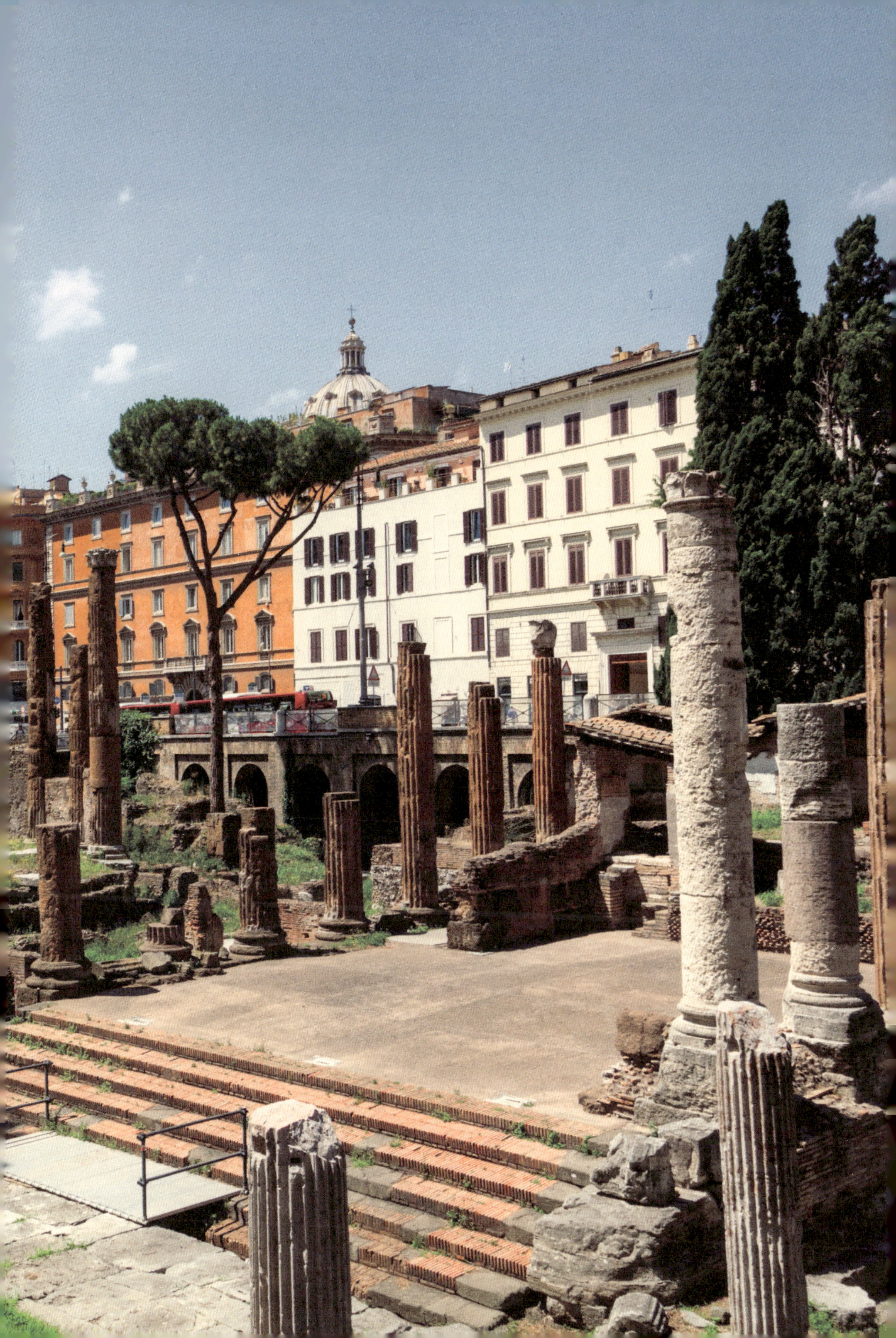

■ 共和国的遗产

10年里，进一步的考古工作一直在进行，直到1942年11月8日罗马总督博尔盖塞亲王宣布战争爆发后，神庙被改造成防空洞，考古工作陷入停滞。令人惊讶的是，这些神庙躲过了轰炸。

❶ **神庙A** 建于公元前3世纪中期。它建在一个4米高的平台上，正面有一个大型的石阶。它最初是一个9.5米×16米的小型建筑，主立面有四根柱子。在公元前2世纪，它被并入一个更大的建筑，在正面又增加了两根柱子。

❷ **神庙B** 建于公元前100年，克温图斯·路泰提乌斯·加图路斯为履行他在前一年与辛布里人作战前的承诺而建。它的结构融合了希腊的圆形建筑结构和将神庙建在一个高平台上的罗马建筑传统。

在罗马帝国时期的一次修缮中，人们扩大了神庙内殿的面积，因此原来建筑外的柱子被纳入了墙面，并被转化为壁柱。

祭祀区的铺面高度在不同时期有所变化。在公元前2世纪经历了一场火灾后，它被提高了1.4米。因此，神庙B（圆形神庙）的地势比其他三座神庙高。

❸ **神庙C** 建于公元前4世纪末至公元前3世纪初，位于一个4.2米高的平台上。它是四柱式的（正面有四根柱子），周围是围柱式的，除了后面，建筑四周都有柱子。执政官奥卢斯·波斯图米斯·阿尔比努斯在神庙前建立了一个祭坛。

❹ **神庙D** 建于公元前2世纪初。它是神庙群中最不为人知的一座神庙。它与其他的神庙排成一行，但它的规模要大得多，因此在其他三座神庙后面非常显眼。

祭祀区的界限由柱廊划定，北侧的百柱廊和西侧的庞培剧院的柱廊都很有名。

恺撒遇刺之地

在公元前1世纪中叶，银塔广场的祭祀区被庞培剧院——罗马第一座也是最大的石制剧院——的柱廊所包围。几个世纪以来，元老院立法以禁止在城市中建立永久性的剧院，因为他们担心剧院会成为操纵民众和最有权势的家族展示其权力的地方，只有这些家族才能负担得起修建这种大规模建筑的费用。

庞培和尤利乌斯·恺撒先后设法绕过了这一法律，他们各自建造了一座石制剧院。这两座剧院各与一座神庙连为一体，模仿了几十年前在帕拉埃内斯特或加比建造的希腊式圣殿的建筑风格。庞培将位于上层观众席的神庙献给了他的守护神胜利女神维纳斯，使得剧院相当于神庙的前庭。这座直径为150米的剧院有一个巨大的柱廊（180米×135米），它被一个边长20米的大型方形露天建筑包围。为了装饰这座建筑群，西塞罗的朋友、艺术品商人阿提库斯（Ático）选择了希腊艺术家创作的与戏剧或维纳斯女神相关的美丽的雕像，将它们放置在巨大的柱廊周围，并用花园和喷泉装饰。舞台前面则装饰着4米高的阿波罗雕像和缪斯女神的雕像。

3月的望日

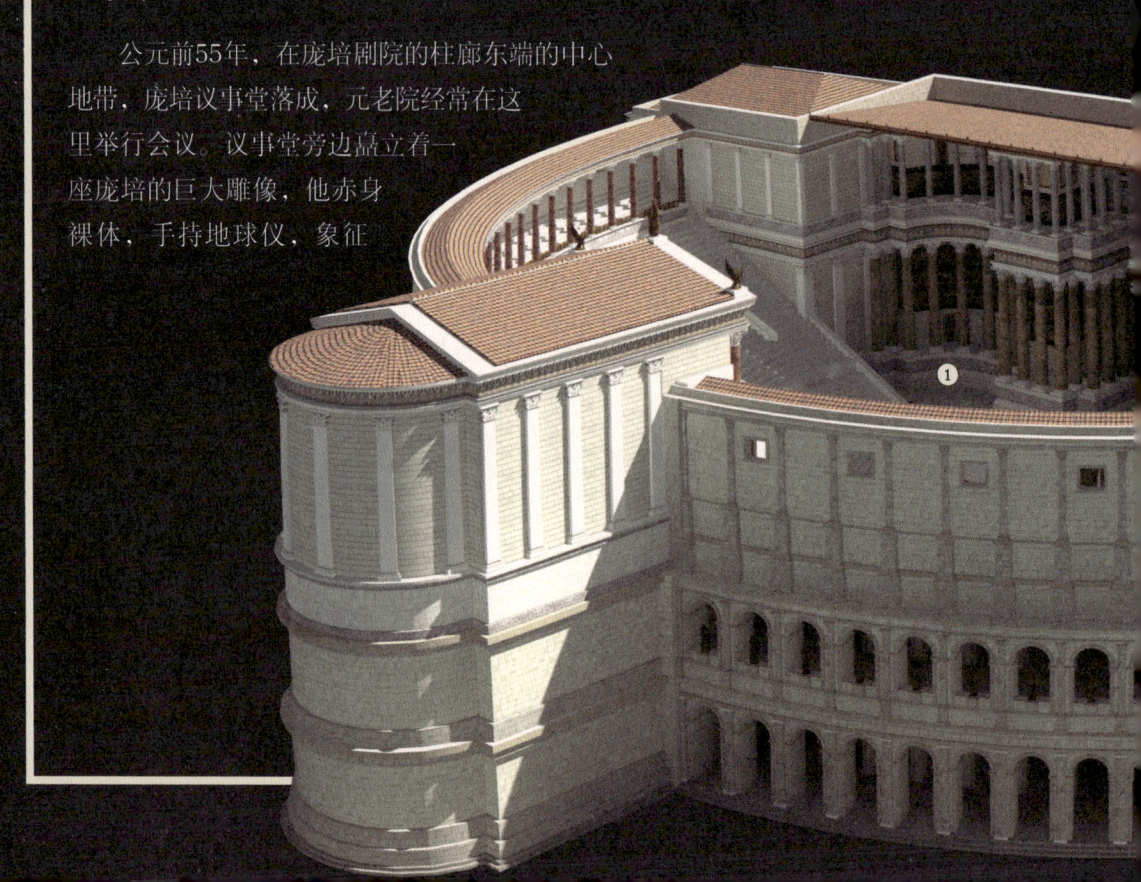

公元前55年，在庞培剧院的柱廊东端的中心地带，庞培议事堂落成，元老院经常在这里举行会议。议事堂旁边矗立着一座庞培的巨大雕像，他赤身裸体，手持地球仪，象征

着他的巨大权力。公元前44年3月15日，恺撒就是在这里举行的一次元老院会议上遇刺的。普鲁塔克（Plutarco）叙述说，一位占卜师警告恺撒要当心3月的望日，当恺撒在命运的那一天在议事堂门口遇到占卜师时，他开玩笑说："3月的望日已经到来。"占卜师回答："是的，但它还没有过去。"几分钟后，恺撒遇刺身亡。在葬礼上，庞培议事堂被烧毁。两年后，为了纪念恺撒，人们将其重建。

◀ 公元前44年铸造的带有恺撒肖像的第纳里乌斯银币。这是第一枚印有在世的政务官形象的罗马硬币。

▶ 《恺撒之死》（La Muerte de César），温琴佐·卡穆奇尼（Vincenzo Camuccini）创作于1806年前后。这幅画表现的是希腊历史学家普鲁塔克对恺撒遇刺事件的描述（关于这一事件的众多版本之一）。在这幅油画中，卡西乌斯（右）、布鲁图斯（脸转向一侧）和其他阴谋者对恺撒举起匕首。

🏠 现藏于卡波迪蒙特美术馆

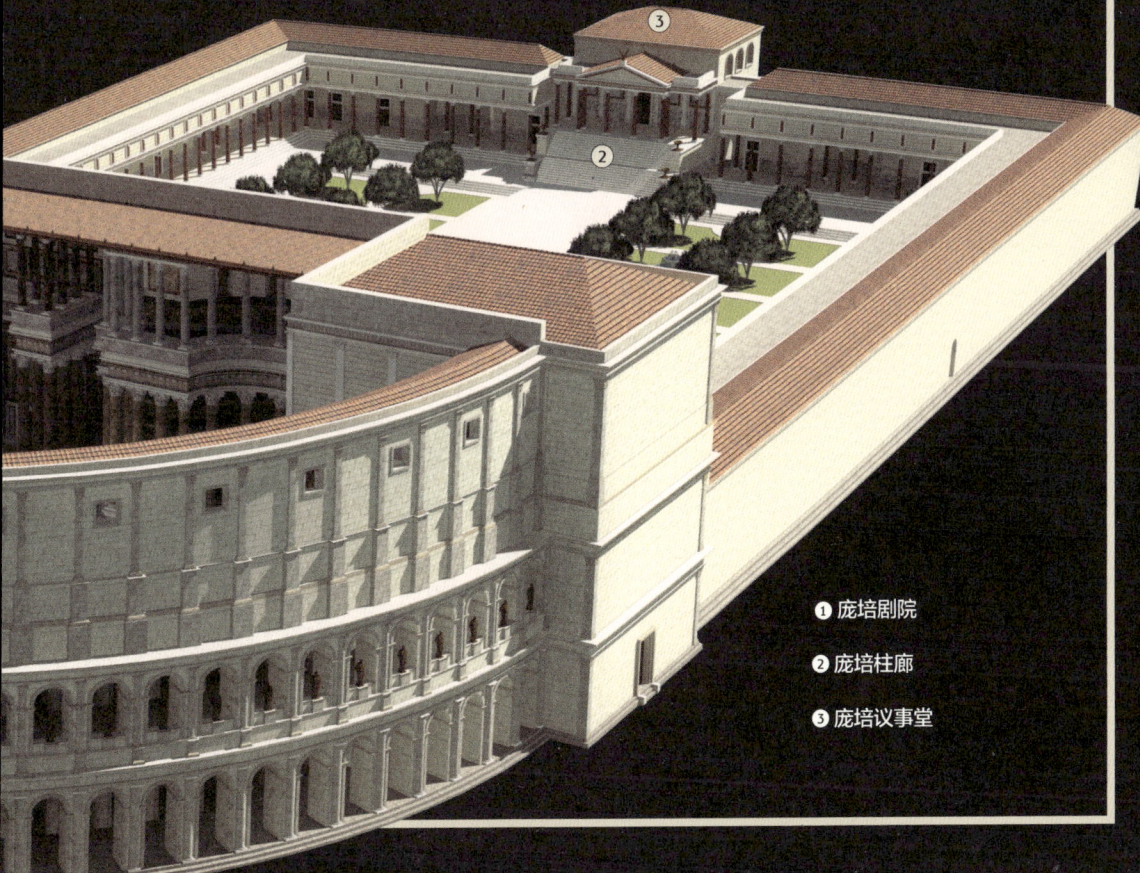

❶ 庞培剧院
❷ 庞培柱廊
❸ 庞培议事堂

■ 共和国的遗产

台伯岛

在与战神广场平原同一海拔高度的地方，台伯河拓宽了河床。雨季时，除部分岛屿外，城市的大片区域都被淹没。唯一一座不会被水淹没的岛屿是"两座桥之间的岛屿"（insula inter duospontes），它是一个岩石的突起，周围堆积着在城市和郊区挖掘沟渠时挖出的沙子和淤泥。然而，根据古老的传说，这座岛屿是在罗马人将当年收获的小麦扔进河里之后出现的。那一年，人们反抗塔基纽斯的暴政(Tarquinio el Soberbio)，他是最后一个统治罗马城的伊特鲁里亚国王，拥有战神广场的种满小麦的土地。

台伯岛与两岸（西岸的特拉斯提弗列区和东岸的战神广场）的联系无疑决定了它的城市化进程和人口数量。不过，在公元前1世纪法

▶ 从空中俯瞰台伯岛、连接台伯岛和战神广场的法布里奇奥桥，以及连接台伯岛和特拉斯提弗列区的切斯提奥桥。在台伯河多次灾难性的洪水之后，人们于1875年建立了台伯河堤。

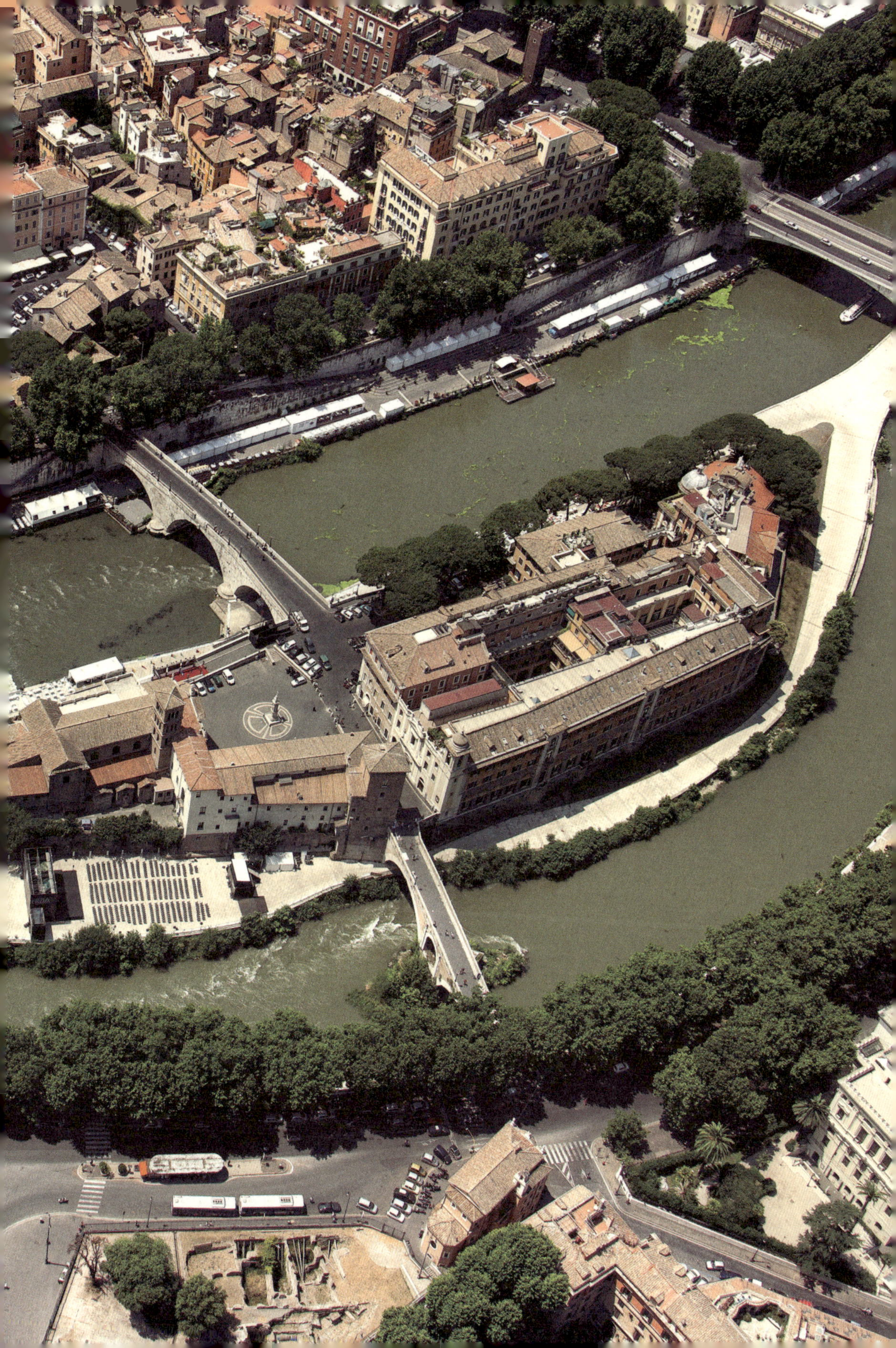

共和国的遗产

布里奇奥桥（Fabricio）和切斯提奥桥（Cestio）这两座石桥建成之前，人们已经在岛上建造了最早的神庙。一些铭文记载了当时人们对埃斯库拉庇乌斯（Esculapio）、维迪奥维斯（Vejovis）、法翁（Fauno）、朱庇特·尤拉里乌斯（Júpiter Jurarius）、桑库斯（Semo Sancus）和贝罗那（Belona）的崇拜。其中最古老的是对医神埃斯库拉庇乌斯的崇拜。蒂托·李维（Tito Livio）在《罗马史》（Historia de Roma）中记载，在公元前293年，一场可怕的流行病肆虐罗马，当时的预言书建议将保存在希腊埃皮达鲁斯的圣殿中的医神的圣像带到罗马城。罗马使团在伯罗奔尼撒上岸后，与埃皮达鲁斯的人们就圣像的转移达成一致。此时，一条象征医神的巨蛇爬上了罗马人的船，人们认为这是有利于圣像的转移的神迹。使团乘着顺风回到了罗马，沿着台伯河航行。在战神广场附近的河段，大蛇爬上了船的主桅杆，并从桅杆上滑到岛上。人们决定在岛上建立埃斯库拉庇乌斯神庙（Templo de Esculapio），并在岩石上刻出这艘船的船头和船尾的

① **法布里奇奥桥** 据卡西乌斯·狄奥的记载，这座桥由卢齐奥·法布里奇奥（Lucio Fabricio）于公元前62年建造。它长62米，宽5.5米，有两个跨度24.5米的大桥洞。中央桥墩上的开放式拱门起到了减少水流压力的作用。

② **切斯提奥桥** 建于公元前46年至公元前44年，盖乌斯·凯斯提乌斯（Gayo Cestio）负责建造它。它长48.5米，有一个单桥洞，两侧有两较小的拱门。

③ **埃斯库拉庇乌斯神庙** 埃斯库拉庇乌斯神庙于公元前289年建成，意在供奉医神埃斯库拉庇乌斯（希腊神话中的阿斯克勒庇俄斯）。今天的圣巴托洛梅教堂（Iglesia de San Bartolomé）就建在当年埃斯库拉庇乌斯神庙的位置。根据许多铭文记载，神庙和附近的柱廊被用作医院。

这是在公元前1世纪用洞石雕刻的一艘三层桨船的船头和船尾。根据传说，这艘船将化身为一条蛇的医神埃斯库拉庇乌斯从埃皮达鲁斯运送到罗马。

这座方尖碑描绘的是大蛇（埃斯库拉庇乌斯的象征）从埃皮达鲁斯抵达罗马时乘坐的船的主桅杆。

这条街道连通了两座桥，另一条与之垂直的街道连接着岛上的所有房屋。

这里保存着一个供奉誓言之神朱庇特·尤拉里乌斯的圣堂的遗迹。

其他较小的圣殿和神庙，建于公元前2世纪至公元前1世纪，位于台伯岛的北半部。公元前194年，法翁和维迪奥维斯的圣殿建成。此外，台伯岛上还有桑库斯和贝罗那的神庙。

图案。

无论传说真假，在岛上建造埃斯库拉庇乌斯神庙和一个附属的病人收容和护理中心回应了当时的医疗需求。在发生瘟疫或流行性传染病时，台伯岛就是一个大型的隔离区，用于隔离被感染者。不过，许多染病的奴隶最终长住在岛上的情况并不罕见，因为他们对主人不再有用，被遗弃在岛上并在医神的祭司那里寻求庇护。克劳狄一世（Claudio）曾下令给予所有被遗弃在岛上的病愈的奴隶以自由。

罗马的河港

在台伯岛南北两侧各100米处，发展起了罗马最重要的两个河港：北部的军港（Navalia）和南部的台伯港（Tiberino），后者是货船停靠的天然码头，直到在更南边的泰斯塔西奥山旁边建造的恩波利乌姆港（Emporium）取代了它的地位，成为罗马从帝国各地进口货物的最终卸货港口。

军港的结构是希腊著名建筑师赫尔莫多鲁斯设计的。除了为军舰提供庇护，军港还用于安置从非洲来到罗马参加竞技比赛和角斗士比赛的野生动物，这些比赛可以在马克西穆斯竞技场、战神广场或其他广场上举行。军港里可能保存着埃涅阿斯的船，根据公元6世纪的希腊历史学家普洛科皮乌斯（Procopio）的说法，这艘传说中的特洛伊船被保存在"台伯河畔的城市的中心"。

▲ 屠牛广场　左边是供奉赫拉克勒斯（或称海克力斯·奥利弗斯）的胜利者海克力斯神庙（Templo de Hércules Víctor），它曾被误称为灶神庙。远处的是建于公元前4世纪、于公元前80年修复的波图努斯神庙（Templo de Portuno）。

屠牛广场与欧利托里奥广场

　　台伯港位于台伯岛以南、埃米利奥桥（Puente Emilio）旁，是卡比托利欧山和帕拉蒂尼山之间的维拉布罗山谷的自然边界。人们在谷地开设了罗马的两个永久性市场，即蔬菜和豆类市场（欧利托里奥广场）和牛市场（屠牛广场），因为当时城市最古老的广场的建设导致摊位数量减少，无法满足不断增长的人口的需求。公元前2世纪中叶，为了减少持续的内涝，小西庇阿（Escipión Emiliano）提高了维拉布罗山谷的海拔高度，从而促进了该地区的发展。到罗马共和国末期，这里已成为罗马最活跃的商业中心，与港口的仓库紧密相连。很快，在这两个广场附近形成了一个街区，在外国人居住的住宅楼底层开设

共和国的遗产

了众多作坊和商店。

几个世纪以来，欧利托里奥广场的市场功能已经丧失，当时由商贩的摊位占据的广场被改造成一个纪念性的广场，建立了豪华的神庙和柱廊，里面有各种艺术品。公元前3世纪，人们在广场上建立了三座神庙，分别供奉雅努斯（Jano）、朱诺·索斯皮塔（Juno Sóspita）和埃斯佩兰萨（Esperanza）。公元前2世纪初，又增加了一座供奉敬虔女神（Piedad）的神庙，但该神庙在建造马切罗剧院时被拆毁。

屠牛广场上还建立了许多其他神庙，其中几座神庙与对赫拉克勒斯（Hércules）的崇拜有关。在罗马的建国神话中，这一地区与赫拉克勒斯密切相关。事实上，根据蒂托·李维、维吉尔（Virgilio）和奥维德（Ovidio）流传下来的古老传说，赫拉克勒斯在执行被要求的第十项任务时来到了罗马的河港，要从住在加里达岛（现在的加的斯）的巨人革律翁（Gerión）那里偷走一群红牛和阉牛。当他带着牛群上岸时，住在阿文提诺山洞穴中的巨人武尔坎努斯（Vulcano）之子卡库斯（Caco）偷走了牛群，赫拉克勒斯将其追杀至死。居住在帕拉蒂尼山的阿卡迪亚人摆脱了盗贼卡库斯的威胁，将赫拉克勒斯尊为神，并在牛市的南端为他建立了马克西姆祭坛（Ara Máxima），里面放着象征神的狮子皮、狼牙棒和一个大木瓶。在祭坛周围，人们建立了其他纪念赫拉克勒斯的神庙，如常胜者海克力斯神庙（Templo de Hércules Invicto）（在庞培对其改造后被称为庞培神庙）和胜利者海克力斯神庙，或称奥利弗斯神庙，即屠牛广场上的圆形神庙。"奥利弗斯"这个绰号暗指赫拉克勒斯是油商协会的庇护神，而出资建设神庙的马库斯·奥克塔维厄斯·赫内努斯（Marcus Octavius Herennus）也是该协会的成员。在神庙内发现的一篇铭文中提到，这里有一尊由公元前2世纪末的古希腊雕塑家斯科帕斯（Escopas el Joven）雕刻的神像，他也曾负责弗拉米尼乌斯竞技场的装饰工作。

除赫拉克勒斯，当地人也非常崇拜波图努斯（Portuno）。波图努斯与第伯里努斯（PaterTiberinus）有关，是抵达港口并储存在港口的货物的守护神。为了纪念波图努斯，公元前4世纪末，人们兴建了一座爱奥尼克柱式神庙，至今保存完好。

▼ 弗拉米尼乌斯竞技场还原图。在15世纪至17世纪的古罗马地形图册中,弗拉米尼乌斯竞技场经常被认为模仿了马克西穆斯竞技场的结构和装饰。不过,弗拉米尼乌斯竞技场并没有一个永久性的看台。
🏛 纸本收藏于威尼斯圣马可图书馆

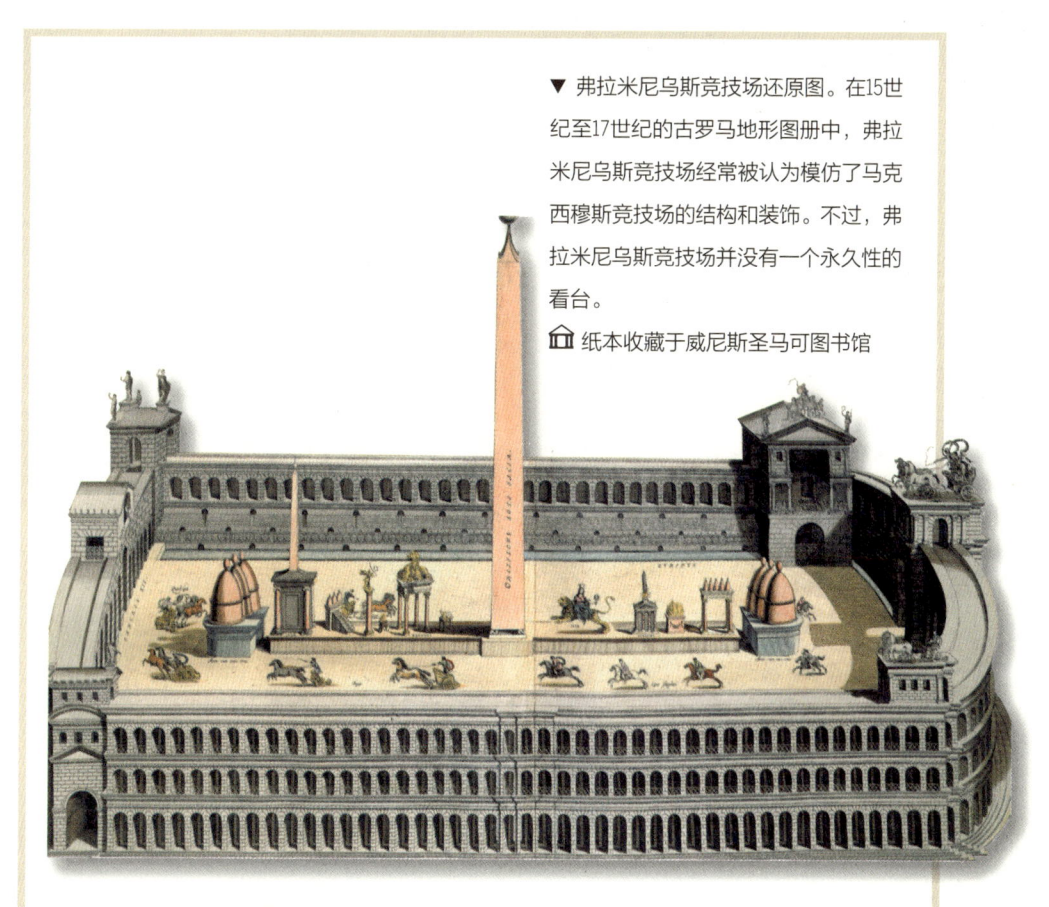

弗拉米尼乌斯竞技场

在修建弗拉米尼亚大道这一控制意大利北部的新的战略轴线的同时,监察官盖乌斯·弗拉米尼乌斯·尼波斯(Gayo Flaminio Nepote)于公元前221年决定将弗拉米尼亚区的一块区域用作公共土地,以建造新的竞技场,作为马克西穆斯竞技场的补充。然而,弗拉米尼乌斯竞技场只是一块空地,西侧是守护者海克力斯神庙(Templo de Hércules Custos),周围是由各种战利品作为建造费用的豪华柱廊。竞技场会根据需要临时装饰起来,比如,在庆祝凯旋的时候,或者每年11月的平民运动会(LudiPlebei y Taurei)期间。这些公共节日的活动包括戏剧表演、体育比赛和仪式盛宴(Epulumlovis)等。神灵被邀请参加这个盛宴,并以雕像的形式出席。人们会将神灵的雕像安放在豪华沙发上。在其他时候,竞技场是临时市场和集会的场所。

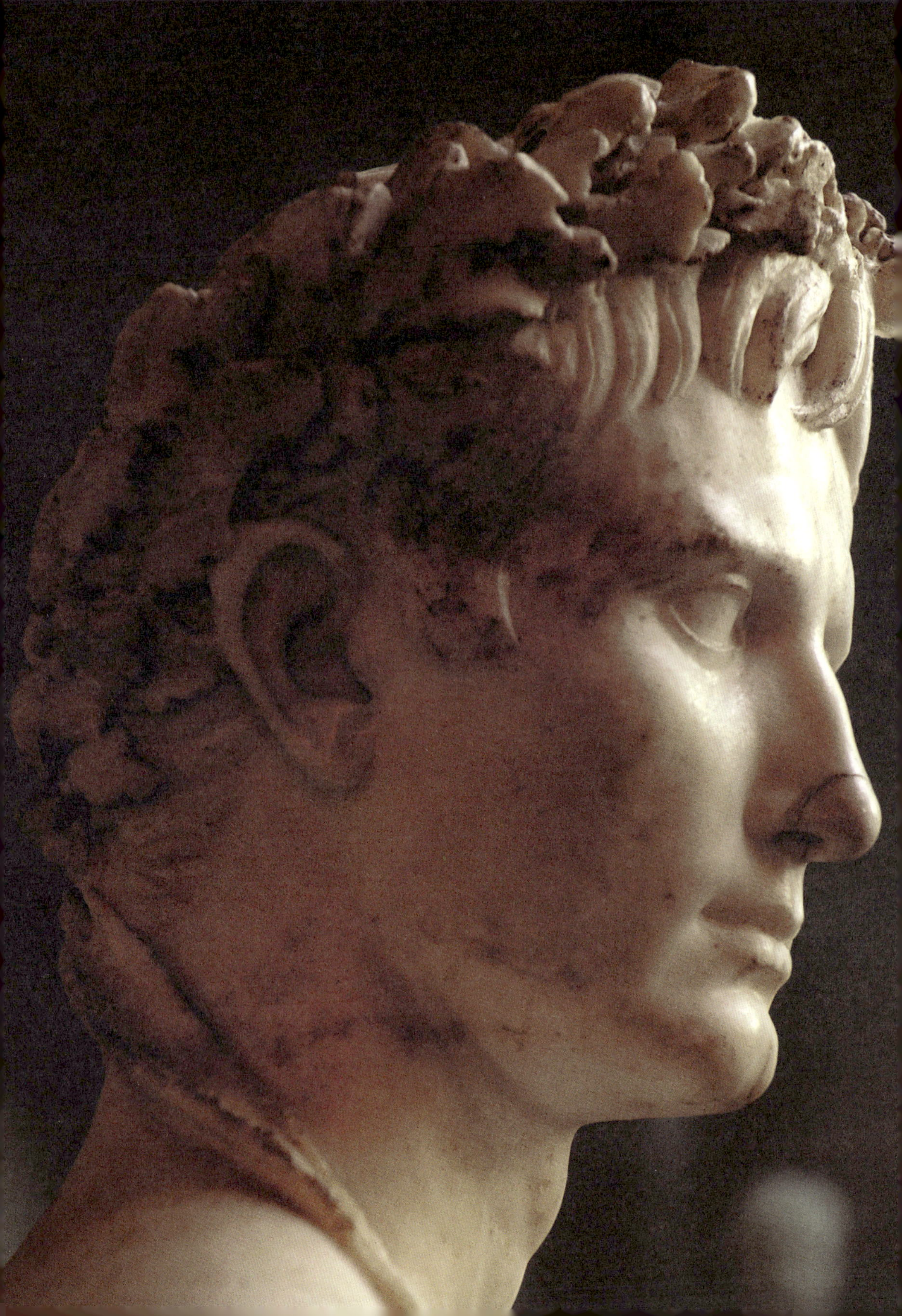

奥古斯都时期的罗马

公元前33年,屋大维在阿克提姆海战中打败了马克·安东尼和克里奥帕特拉七世。这场胜利标志着罗马进入由"第一公民"("居于最高位的人")领导国家的元首制时期。公元前27年,屋大维获得"奥古斯都"的封号。他拥有所有军队的最高指挥权,被授予最高的公民荣誉,并被任命为大祭司,同时掌握着政治、军事和宗教权力。但为了维护并合法化自己和后代的权力,他推行了一项严格控制人口的政策,这一政策影响了城市的结构。

在不改变先前的混乱的城市结构,保持共和国时期的罗马的完整性的同时,奥古斯都新建了宏伟的公共建筑,并以新的建筑风格修复了旧有的纪念性建筑群,用他自己或亲友的名字取代了以前的出资者的名字。他篡改了原来的碑记,同时抹去了对共和国的伟大行政长官们的纪念,取而代之的是为自己歌功颂德的新碑记。奥古斯都本人、他的名字和象征出现在帝国首都各处。根据他的宗教改革措施,作为大祭司的奥古斯都亲自参加了罗马频繁举行的游行和祭祀活动;作为国父以及和平、稳定和国家利益的唯一保障者,他的象征性形象开始出现在社区的保护神的祭坛上。奥古斯都让居民参与社区管理,以保证群众对新政权的忠诚。城市的每一个公共和私人区域都充斥着有关帝国的美德以及有关代表帝王权力的神灵(和平女神、和谐女神、健康女神,以及分别代表繁荣和天意的神灵)的口号和象征,促使人们接受奥古斯都的统治,并使那些曾发誓反对个人专制的民众俯首称臣。

■ 奥古斯都时期的罗马

奥古斯都广场

尤利乌斯·恺撒遇刺后，屋大维向战神复仇者玛尔斯承诺，他将为其建造一座新的神庙，以求在追捕刺杀恺撒的凶手时得到神明的护佑。公元前42年，屋大维在腓力比之战中击败布鲁图斯和卡西乌斯。回到罗马后，屋大维用战利品作为建造费用建造此前承诺的神庙，并在神庙前建造了一个带柱廊的广场，即奥古斯都广场（Foro de Augusto），它位于人口众多的苏布拉区和恺撒广场之间。复仇者玛尔斯神庙（Templo de Marte Vengador）直到近40年后的公元前2年才建设完成，它成为赞颂奥古斯都的主要场所。为了庆祝神庙的落成，人们在弗拉米尼乌斯竞技场杀死了200头狮子，举行了特洛伊赛马比赛，

▶ 从今天的帝国广场大道（Vía de los Foros Imperiales）上看到的复仇者玛尔斯神庙。奥古斯都广场的部分遗迹仍然掩埋在地下。

◀◀ 头戴槲叶环的奥古斯都半身像。
🏛 现藏于慕尼黑古代雕塑展览馆

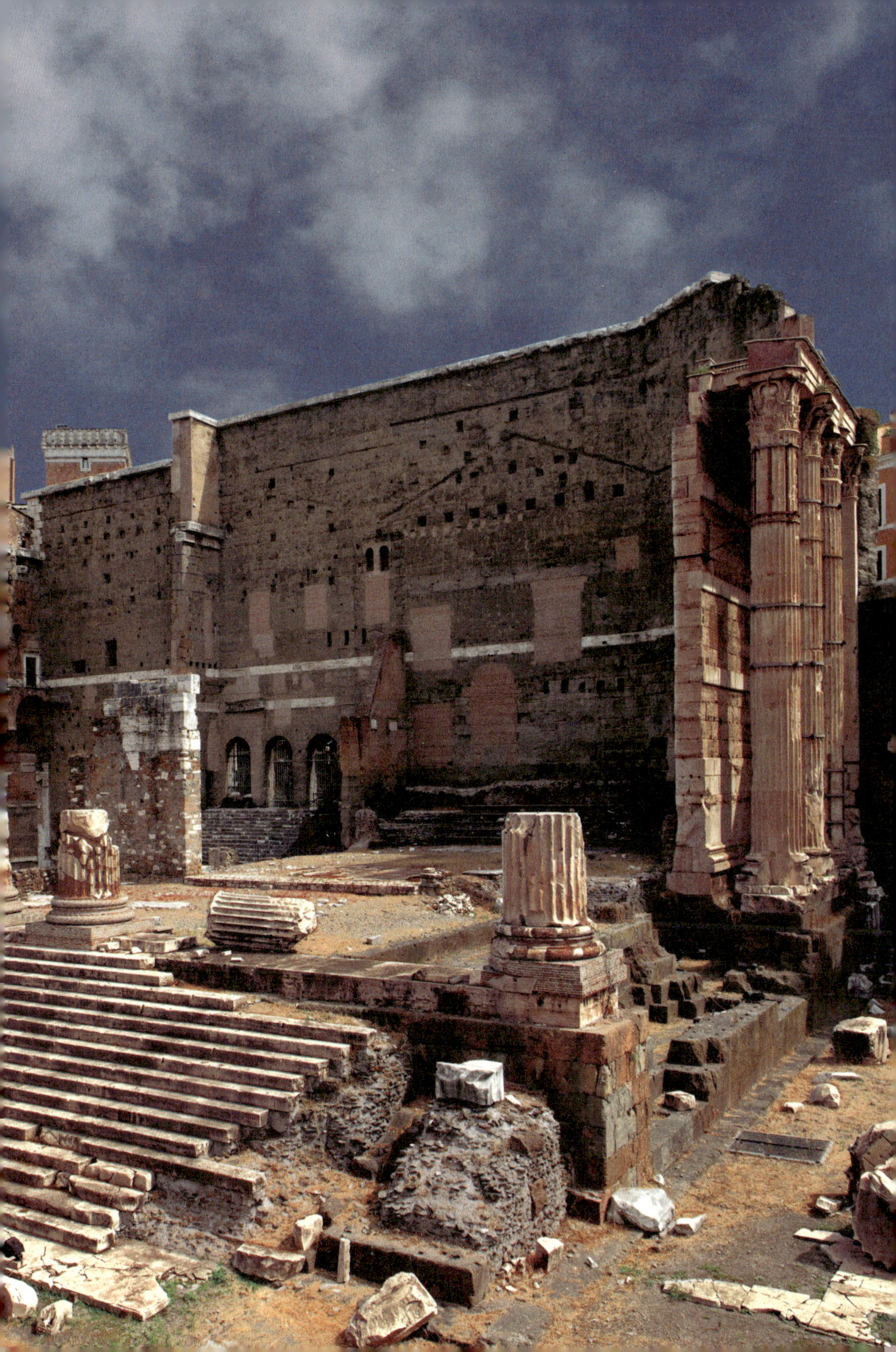

■ 奥古斯都时期的罗马

在尤莉亚广场（Saepta Iulia）进行了格斗表演，并在特拉斯提弗列区专门建造的建筑中举行了海战表演。

纪念复仇者玛尔斯

献给复仇者玛尔斯的神庙在外观上很宏伟，但由于广场的面积很小，神庙的结构并不完整。这是因为屋大维只购买了一些公民个人的土地，而没有强制征用其他地块。神庙内部摆放着玛尔斯和维纳斯的雕像，他们是尤利乌斯家族的神圣祖先（通过特洛伊的埃涅阿斯和罗马的罗慕路斯这两个传说中的英雄延续血脉）。在神像旁边，还存放着战争胜利后缴获的战利品，它们象征着罗马的军事力量，也象征着屋大维赢得的充满血腥的和平。只有在节庆日神庙开放时，人们才可以看到这些宝物。正如奥维德在《岁时记》(Fastos)中所述，广场两侧各建有一个柱廊，大型半圆形建筑将柱廊加宽，柱廊中间装饰有雕像群。

极具象征意义的装饰

广场一侧的雕像描绘了维纳斯的儿子埃涅阿斯逃离特洛伊的情景，

❶ **复仇者玛尔斯神庙** 这座神庙正面和两侧各有8根高15米的科林斯柱。在神庙内殿中玛尔斯和维纳斯的雕像旁，放置着胜利者的权杖和冠冕。

神庙的三角楣饰中的人物可以依据敬虔祭坛（Ara Pietatis）的浅浮雕识别出来。中间的是玛尔斯，两侧分别是维纳斯、厄洛斯、福尔图娜、罗慕路斯、罗马女神和第伯里努斯。

环绕广场的柱廊檐下装饰着大理石圆盾，上面有阿蒙、科尔努诺斯和美杜莎的头像，圆盾与女像柱交替排列。它们象征着罗马的军事优势。

柱廊的内部装饰着大理石和青铜雕像，可以通过铭文中对人物的事业的描述来识别人物。同时，柱廊内还展示了战利品。

❷ **奥古斯都广场** 算上外围的半圆形建筑,广场长125米、宽110米,与恺撒广场和古罗马广场相连。广场中央矗立着一尊奥古斯都的雕像,雕像中奥古斯都坐在凯旋战车上,胜利女神为其加冕。

❸ **柱廊** 柱廊的长边竖立着科林斯式的大理石柱。后面是一个大厅,内有一尊奥古斯都的巨像,据马提亚尔的描述,这座雕像高达14米。

这道墙由一种火山凝灰岩和加比奥的石块建成,高30米,将广场和苏布拉区隔离开,因为苏布拉区经常发生火灾。

总督们在出发前往他们管辖的行省之前,都要在神庙的祭坛上进行祭祀。

雕像中奥古斯都的形象

尽管有众多奥古斯都的雕像,但很少有人知道奥古斯都真实的相貌,因为雕像中的他总是长着一副理想主义式的年轻面孔。奥古斯都的最早的雕像是在公元前43年前后的内战期间创作的,在那个时期,雕刻家们大多致力于表现他的指挥能力和军事力量。他被描绘成善于论战和鼓舞人心的形象,就像希腊化的东方的君主的雕像一样;他年轻的脸庞宣示了他实现专制的野心和政治上的自负。在掌握了权力并获得"奥古斯都"的称号后,雕像中的他脸庞更加圆润,展现的是一个俊美的帝王形象。雕像中奥古斯都成熟、宁静的脸庞反映了其作为"神圣的尤利乌斯之子"(filius divi Iulii)的高贵与优越。

◀ **大祭司** 遮盖头部的奥古斯都雕像,表现的是奥古斯都于公元前12年获得的大祭司身份。这座雕像出土于拉比卡纳大道。

现藏于罗马国家博物馆马西莫宫

◀ **托加长袍** 身着托加长袍、没有遮盖头部的奥古斯都雕像,展现的是奥古斯都作为罗马共和国的政务官的形象。奥古斯都曾试图维护共和制度——至少表面看起来是这样。

现藏于卢浮宫博物馆

奥古斯都的相貌

现存的关于奥古斯都的唯一文字描述是由苏维托尼乌斯在公元2世纪初写下的:"他的面容,无论是说话时还是沉默时,都是平静而平和的。他的眼睛清澈明亮,甚至让大家相信他的眼睛拥有一种神圣的力量。他的牙齿很少、很小,长得也不整齐。他有一头微卷的金发,眉毛紧靠在一起,耳朵中等大小,鼻子顶部有些突出,鼻尖有些弯曲,肤色介于白色和棕色之间。他的身高不高,但良好的比例和协调的四肢掩盖了这一缺陷。"

▶ 在这尊阿尔巴尼家族收藏的雕像中,奥古斯都的头部转向右侧,头发是精心安排的卷发。
现藏于卡比托利欧博物馆

◀ 在这个玉髓石雕中,奥古斯都左肩上的埃癸斯盾和头戴的考西亚帽都意在将其类比为马其顿王国的国王。
现藏于大英博物馆

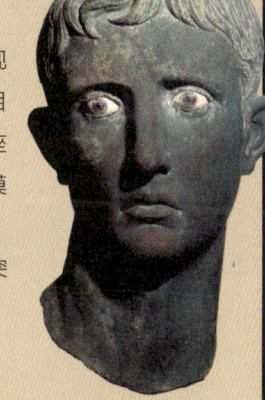

▶ 这尊青铜雕像试图表现奥古斯都的目光。他的目光宛若太阳的光芒。这座雕像被发现于努比亚沙漠中的麦罗埃的一个圣地,在公元前25年的努比亚突袭中被斩断头部。
现藏于大英博物馆

◀ 出土于梅鲁拉纳路的奥古斯都像。其头戴的橡树叶冠代表胜利者所戴的金色王冠或伊特鲁里亚王冠,这可能是奥古斯都在公元前29年庆祝三连胜时所戴的。
现藏于卡比托利欧博物馆

对人物的英雄化表现

罗马共和国的最后几世纪里,出现了完全部分裸露(用斗篷遮下半身)的英雄式的体雕像,象征性地暗雕像中的人物的非凡德。
现藏于阿尔勒考古物馆

他的一个肩膀上背着父亲安喀塞斯，一只手牵着儿子阿斯卡尼乌斯（Ascanio）。所有的市民都认识这位特洛伊英雄，因为在奥古斯都宫廷中最受赞誉的诗人维吉尔于公元前19年所作史诗《埃涅阿斯纪》（Eneida）中，叙述了埃涅阿斯从特洛伊到意大利海岸的旅程。这是一部赞颂奥古斯都家族的作品，当时所有人都从小开始背诵。

在广场另一边的半圆形建筑中，有一座传说中的罗马创始人、战神玛尔斯和雷亚·西尔维亚（Rea Silvia）的儿子罗慕路斯的雕像，以及盔甲、武器和其他战利品。在有史料记载的第一次凯旋游行中，罗慕路斯携带这些战利品来到卡比托利欧山的朱庇特神庙。半圆形建筑两侧的柱廊是一个罗马共和国时期的杰出人物的雕像长廊，尤利乌斯家族最杰出的成员也位列其中。

广场上的许多装饰元素表现了阿克提姆海战的胜利、对埃及和凯尔特人的征服以及对征服的领土的逐步平定，暗示了奥古斯都的军事权威。装饰在柱廊檐下的圆盾上雕刻着古埃及主神阿蒙（指奥古斯都战胜了克里奥帕特拉）、凯尔特神科尔努诺斯（指罗马战胜了西方的野蛮人）和美杜莎的头像（她的头像被雕刻在宙斯的盾牌上，象征着最高主权），象征着奥古斯都曾取得的重大胜利。此外，还有阿佩莱斯（Apeles）创作的两幅描绘亚历山大大帝的画作。在一幅画中，亚历山大大帝站在凯旋战车上，后面是双手被反绑的战俘；在另一幅画中，亚历山大大帝的身旁是胜利女神和狄俄斯库里兄弟。后来，克劳狄一世下令将亚历山大大帝的画像换成奥古斯都的画像，意在将奥古斯都喻作亚历山大大帝，展现其光辉伟大的形象。

朱里亚-克劳狄王朝家族族谱

在元老院贵族家庭中，离婚、再婚，甚至是表兄妹之间的婚姻都很常见，因为这样可以避免家族财产的分散，并建立统治集团之间的政治联盟。奥古斯都借助联姻来确保他的后代掌握他通过武力赢得的政治权力。他把自己唯一的女儿大茱莉亚先嫁给了她的表弟马塞卢斯（Marcelo），后者在19岁时就去世了。此后，他又把大茱莉亚嫁给了他忠实的挚交阿格里帕，最后把大茱莉亚嫁给了她同母异父的兄弟提比略。在他的后代意外死亡或遇害身亡后，奥古斯都被迫将妻子莉薇娅与前夫所生的长子提比略确立为继承人。

▶ **法国大宝石浮雕**（Gran Camafeo de Francia） 它描绘了理想化的皇室成员形象。神圣的奥古斯都位于高处。

现藏于法国国家图书馆

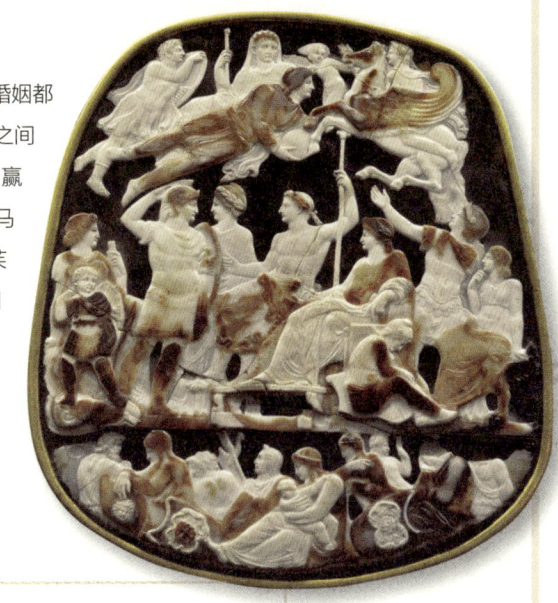

- 小茱莉亚·恺撒 公元前102—公元前51年
- 马库斯·阿提乌斯·巴尔布斯 公元前105—公元前51年
- 阿提娅·巴尔布斯 公元前84—公元前43年
- 盖乌斯·屋大维 公元前100—公元前59年
- 盖乌斯·尤利乌斯·恺撒 公元前100—公元前44年

(2)
- 马克·安东尼 公元前83—公元前30年
- 小屋大维 公元前69—公元前11年

(2)
- 斯克丽波妮亚 公元前68—公元16年
- 尤利乌斯·恺撒·屋大维乌斯·奥古斯都 公元前63—公元14年

(3)
- 莉薇娅·德鲁莎 公元前58—公元29年
- 提比略·克劳狄乌斯·尼禄 公元前85—公元前33年

- 大安东尼娅 公元前39—?
- 大德鲁苏斯 公元前38—公元前9年
- 小安东尼娅 公元前36—公元38年
- 大茱莉亚 公元前39—公元14年

(2)
- 马库斯·维普撒尼乌斯·阿格里帕 公元前63—公元前12年
- 提比略·尤利乌斯·恺撒 公元前42—公元37年
- 大德鲁苏斯 公元前38—公元前9年

- 尼禄·克劳狄·日耳曼尼库斯，后称作日耳曼尼库斯·尤利乌斯·恺撒 公元前15—公元19年
- 克劳迪娅·莉薇拉 公元前13—公元31年
- 提贝里乌斯·克劳狄乌斯·德鲁苏斯·尼禄·日耳曼尼库斯（克劳狄一世） 公元前10—公元54年

- 盖乌斯·恺撒 公元前20—公元4年
- 维普萨尼亚·朱莉娅·阿格里皮娜 公元前18—公元28年
- 卢修斯·恺撒 公元前17—公元2年
- 大阿格里皮娜 公元前14—公元33年
- 尤利乌斯·恺撒·日耳曼尼库斯 公元前15—公元19年
- 阿格里帕·波斯杜姆斯 公元前12—公元14年

- 卡利古拉 公元12—41年
- 小阿格里皮娜 公元17—59年
- 格奈乌斯·多米提乌斯·阿赫诺巴尔比 公元前17—公元40年

尼禄（公元37—68年）

▲ 对奥古斯都的神化。最右边的是奥古斯都，其余人物为小安东尼娅、日耳曼尼库斯和他的父亲德鲁苏斯。
🏛 现藏于拉韦纳国家博物馆

▼ 美德盾牌（Clipeus virtutis），阿尔勒广场出土的复制品，于公元前26年制成。
🏛 现藏于阿尔勒考古博物馆

皇室成员的慈善行为

在罗马，修复并建造新的公共纪念性建筑需要高额的费用，而奥古斯都及其男性后裔参与的各种战争中赢得的战利品和国库中的资金都不足以支付这笔费用。因此，奥古斯都鼓励罗马贵族直接参与城市的建设，并采取希腊化时期的君主所实行的一种被称为"Evergetismo"[8]的制度。苏维托尼乌斯和卡西乌斯·狄奥强调了奥古斯都的合作者，主要是阿格里帕和梅塞纳斯（Mecenas），在建造、修复和装饰纪念性建筑方面所发挥的作用。

---

[8] Evergetismo是法国历史学家安德烈·布朗热（André Boulanger）在1923年提出的一个概念，意思是"行善"或"做善事"。它最初是指一个社区的富裕或著名成员将他们的一部分财产分配给社区的无私行为。——译者注

建筑的修缮工作主要集中在战神广场，也在罗马的其他地区进行。例如，苏维托尼乌斯提到，卢修斯·马修斯·菲利普斯（Lucius Marcius Philippi）修缮了弗拉米尼乌斯竞技场附近的海克力斯-缪斯神庙（Templo de Hércules Musarum）并在其周围修建了柱廊；盖乌斯·阿西尼乌斯·波利奥（Gaius Asinius Pollio）翻新了恺撒广场旁的自由之家；科内利斯·巴尔布斯（Cornelio Balbo）和斯塔提利乌斯·陶洛斯（Estatilio Tauro）分别资助修建了一间剧院和一座石制圆形竞技场。

阿格里帕的慷慨好施和他对城市形象改造的全身心投入，无论如何都是无可比拟的。作为负责城市安全和运转的行政长官，他负责修缮街道，清理和扩展马克西姆下水道，增加向罗马供水的引水渠数量，并推进了众多建筑工程，如投票大厅（Diribitorium）、波塞冬柱廊（Estoa de Poseidón）、万神殿和罗马最早的公共浴场的建设——浴场装饰有雕塑，如雕塑家留西波斯（Lisipo）的《刮汗尘的运动员》雕像（*Apoxiómenos*），还有他的最精美的颜料和最高质量的灰泥。

奥古斯都之家和莉薇娅之家

公元前42年，屋大维决定在帕拉蒂尼山定居。这一决定促进了之后几个世纪中帕拉蒂尼山的建筑的发展。这里成为皇宫主体建筑的所在地，也保留了一些最古老的神庙和圣殿。

在罗马共和国末期、屋大维决定迁居帕拉蒂尼山之前，在山上靠近广场的地方都是大型贵族住宅，住着罗马最富有的家庭。公元前2世纪中叶以前，这些房屋还很朴素，后来新建了带有喷泉和雕像的列柱中庭和私人浴室，并新置了显示屋主财力的豪华装饰品。昆图斯·凯基利乌斯·梅特卢斯（Quinto Cecilio Metelo）、路泰提乌斯·加图路斯、马库斯·图利乌斯·西塞罗（Marco Tulio Cicerón）、马克·安东尼和莉薇娅·德鲁莎（她后来成为罗马的第一位皇

▶奥古斯都家中的壁画很好地体现了"第三样式"的风格（作于公元前30年），被分为不同板块的墙面上绘有没有具体情节的场景。这幅上房的壁画就是这种壁画风格的一个例子。

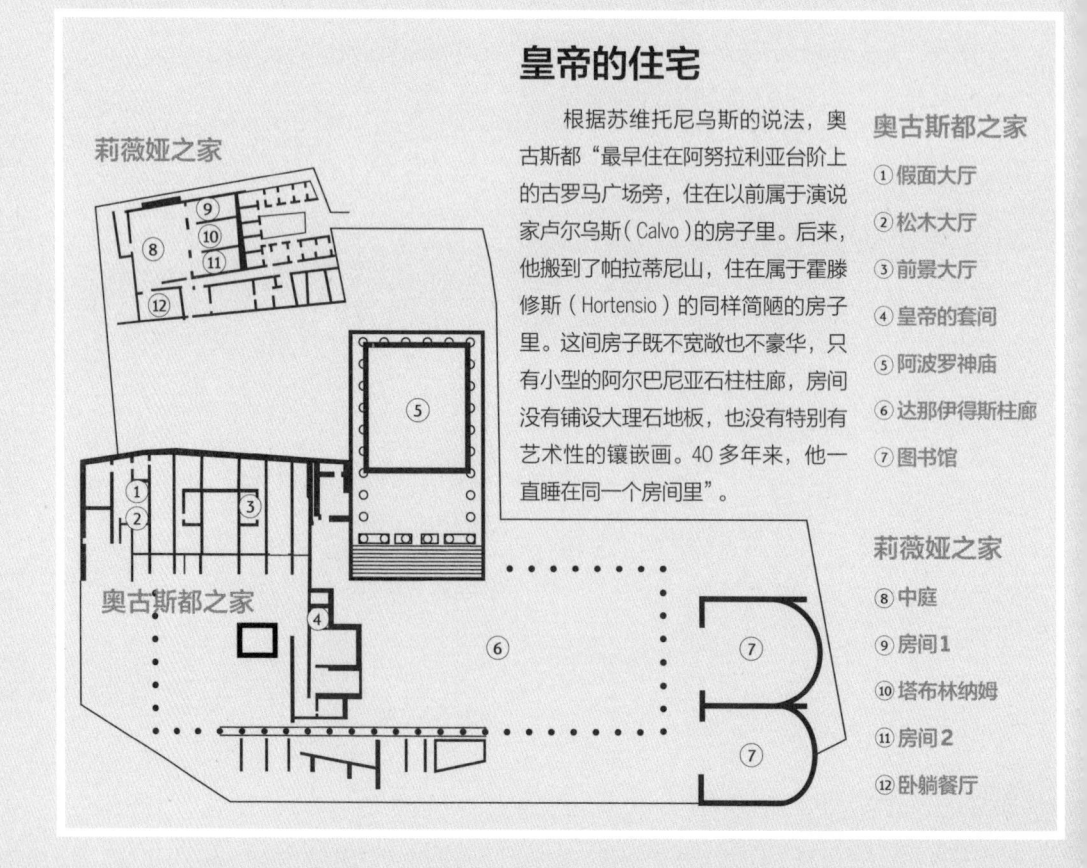

皇帝的住宅

根据苏维托尼乌斯的说法，奥古斯都"最早住在阿努拉利亚台阶上的古罗马广场旁，住在以前属于演说家卢尔乌斯（Calvo）的房子里。后来，他搬到了帕拉蒂尼山，住在属于霍腾修斯（Hortensio）的同样简陋的房子里。这间房子既不宽敞也不豪华，只有小型的阿尔巴尼亚石柱柱廊，房间没有铺设大理石地板，也没有特别有艺术性的镶嵌画。40多年来，他一直睡在同一个房间里"。

奥古斯都之家
① 假面大厅
② 松木大厅
③ 前景大厅
④ 皇帝的套间
⑤ 阿波罗神庙
⑥ 达那伊得斯柱廊
⑦ 图书馆

莉薇娅之家
⑧ 中庭
⑨ 房间1
⑩ 塔布林纳姆
⑪ 房间2
⑫ 卧躺餐厅

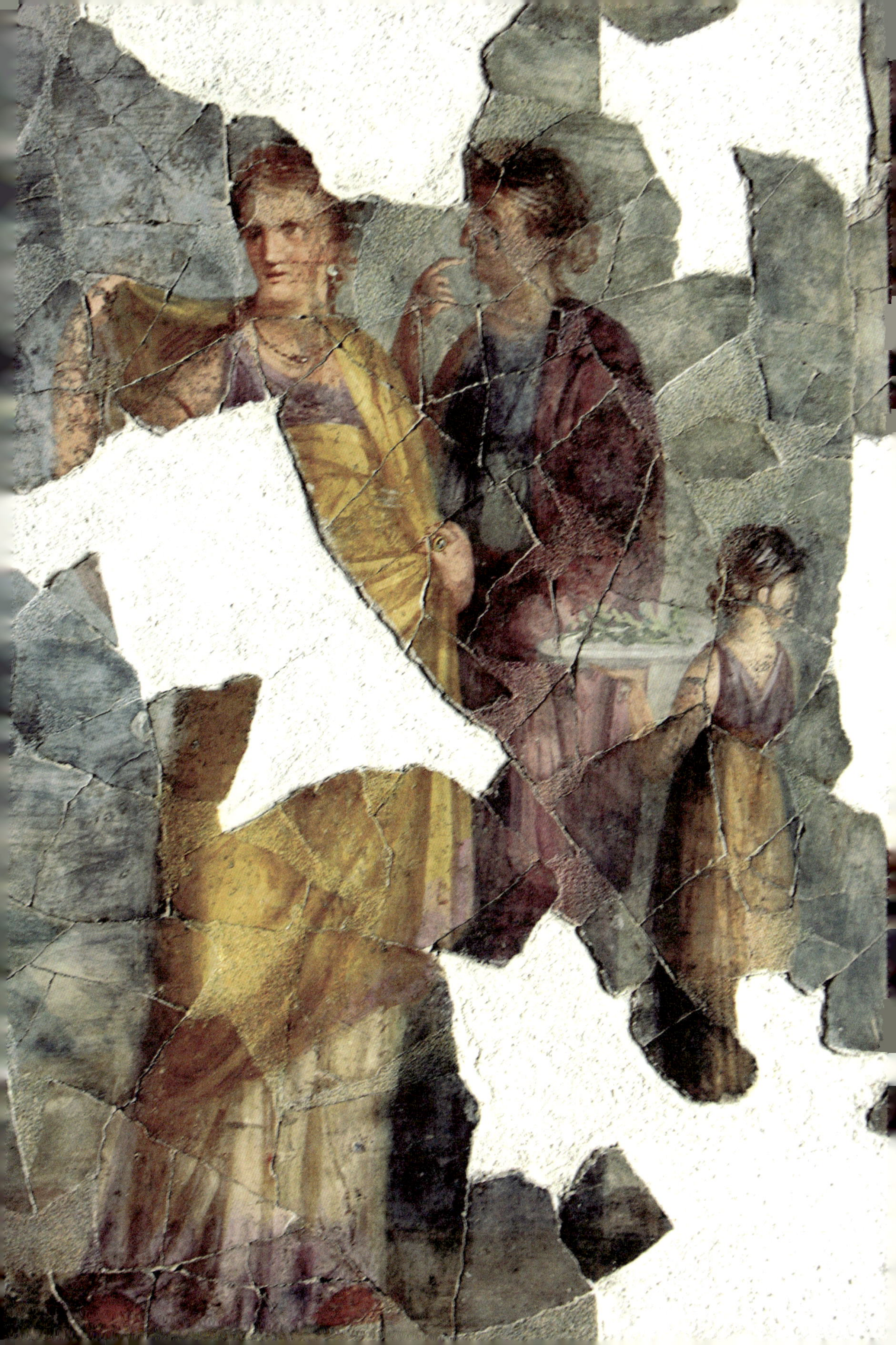

奥古斯都的皇后

　　奥古斯都的妻子莉薇娅是罗马家庭的女主人的美德典范，并深刻影响了罗马的命运。在莉薇娅与表兄、屋大维的对手提比略·克劳狄乌斯·尼禄的婚姻中，她有了两个儿子：四岁的提比略以及她再婚时尚未出世的德鲁苏斯。莉薇娅怀有巨大的野心，与奥古斯都结婚后，她杀死了奥古斯都的所有后代，破坏了奥古斯都的继承计划，最终使她的长子提比略成为继承人。

▶ 1896年在埃及阿尔西诺发现的莉薇娅头像。
🏛 现藏于卢浮宫博物馆

◀ 奥古斯都之家中的假面大厅，因挂在壁龛中的各种戏剧演出时使用的面具而得名。
▲ 莉薇娅之家的塔布林纳姆附属的房间外有一个门廊，上面装饰着水果花环，花环上挂着与狄俄尼索斯（Dioniso）有关的元素。
▶ 奥古斯都之家的上层卧室南墙的细节，以奇幻的手法描绘了一个铜壶。

后）都住在帕拉蒂尼山上。

　　在1869年的考古发掘中，皮埃特罗·罗萨（Pietro Rosa）根据铅管上刻的名字确定了莉薇娅之家（Domus de Livia）。这个住宅位于供奉地母神库伯勒（Cibeles）的神庙东部，地势低于神庙。莉薇娅之家建于公元前70年左右，在经过多次改造后，于公元前30年前后成为奥古斯都之家的一部分。当时这间房子已经成为莉薇娅皇后的私人住宅。今天依然可以看

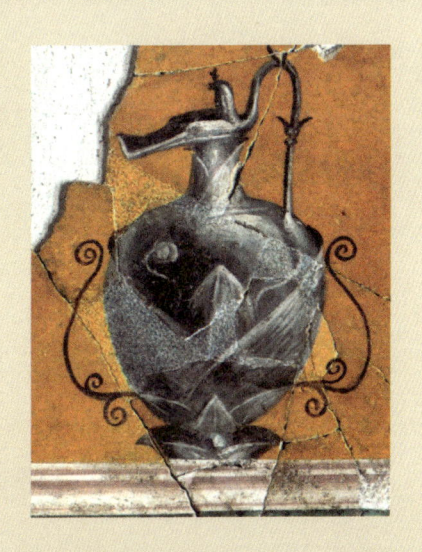

到装饰塔布林纳姆[9]和两个相邻房间的画作，它们是"第二样式"[10]壁画风格的代表作，描绘了被阿耳戈斯（Argos）看守的宙斯的情人伊俄（Ío）和逃离独眼巨人波吕斐摩斯（Polifemo）的仙女伽拉忒亚（Galatea）的传说，以及尼罗河流域的日常生活场景。

奥古斯都的住宅

公元前 42 年前后，屋大维在帕拉蒂尼山上购置了 5 座住宅，并建造了他的第一座住宅，面积约为 8600 平方米，有一个两侧建有列柱廊的大型中庭。屋大维的卧房位于西侧的柱廊旁、供奉罗慕路斯的神庙附近，他使用这间卧房的时间至少有 40 年。公元前 36 年，当屋大维在纳乌洛科战役中获胜后从西西里岛凯旋时，一道闪电击中了房子的中央。人们认为这是阿波罗正在索取房子的一部分。因此，人们拆除了以前的住宅并征用了新的土地（包括莉薇娅和普布利乌斯·科尔内利乌斯·苏拉的房子），建造了一座 24546 平方米的真正的宫殿。宫内建有一座纪念阿波罗的神庙，神庙周围是达那伊得斯柱廊（Pórtico de las Danaides），这是奥古斯都接待官员的场所。神庙全部采用大理石建造，在斯科帕斯雕刻的阿波罗雕像下的一个金匣内，放置着库迈的女先知（la Sibila de Cumas）卖给前罗马君主塔奎尼乌斯·苏培布斯（Tarquinio el Soberbio）的 9 本预言书中的 3 本。按照惯例，元老院会在这里集会，以示对奥古斯都的服从。

在被任命为大祭司后，奥古斯都也没有离开他的宫殿，尽管这个职位意味着他有义务搬到"公馆"，即古罗马广场上紧临维斯塔贞女之家（Casa de las Vestales）的雷吉亚。为了不违反规定，奥古斯都在帕拉蒂尼山上仿建了一座灶神庙，并将住宅与神庙相邻的部分设为公共区域。

---

[9] Tablinum，在中庭一侧的房间，与入口相对，通常被用作办公室。——译者注
[10] "第二样式"又称"建筑样式"，是庞培壁画风格的一种，主要是画出质感真实和透视感准确的建筑结构。上文中的"第三样式"又称"装饰样式"，不再有透视空间和写实的窗景，而是平面绘画。——译者注

马切罗剧院

在庞培和恺撒的权力斗争中，控制公众舆论是击败对手的重要手段，而剧院是操纵民众情绪的地方。在这里，观众席的位置依据不同等级分布。公元前55年庞培剧院落成后，恺撒开始在弗拉米尼乌斯竞技场的一端建造自己的剧院。当时，竞技场所在的地区被神庙和房屋占据，需要进行大面积的拆除。恺撒遇刺后，奥古斯都继续推进该剧院的建设，直到公元前17年世纪庆典时才首次投入使用。几年后，在公元前13年或公元前11年，这间剧院被正式献给英年早逝的马塞卢斯，他是小屋大薇的儿子、奥古斯都唯一的侄子。

由于空间的限制，或由于奥古斯都坚决反对通过建筑彰显权力，以及他促使国家走出内战的阴影的努力与对庞培和恺撒的宣传策略的背离，马切罗剧院没有达到恺撒计划中的规模。马切罗剧院一面临台伯河，另一面紧邻共和国时期建造的阿波罗索西乌斯神庙（Templo de Apolo Mediceo）和贝罗那神庙，这些都限制了剧院的面积，以至于作为剧院舞台背景的柱廊只能建成半圆形。柱廊内有两座神庙的残骸，这两座神庙原来分别供奉敬虔女神和狄安娜女神（Diana）。

剧院周围的区域

在剧院周围的贝罗那神庙、阿波罗索西乌斯神庙（以下简称"阿波罗神庙"）和梅特罗柱廊的修复过程中，奥古斯都添加了象征性和物质性的元素，留下了其政治宣传的印记。后来，当盖乌斯·索西乌斯（Gayo Sosio）修缮阿波罗神庙时，将一座来自公元前5世纪的希腊神庙的雕像群嵌入阿波罗神庙的三角楣处。索西乌斯把阿波罗神庙变成了一个名副其实的博物馆，神庙内有阿里斯蒂德斯（Arístides de Tebas）的画作、菲利斯库斯（Filisco de Rodas）的雕像、手持弦琴的阿波罗雕像，以及一组斯科帕斯或普拉克西特列斯（Praxíteles）创作的尼奥比雕像。

在梅特罗柱廊（后来改称屋大薇柱廊）内，展出了一组留西波斯创作的著名的34座青铜骑士雕像，表现的是格拉尼库斯河战役中的亚历山大大帝和他的阵亡军官。

■ 奥古斯都时期的罗马

这也体现了奥古斯都一直试图仿效这位令人钦佩的马其顿将军。

在装饰柱廊和新建的议事堂及图书馆的众多雕像中，有罗马第一座公共建筑中的女性雕像，描绘的是格拉古兄弟（los Gracos）的母亲科尔内利亚（Cornelia）。

▶ 马切罗剧院的景观。剧院上部在13世纪被萨维利家族占据，在18世纪，被奥尔西尼家族占据。右边是屋大薇柱廊，它在17世纪和18世纪被用作鱼市，后来成为鱼市圣天使教堂（Sant'Angelo in Pescheria）。

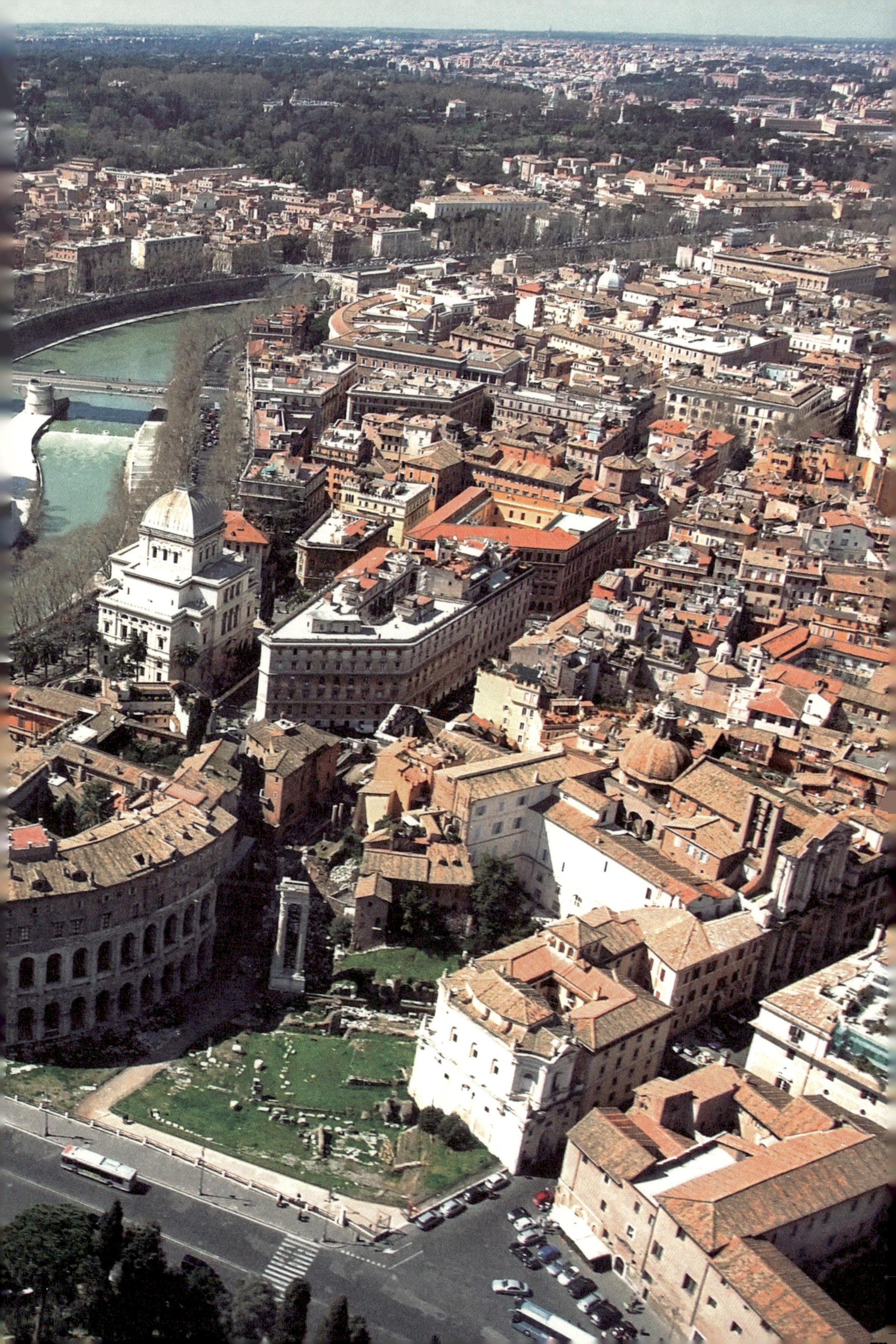

① **马切罗剧院** 这是罗马最早的石制剧院之一，另外两间是庞培剧院和巴尔布斯剧院（Teatro de Balbo）。马切罗剧院高32.6米，直径近130米，观众席可以容纳多达20000名观众。虽然这间剧院是恺撒设计的，但直到公元前17年的世纪庆典期间才启用。公元前13年或公元前11年，马切罗剧院被献给奥古斯都的侄子马塞卢斯——他在19岁就去世了。

② **屋大薇柱廊** 屋大薇柱廊围绕着朱诺女神庙（Templo de Juno Regina）和朱庇特-斯塔特神庙（Templo de Júpiter Estator），宽119米，长132米，由昆图斯·凯基利乌斯·梅特卢斯·马其顿尼库斯（Quinto Cecilio Metelo Macedónico）在公元前146年建立，在公元前33年至公元前23年用来自达尔马提亚战役的战利品进行了修复。奥古斯都的妹妹屋大薇资助建造了一座图书馆，也许还有一个议事堂。

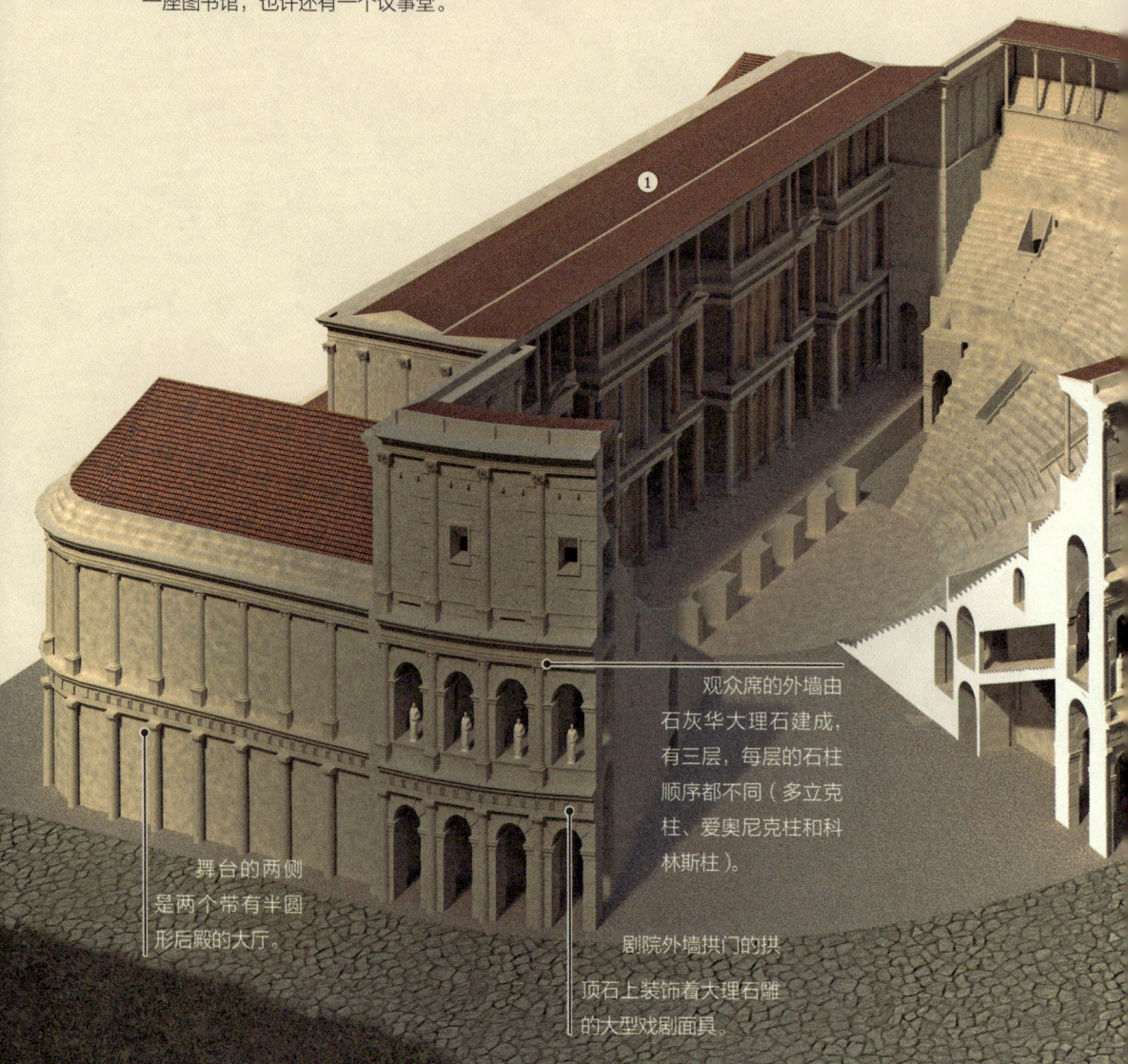

观众席的外墙由石灰华大理石建成，有三层，每层的石柱顺序都不同（多立克柱、爱奥尼克柱和科林斯柱）。

舞台的两侧是两个带有半圆形后殿的大厅。

剧院外墙拱门的拱顶石上装饰着大理石雕的大型戏剧面具。

③ **阿波罗神庙** 阿波罗神庙是在公元前433年一场可怕的瘟疫肆虐罗马之后，为纪念阿波罗（医药之神），仅用两年时间建成的。它所在的位置至少在公元前449年后就已经有一个祭祀阿波罗的祭坛了。阿波罗神庙在公元前353年和公元前179年被修复，并在公元前34年由盖乌斯·索西乌斯完全重塑。索西乌斯是屋大维的挚交及其统治的支持者之一。

④ **贝罗那神庙** 公元前296年，在第三次萨莫奈战争期间，阿庇乌斯·克劳狄乌斯·卡阿苏斯（Apio Claudio el Ciego）承诺建造贝罗那神庙，并在战争胜利后将其献给了战争女神贝罗那。这座神庙总是与阿庇乌斯·克劳狄家族联系在一起，他们的墓地就在附近不远的地方。公元前79年，阿庇乌斯·克劳狄乌斯·普尔库斯（Apio Claudio Pulcro）用带有雕像的石盾装饰了贝罗那神庙。与他同名的公元前38年的执政官在征服西班牙后重建了神庙。

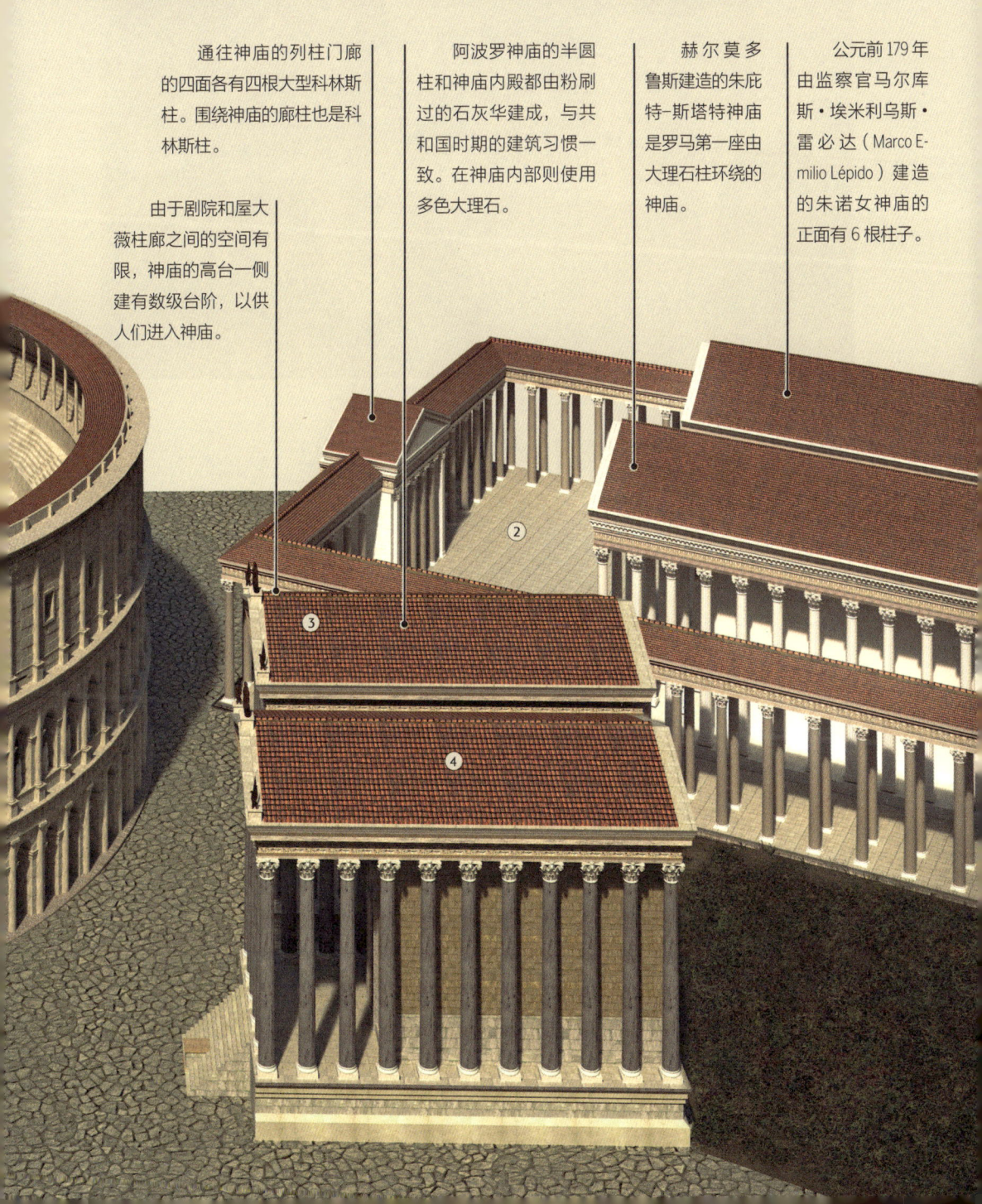

通往神庙的列柱门廊的四面各有四根大型科林斯柱。围绕神庙的廊柱也是科林斯柱。

阿波罗神庙的半圆柱和神庙内殿都由粉刷过的石灰华建成，与共和国时期的建筑习惯一致。在神庙内部则使用多色大理石。

赫尔莫多鲁斯建造的朱庇特-斯塔特神庙是罗马第一座由大理石柱环绕的神庙。

公元前179年由监察官马尔库斯·埃米利乌斯·雷必达（Marco Emilio Lépido）建造的朱诺女神庙的正面有6根柱子。

由于剧院和屋大薇柱廊之间的空间有限，神庙的高台一侧建有数级台阶，以供人们进入神庙。

■ 奥古斯都时期的罗马

奥古斯都时期的建筑工程

▲ 引水渠公园内的马西亚水渠（Aqua Marcia）遗迹。马西亚水渠建于公元前144年，是向罗马供水的11条水渠中最长的一条。除了最后的11公里是建在高架石拱桥上，它的大部分都在地下。在奥古斯都统治时期，人们对马西亚水渠进行了修复，其水流量得以增加。

休闲建筑和新的神庙的建设给罗马带来了新面貌，使其成为名副其实的帝国首都。然而，真正改善居民生活的是大型基础设施工程。阿格里帕将他的财富和才华奉献给城市建设，修复了共和国时期的引水渠（阿庇亚水渠、马西亚水渠、特普拉水渠和阿尼奥-维图斯水渠），并建造了新的引水渠（尤利乌斯水渠和维尔戈水渠）。建于公元前33年的尤利乌斯水渠从格罗塔费拉塔（Grotaferrata）引水，并将特普拉水渠的水引到位于拉丁道（Vía Latina）第六罗马里处的利马利亚水池。进入水池后，水流分别流入马西亚水渠上方的两个管道，最终到达位于罗马第四、第五、第六和第七区的浴场和分配水库。

奥古斯都的海战表演

公元前2年，为了庆祝复仇者玛尔斯神庙和奥古斯都广场的落成，奥古斯都进行了一场海战表演。海战表演在奥古斯都建造的一个人工水池内进行，这个水池位于台伯河畔特兰斯蒂伯林地区的恺撒的花园内，这是一个为纪念奥古斯都的孙子卢修斯和盖乌斯而打造的花园。根据《奥古斯都神功业记》中的记载，这场表演中有30艘各式战船以及许多小船，大约3000名奴隶、囚犯和罪犯身着交战双方的服装参加表演。根据苏维托尼乌斯的说法，在奥古斯都广场的落成庆典期间，在这个广场、弗拉米尼乌斯竞技场和尤莉亚广场上以及斯塔提利乌斯·陶洛斯圆形竞技场（当时是罗马唯一的石制圆形竞技场）内，也举行了体育比赛、角斗士比赛和狩猎活动。

奥古斯都的海战表演场是一个巨大的椭圆形水池，面积为536米×357米，水深1.5米，水容量达20万立方米。为了注满这个水池，需要从罗马以北22公里的阿尔西蒂诺水渠（Aqua Alsietina）输水长达15天——这条建于公元前2年的水渠正是为此而建的。表演中使用的船只通过一条运河进入场地，这条运河连接着当时可以通航的台伯河和海战表演场。

海战表演在恺撒统治时期首次举行，通过让平民置身于罗马对外战事的胜利场景中，激发其爱国精神。当时，恺撒挖掘地面深入连接台伯河的地下水层，这导致战神广场的一片区域被水淹没。

▲ 乌尔皮亚诺·切卡（Ulpiano Checa）的作品《海战表演》（La naumaquia）。
🏛 现藏于马德里乌尔皮亚诺·切卡博物馆

◀ 约翰·格奥尔格·赫克（Johann Georg Heck）创作的彩色版画中的奥古斯都的海战表演场。

奥古斯都时期的罗马

维尔戈水渠于公元前19年6月9日启用,有18个蓄水池。这条引水渠来自东部,从北部进入罗马,为郊区人口最多的地区供水。弗朗提努斯(Frontino)认为,维尔戈水渠很长,是由于阿格里帕难以征用它必须经过的土地,只能绕道而行——当时的法律要求不得破坏城外15英尺宽、城墙内5英尺宽的田地。从平乔山(Monte Pincio)上的利马利亚水池起到尤莉亚广场的超过一公里长的部分水渠建立在高架石拱桥之上,并最终到达一处喷泉。

有了700多个地下蓄水池和103个蓄水池,罗马保证了喷泉、浴场、厕所、洗衣店,甚至奥古斯都新建的海战表演场的供水。为了保证海战表演场的供水,按专业要求建造了阿尔西蒂诺水渠(也叫奥古斯都水渠),不过其水质很差,人们将该渠水用于灌溉花园。

战神广场

奥古斯都对罗马的城市改造主要集中在战神广场。这是一片广阔的平原，位于弗拉米尼亚大道（今天的科尔索大道）和台伯河之间。依照传统，步兵和骑兵都在这里演习；这里也竖立了神庙和墓碑，以纪念罗马共和国的英雄的伟大事迹。地理学家斯特拉波将战神广场描述为一个一望无际的辽阔平原，那里有神圣的树林、柱廊、竞技场、剧院和神庙，那里"终年常青的草地与河岸的山丘美丽得让人难以忘怀"。

在公元前 1 世纪的最后 30 年里，在马库斯·维普撒尼乌

▲古战神广场的鸟瞰图。上方是奥古斯都陵墓❶，旁边是和平祭坛博物馆❸，这个祭坛原本位于拉塔路旁边，现在在科尔索大道一侧。日晷❷的遗迹保存在蒙特奇特利欧广场（Plaza de Montecitorio）内。

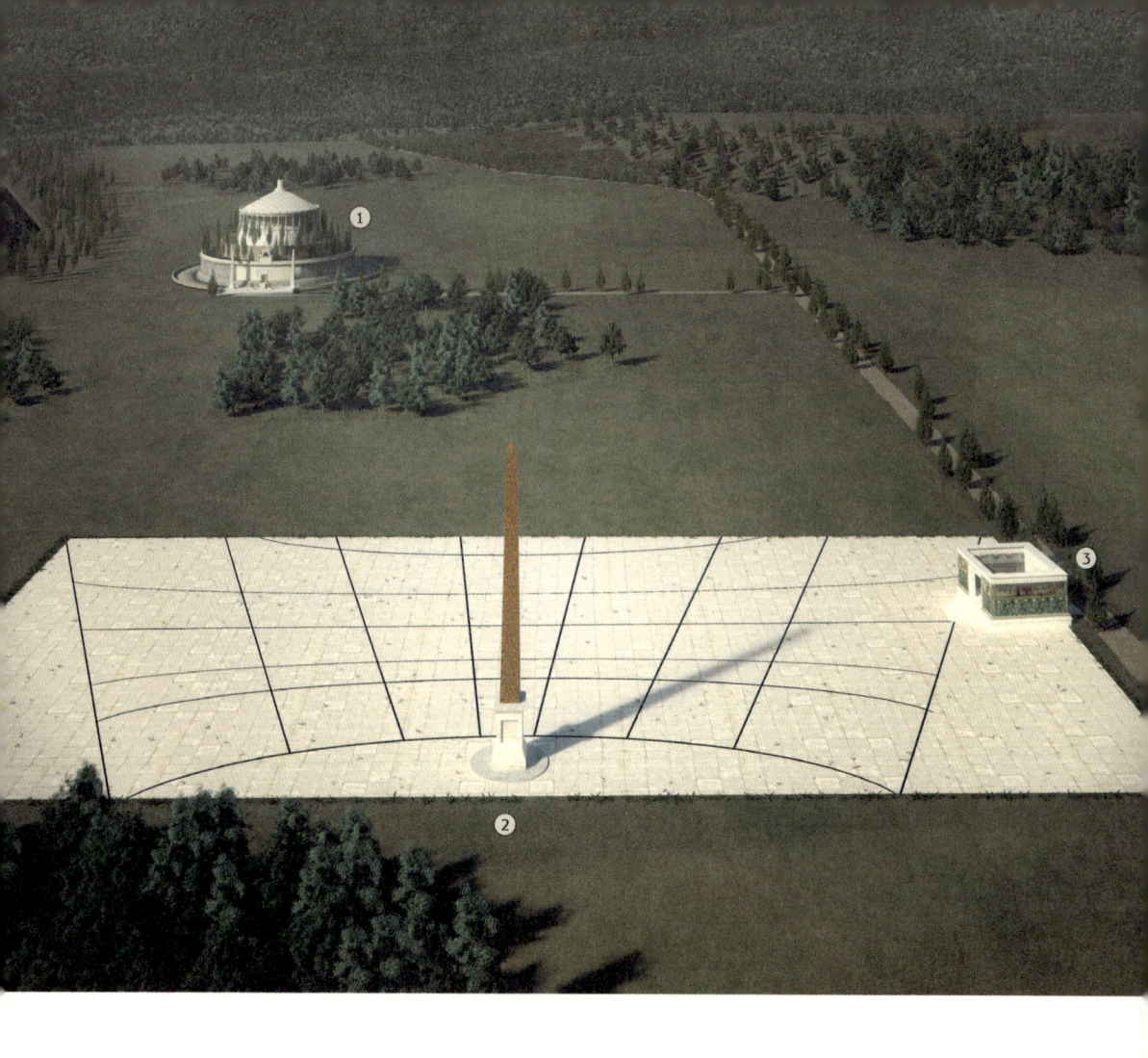

▲ 在一次重建中，人们把奥古斯都日晷②建于奥古斯都陵墓①与和平祭坛③附近。和平祭坛位于拉塔路（从北面进入罗马的弗拉米尼亚大道的延伸）一侧。

斯·阿格里帕（Marco Vipsanio Agripa）的推动下，多座纪念碑被建立起来，旨在使新统治者的权力合法化。其中最著名的也是至今保存最完好的是万神殿。这是一座圆形的神庙，里面有神圣的尤利乌斯像和奥林匹斯山的其他神灵的雕像。公元前 25 年，为庆祝在海战中取得的胜利，阿格里帕在万神殿旁建造了波塞冬柱廊，此外还建造了罗马的第一个公共浴场，包括一个桑拿房（Pyriaterion Laconiano）和一个人工湖，即作为游泳池的阿格里帕水池（Stagnum Agrippae）。人工湖里的清澈凉爽的水来自维尔戈水渠，并通过运河排入台伯河。这条运河位于战神广场以西，划定了罗马的神圣边界。

奥古斯都日晷

　　同样是在这一时期，人们在战神广场的北部竖立了三座纪念性建筑，以颂扬并合法化尤利乌斯家族作为帝国的政治领袖的身份。其中第一座是屋大维于公元前29年建造的一座王陵，这是一座带有希腊风格的陵墓，象征着他将永远统治罗马。第二座建筑是公元前13年元老院下令建造的，这是一个纪念屋大维征服高卢和西班牙并彻底平定帝国的祭坛。在这一年，奥古斯都庆祝了50岁生日，他在离他的陵墓只有300米、紧挨着和平祭坛的地方亲自建造了第三座建筑。这是他献给太阳神的日晷。晷针是一座方尖碑（这是从埃及赫利奥波里斯运到罗马的两座方尖碑中的一座），竖立在用石灰华铺成的平台中央，根据诺维奥·法昆多（Novio Facundo）进行的数学研究，晷针上有用铜条画出的大子午线的象限，月、日、时的符号以及黄道十二宫的星座。多年来通行的理论是，在奥古斯都的生日，即9月23日，晷针投下的阴影可以延伸到和平祭坛的内部。最近，对日晷的建模还原和美国国家航空航天局（NASA）的天文计算程序都推翻了这一假说。

■ 奥古斯都时期的罗马

和平祭坛

奥古斯都开创的元首制源于一场战争的胜利。这场战争就是罗马内战，正是这场残酷的战争让奥古斯都获得了权力。尽管在他的整个统治期间，有关胜利的指涉无处不在，但奥古斯都的宣传试图通过夸大借助暴力取得的成果来逐渐消除民众对暴力本身的记忆：这个成果就是和平，是"用胜利换取的"和平。在公元前1世纪的最后20年里，在罗马帝国的宣传中，奥古斯都的形象被塑造为"地球上的和平使者"，并因此成为繁荣和福祉的保障者。

公元前13年，在奥古斯都征服西部行省（高卢和西班牙）后，元老院决定在战神广场上建立一座和平祭坛，以纪念帝国的最终平定。在罗马北部的神圣边界处、弗拉米

▶ 和平祭坛博物馆中重建的和平祭坛，出自美国建筑师理查德·迈尔（Richard Meier）之手。除了祭坛，一些在重建中没有用上的碎片和一些敬虔祭坛的碎片也被保存下来。

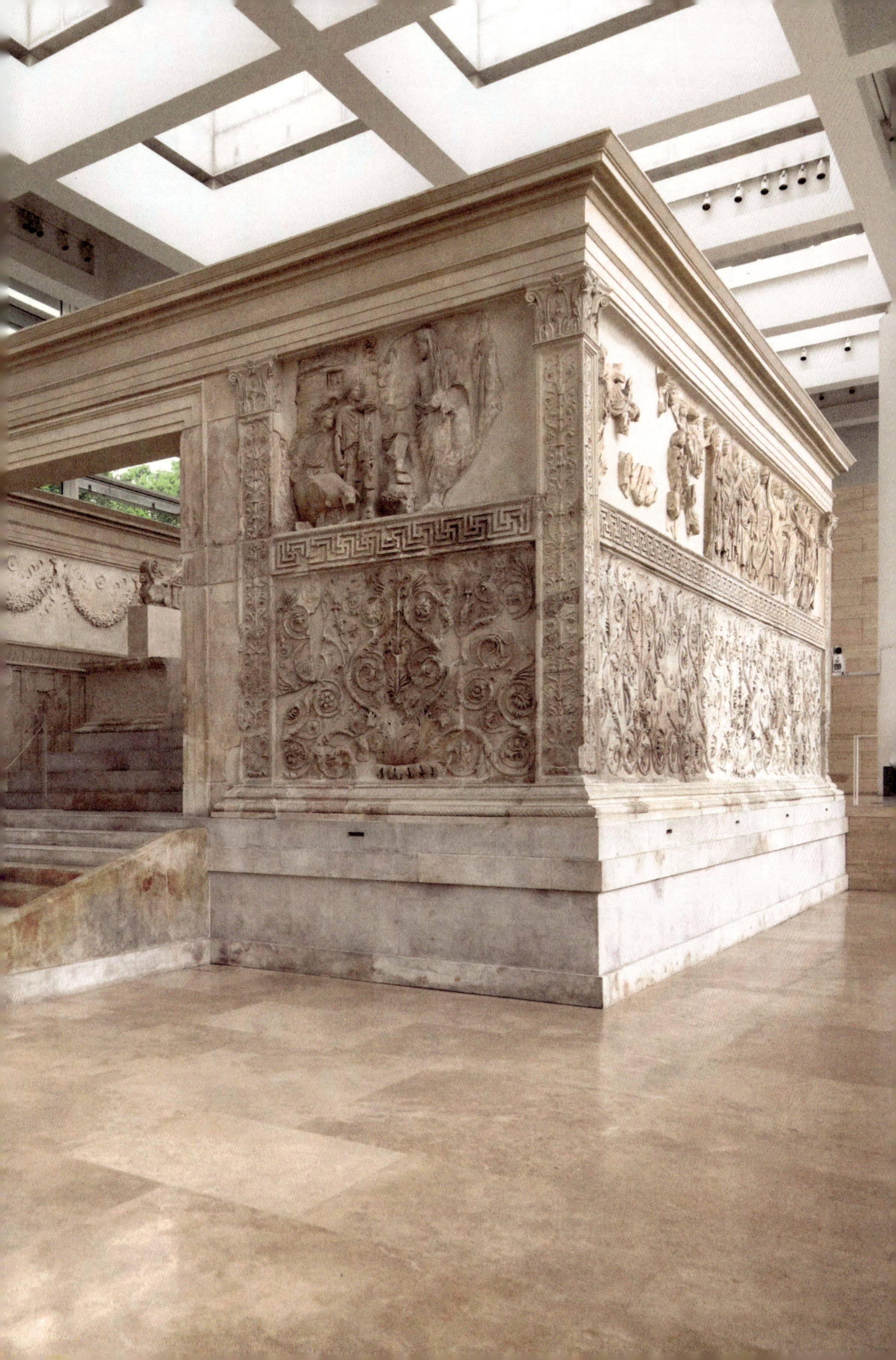

奥古斯都时期的罗马

尼亚大道一侧，人们先是临时放置了一个由木栅栏环绕的祭坛，以便胜利者在穿越边界进入罗马之前可以进行净化祭祀活动。在接下来的几年里，祭坛最终用卡拉拉大理石建造完成，祭坛上雕刻着暗示奥古斯都的政治计划的寓言场景，并描绘了一场真实的游行，游行队伍中包括所有皇室成员，还有罗马的四个最高祭司以及主要祭司团体的代表（大祭司、占召官、十五司祭长老会成员以及主持宴席的宴请者）。

和平祭坛于公元前9年1月30日落成，这一天也是莉薇娅的生日。和平祭坛落成典礼上的祭献仪式在此后每年的这一天都要举行：祭司们向祭坛抛撒香火，焚烧白色的祭品，同时祈祷神灵保全皇室家族（"希望他们为人民创造的和平和福祉可以永远持续；用虔诚的誓言向诸神祈祷，希望他们能被好运眷顾"）。自和平祭坛落成以来，一直在9月2日进行的阿克提姆海战的纪念活动也被改为在1月30日举行。这样一来，和平与胜利就在同一场活动中、在同一个祭

和平祭坛

和平祭坛建立在台阶上，设置在一个封闭的空□内，只有在举行神圣仪式的日子才会对外开放。公元□年，哈德良在祭坛周围修建了一道墙，以防止台伯河□淤泥将其埋没。

在神话中，一只母狼在牧羊人浮士德勒（Fáustulo）的注视下在山洞内为罗慕路斯和勒莫斯哺乳。祭坛外墙上的描绘母狼的板块中刻有一些无花果树的枝叶，它们来自生长在这个山洞旁边的无花果树。

祭坛围墙的□有牛头骨的雕饰□在牛头骨上的花□指在祭坛下流血的□献祭者。

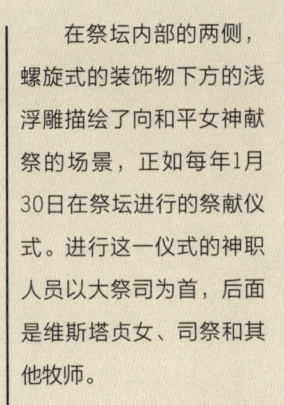

在祭坛内部的两侧，螺旋式的装饰物下方的浅浮雕描绘了向和平女神献祭的场景，正如每年1月30日在祭坛进行的祭献仪式。进行这一仪式的神职人员以大祭司为首，后面是维斯塔贞女、司祭和其他牧师。

这个装饰描绘的是罗马王政时期的第二位国王努马·庞皮里乌斯（Numa Pompilio）在批准一项和平条约前，进行进献动物的祭祀仪式。近一个世纪以来，人们认为这个浮雕表现的是埃涅阿斯在向保护家庭的神灵佩纳提斯（Di penates）献祭。

南北两侧的围墙都描绘了游行队伍。对此存在两种不同的解释。一种解释认为，它描绘的是奥古斯都回归罗马的场景，即奥古斯都结束战争后归来时的欢迎仪式；另一种解释则认为描绘的是祭坛的落成仪式。

祭坛围墙的下半部分装饰着各种植物、动物图案，象征着维纳斯或阿波罗。人们认为，繁盛的花卉装饰意指奥古斯都的统治在实现国家和平的基础上开启的新的黄金时代。

占召官　　　　　　　　　　　司祭

帝国游行仪式

在和平祭坛围墙的上半部分的两个长浮雕中，描绘了伴随奥古斯都从对西部行省的军事行动中归来的庄严队伍。在奥古斯都的众多同行者中，皇室成员、四位司祭和罗马四个主要祭司团体的代表是被仔细描绘的对象，他们占据了整个场景的三分之二。他们在熙攘的人群中前进，而背景中的人群的轮廓只是进行了简单的勾画。大祭司奥古斯都❶前面的是一群祭司（本图片内未显示），后面跟着占召官、司祭❷❸❹❺和一名刀斧手❻。他的女婿阿格里帕❼则带领家族队伍。阿格里帕身后是他的妻子茱莉亚❿和他的儿子盖乌斯·恺撒❽；他的另一个儿子卢修斯·恺撒在祭坛北面围墙的浮雕中。此外还有莉薇娅的儿子提比略⓫和大德鲁苏斯⓮，奥古斯都的三个侄女❾⓬⓰，以及后两者的丈夫⓮⓲，还有他的两个孙子⓯⓱。在浮雕中，皇室家族的辉煌和权力得到了充分的体现。

❶ 奥古斯都
❷ 玛尔斯司祭
❸ 奎里努斯司祭
❹ 尤利阿斯司祭
❺ 朱庇特司祭
❻ 刀斧手弗拉米尼乌斯
❼ 阿格里帕
❽ 盖乌斯·恺撒
❾ 大玛塞拉
❿ 大茱莉亚（或莉薇娅）
⓫ 提比略
⓬ 小安东尼娅
⓭ 日耳曼尼库斯
⓮ 大德鲁苏斯
⓯ 格奈乌斯·多米提乌斯·阿赫诺巴尔比
⓰ 大安东尼娅
⓱ 多米提娅
⓲ 卢修斯·多米提乌斯·阿赫诺巴尔比

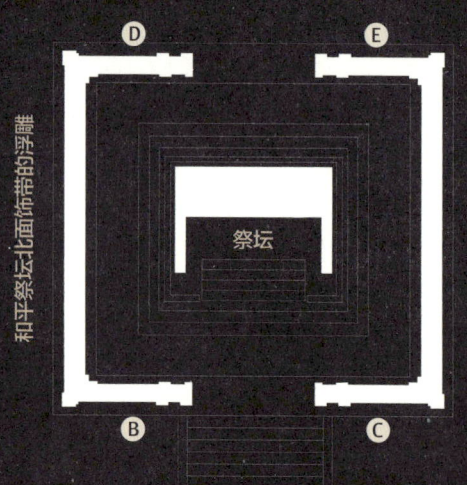

和平祭坛北面饰带的浮雕
和平祭坛南面饰带的浮雕
祭坛
祭坛入口

⑩ ⑪ ⑫ ⑬ ⑭ ⑮ ⑯ ⑰ ⑱

皇室成员

B 母狼 这个装饰板块描绘的是罗马建城的一个传奇故事：母狼为罗慕路斯和勒莫斯哺乳。

C 努马·庞皮里乌斯 根据考古学家保罗·勒哈克（Paul Rehak）的说法，这个大胡子的人可能是罗马王政时期的第二任国王努马·庞皮里乌斯，而不是之前人们认为的特洛伊英雄埃涅阿斯。

D 胜利的罗马 这个浮雕表现的是罗马收复，其人物展现了胜利者的美德和荣誉感。

E 和平女神、正义女神和秩序女神 宙斯和忒弥斯的女儿时序三女神是奥古斯都的统治的支柱。

坛上得到纪念。每年 3 月 30 日，人们都会重新点燃和平祭坛上的圣火，以向护佑国家的神灵献祭，包括：和谐女神康考迪亚（Concordia）、健康和繁荣女神萨卢斯（Salus）、和平女神帕克斯（Pax）和门神雅努斯（Ianus）。

和平祭坛

在希腊和罗马的神话中，和平女神是正义女神（Iustitia）之女，是秩序女神欧诺弥亚（Eunomia）的姐妹，她与时运女神福尔图娜（Fortuna）和富裕女神阿布恩丹提亚（Abundancia）有许多共同的面貌特征。在诗人赫西俄德（Hesíodo）的文字中，正义女神、和平女神和秩序女神是相互关联的神灵，她们化身为宙斯和忒弥斯（Temis）的女儿时序三女神（Horas）。奥古斯都把她们作为宣传的媒介，以建立社会对君主制的信仰，加强人民对他的信心。由于对现实敏锐的认知，作为政府最高首脑的奥古斯都被看作一个被赋予"天意"的人，这种美德保证了公共利益、和平、正义、和谐和虔诚。

祭坛围墙下半部分的植物图案装饰暗示帝国的和平和繁荣，且与黄金时代（aetas aurea）通行的说法有关（"黄金时代"是诗人维吉尔与贺拉斯等人对奥古斯都的统治的评价）。贺拉斯于公元前 17 年创作了《世纪之歌》，在世纪庆典的最后一天由 27 名来自贵族家庭的男孩儿和女孩儿组成的两个合唱团演唱。早在这首诗中，贺拉斯已经将奥古斯都奉为新时代的建筑师。

和平祭坛的重建

1938年9月23日，在纪念奥古斯都诞辰2000周年活动的闭幕式上，新建的和平祭坛博物馆举行了落成典礼。和平祭坛是奥古斯都时期的建筑艺术的代表性建筑之一。

挽救祭坛残迹、使其得以重建的危险而复杂的考古工作值得当时的科学界的高度评价。和平祭坛的碎片被埋藏在菲亚诺–阿尔马贾宫（Palacio Fiano-Almagià），位于卢奇那大道和科尔索大道之间的地基内，菲亚诺–阿尔马贾宫是一座文艺复兴时期的建筑。当时，这座宫殿是人们常去的电影院之一，因此考古学家们决定不惜一切代价抢救祭坛的遗迹。

对宫殿底土的系统性挖掘的第一阶段始于1903年，这要归功于宫殿主人爱德华多·阿尔马贾（Edoardo Almagià）的大力支持，他提前将在其房产底土中找到的东西捐赠给意大利政府。古物检查员安杰洛·帕斯奎（Angelo Pasqui）和建筑师马里亚诺·坎尼扎罗（Mariano Cannizaro）负责勘探工作。当时，人们从邻近街道（卢奇那大道和科尔索大道）通往宫殿的两米宽的壕沟中取出了数百块祭坛碎片，但其他许多碎片被建筑物地基的支柱困住，如描绘帝国游行的部分浮雕，其浮雕带有奥古斯都皇帝形象。

在1933年开始进行的奥古斯都诞辰2000周年纪念活动的筹备工作中，当务之急是在不破坏菲亚诺–阿尔马贾宫的前提下挖掘和平祭坛的遗迹，并利用散落在佛罗伦萨、维也纳、巴黎和梵蒂冈的碎片重建祭坛。为了做到这一点，需要用一个装有液压千斤顶的混凝土支架来保护宫殿的南角，并通过一组有5000公斤液态二氧化碳在其中循环的管网，将地面冻结在-40℃。经过几周的工作，除了祭坛的高台被永远埋葬，祭坛的其他部分都成功出土。

在祭坛于戴克里先浴场博物馆内重建后，它被转移至隆戈特维大道的奥古斯都陵墓旁、由维托里奥·莫尔普戈（Vittorio Morpurgo）设计的建筑中。

和平祭坛的挖掘

在民族自豪感高涨的罗马，朱塞佩·莫雷蒂（Giuseppe Moretti）受委托执行一项紧急任务，即在一年半的时间里抢救和平祭坛的遗迹，同时不破坏它所在的科尔索大道旁边的文艺复兴时期的建筑。

公元123年

被掩埋的危险 哈德良在祭坛周围修建了一道护墙，以防止祭坛被台伯河洪水后沉积的泥土所掩埋。

1566年

被困的祭坛 在科尔索大道旁的卢奇那大道上有一座建筑，其地基建于和平祭坛之上。在其奠基工程中，人们挖掘出土了第一批祭坛的浮雕装饰。

◀◀ 由维托里奥·莫尔普戈设计的第一座和平祭坛博物馆。在拆除了里佩塔大街上的几座建筑后，该博物馆在4个月的时间内建成。

◀ 在1903年安杰洛·帕斯奎指导的挖掘工作中出土的一块带有螺旋形雕饰的石板。

▼ 工人们正在博物馆的外墙上雕刻《奥古斯都神功业记》，这是奥古斯都在死前16个月写的一份政治宣言。

1859年
发现祭坛 在对菲亚诺公爵的宫殿进行加固时，人们发现了祭坛的平台和许多石板。

1903年
壕沟 在第一次依靠向下的壕沟进行的挖掘中，人们挖掘出了数百块碎片。这些碎片于1911年在戴克里先浴场展出。

1937年
冻结 在对地面进行冻结后，人们挖掘出了祭坛的剩余部分。完成重建的祭坛在奥古斯都陵墓旁展出。

■ 奥古斯都时期的罗马

奥古斯都陵墓

奥古斯都为自己和尤利乌斯家族成员建造的陵墓矗立在战神广场的南端。这是罗马城中最神圣的地方之一，罗马最杰出的人物都长眠于此。与奥古斯都同时代的斯特拉波这样描述陵墓和附近的火葬场："（在广场上的纪念性建筑中）最引人注目的是一座陵墓，它是一个巨大的墓穴，耸立在河边的白色大理石高基座上，完全被常青树所遮盖。陵墓高处有一座奥古斯都的铜像，而下方是他和他的亲属及密友的坟墓。陵墓后面有一大片神圣的森林，是散步的绝佳去处。广场中间有一道环绕奥古斯都的火葬场的白色大理石围墙，以及一道圆形的铁栏杆，围栏内种着杨树。"

公元前 29 年，奥古斯都在 34 岁时建造了自己的陵墓，并将其视

▶ 从和平祭坛博物馆的侧墙看今天的奥古斯都陵墓。原来陵墓入口两侧的方尖碑分别被移至圣母大殿（Santa Maria Maggiore）旁的埃斯奎利诺广场（Plaza del Esquilino）以及奎里纳莱广场（Plaza del Quirinal）。

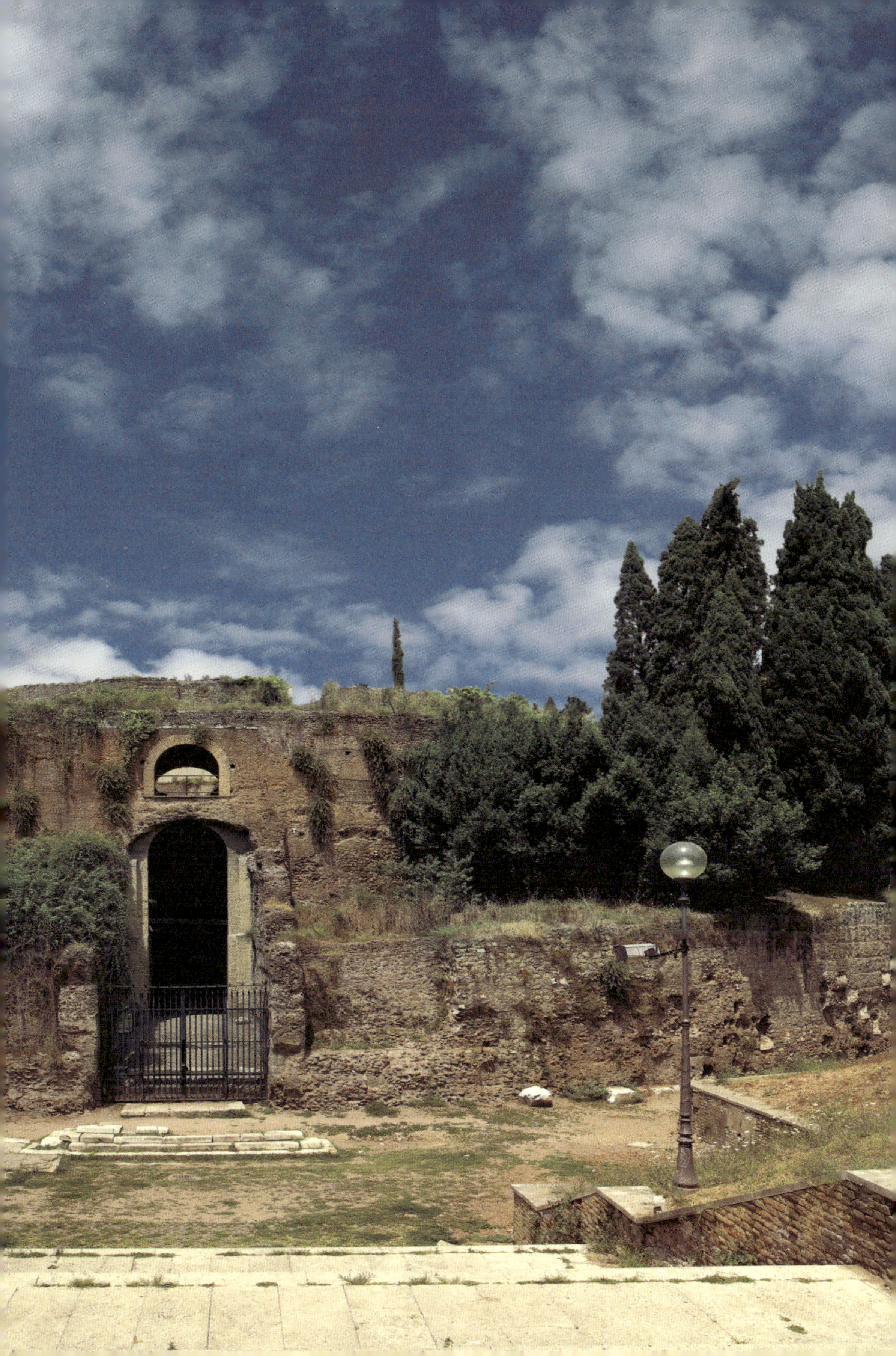

■ 奥古斯都时期的罗马

为个人升华和政治宣传的工具。陵墓是仿照王政时期的英雄陵墓建造的，这些陵墓也是亚历山大大帝等希腊化时代的帝王陵墓的设计灵感来源。在击败马克·安东尼和公元前30年征服埃及后，奥古斯都曾在返回罗马前参观亚历山大城内托勒密王朝家族的陵墓，并亲自瞻仰亚历山大大帝的遗容。据苏维托尼乌斯说，他甚至拒绝看其他国王的遗体，宣称"我是来看国王的，不是来看尸体的"。

每当皇室成员去世，人们就会打开墓穴，将逝者的骨灰盒安放在里面，并为其举办公开的葬礼，民众被镇上的传令兵召集起来参加哀悼和葬礼仪式。遗体在送葬者，喇叭、大号和长笛演奏者的带领下运到广场，紧随其后的是其祖先的雕像，由罗马贵族中最优秀的成员抬到演讲台上。在宣读完赞颂逝者生平事迹的悼词后，送葬队伍继续向战神广场行进。广场上有一个巨大的围栏，里面是进行火葬的火堆。公元前23年，奥古斯都的侄子和女婿马塞卢斯的骨灰首次被安放在奥古斯都陵墓中。在他之后，阿格里帕也

❶ **陵墓的结构** 陵墓由五个同心圆结构组成，最大直径为87米，由外至内逐渐升高。陵墓的大门通往墓室的长走廊。墓室周围有三个对称的壁龛，里面放着皇室成员的骨灰盒。墓室中央是奥古斯都的坟墓。由于建筑材料不断被掠夺和建筑本身的糟糕状况，使得人们无法准确地绘制这座陵墓的结构图。

在最外面的两道墙之间是一座土墩，斯特拉波描述的树木就生长在这座土墩上。

❷ 雕像 陵墓的中央矗立着一根高约42米的支柱，支柱顶端是奥古斯都的铜像，居于陵墓的最高处。柱身内有一间放置奥古斯都骨灰的房间。

❸ 方尖碑 大门两侧各有一座方尖碑，上面刻有奥古斯都的遗嘱。该遗嘱也刻在了小亚细亚加拉太省的安基拉（今土耳其安卡拉）的一座敬献给罗马和奥古斯都的神庙中，这篇遗嘱因此才得以保存。

陵墓外侧的底座高达12米，上面铺着石灰华大理石。另外两个由14道辐射状分布的墙连接的圆柱体构成了陵墓的里层，其高度是外层的圆柱体的3倍。

葬于此地，随后屋大薇、大德鲁苏斯、卢修斯和盖乌斯（大茱莉亚和阿格里帕的儿子）、奥古斯都、小德鲁苏斯、莉薇娅和提比略也相继安葬在此。他们的后人也将这个陵墓作为皇室成员的墓地，唯一的例外是奥古斯都的女儿大茱莉亚和尼禄。

国葬仪式

关于奥古斯都之死的文字描述只剩下对其葬礼的记述。奥古斯都的遗体被安放在一具象牙和黄金制的带紫色饰物的棺材里，人们将他的蜡像和凯旋勋章高举过他的棺材。棺材被行政长官们抬走的同时，一尊金像从元老院抬来，还有另一尊雕像被抬上了凯旋战车。这些雕像的后面跟着奥古斯都的祖先、祖父母和亲人的雕像，以及自罗马建城以来罗马历史上的一些杰出人物的雕像。恺撒的雕像被放在一众半神的雕像中间。德鲁苏斯宣读了有关他祖父的私生活的赞词，而提比略则宣读了元老院将其敬奉为神的颂词。在火化过程中，一个宣誓者发誓看到奥古斯都的灵魂升入天堂，以便从莉薇娅那里拿到一大笔钱。奥古斯都的遗嘱被刻在陵墓入口处的两座方尖碑上。今天人们得以了解这篇遗嘱，是因为土耳其安卡拉的一座献给罗马和奥古斯都的神庙的墙壁上也刻有这篇遗嘱。

阿格里帕之家和莉薇娅别墅

在罗马众多的由简陋的房屋组成的住宅区之间，还分布着许多以奢华的装饰为特色的贵族私人住宅。富有的罗马公民通常还在海边或山区等罗马以外的地方拥有房产，作为长期休假时的居所，以享受悠闲的生活，远离都市生活的繁忙和喧嚣。

在埃斯奎利诺区、阿文提诺区和特拉斯提弗列区等罗马的平民区，不难发现一些贵族住宅，例如，集中在帕拉蒂尼区或奎里纳莱区的贵族住宅。特拉斯提弗列区是罗马人口最多的地区。埃斯奎利诺区的人口数量仅次于特拉斯提弗列区，有3859个平民住宅区和380座私人住宅。罗马骑士阶级的富豪维迪乌斯·波利奥（Vedio Polión）就选择在这里建造了一座豪华私宅。

奥古斯都的富有且有权势的朋友梅塞纳斯将自王政时期以来一直被用作墓园的山丘的一部分开发为住宅区。他将地面抬高了超过5米，并将古墓和一道古墙永远地埋在地下。贺拉斯在他的《讽刺诗集》（*Sermones*）的一首诗中记叙道："很久以前，奴隶们的尸体被运到这里……现在这里可以居住了，人们可以在宽阔的草地上漫步。谁能想象不久前这里还是一片荒地，放眼望去全是森森白骨。"就在这个得名"梅塞纳斯庄园"（Horti de Mecenas）的地方，梅塞纳斯为自己建造了一座大型别墅，以大理石制的希腊雕像复制品作为装饰，其精致美丽足以媲美拉奥孔（Laocoonte）的雕像。诗人维吉尔、普罗佩提乌斯（Propercio）和贺拉斯也效仿梅塞纳斯建造了自己的私人住宅。

台伯河下的发现

在罗马另一端的第十四区特拉斯提弗列区内，汇集了许多由犹太人和叙利亚人经营的工匠作坊以及大型仓库，仓库内贮存着河运而来的酒壶。在特拉斯提弗列区的台伯河畔，阿格里帕在诗人卡图卢斯（Catulo）的情人克洛蒂娅（Clodia），或刺杀恺撒的主谋之一卡西乌斯·朗基努斯（Casio Longino）的住所附近建造了一座私宅。阿格里帕的住宅与河道平行，视野开阔，可以俯瞰战神广场。其建筑风格与近海的别墅相似，由位于一座大型半圆式露天建筑两侧的两个对称的部分组成。1870年12月28日，在台伯河的一次灾难性的洪水后，这所住宅的遗迹在文艺复兴时期修建的法尔内西纳别墅（Villa Farnesina）的花园里被发现。这场侵袭了罗马大部分地区的洪灾造成了巨大的损失，因此意大利政府决定成立一个由当时最好的水利工程师组成的委员会，以求寻找一个根除后患的方案。拉斐尔·卡内瓦里（Raffaele Canevari）决定拓宽并清理台伯河河床，并在河岸建造一道高墙。1879年，在进行这项工程时，人们发现了阿格里帕之家的遗迹及其著名的壁画和灰泥。然而，出于"公共事业的原因"，房屋的所有装饰元素（壁画、灰泥和镶嵌画）都被清除，墙壁也被紧急拆除，没有为绘制建筑结构留下足够的时间，许多镶嵌画也因此丢失。

阿格里帕之家侧翼的9个房间的壁画在附近的植物园内存放了10年，并于1889年被转移到戴克里先浴场——这是罗马国家考古博物馆最初的所在地。在住宅的不同区域，壁画的质量也各不相同。

▲法尔内西纳别墅的B房间，这是这幢建筑内保存得较好的房间之一。后面的墙上描绘的是狄俄尼索斯小时候置身倪塞伊得斯的仙女们中间的场景。
🏠 现藏于罗马国家博物馆马西莫宫

◀法尔内西纳别墅餐厅的壁画细节。悬铃木和常春藤的枝条悬挂在精美的石柱之间。饰带上的装饰图案暗指法老博科里斯（Bocoris）的判断充满了智慧。

◀别墅走廊的壁画上的戏剧面具细节。

▼天花板上的精美灰泥浅浮雕描绘了亚历山大城尼罗河畔的风光和酒神节的场景。
🏠 现藏于罗马国家博物馆马西莫宫

主人房的装饰通常比客房和过道的装饰更奢华，壁画也更精美。

除了罗马的宫殿式住宅，统治阶级还在山区或海岸等风景优美的地方拥有别墅。奥古斯都在位期间继承了其中的一些住宅，其中最特别的是位于波西利波住宅区（Posillipo）的维迪乌斯·波利奥的住宅，它有一个可以容纳 2000 名观众的私人剧院和一个有 100 个座位的音乐厅。

97

第一大门区的莉薇娅别墅

　　莉薇娅别墅比波利奥的别墅更为简陋。莉薇娅别墅的拉丁语名称是"Ad Gallinas Albas",意为"白母鸡",因为与屋大维订婚前莉薇娅在这里目睹了一个预示着她的家庭的繁荣未来的神迹:"一只老鹰让一只雪白的母鸡从高处跌落在莉薇娅怀中,母鸡的嘴里叼着一根结满浆果的月桂树枝。占卜师们恳请莉薇娅饲养这只母鸡和它的后代,并将这枝月桂种植成树,虔诚地守护它。"后来,编织胜利者的冠冕使用的月桂枝正是来自这棵月桂树,而胜利者在凯旋游行后又在莉薇娅的树旁边种下另一棵月桂树。苏维托尼乌斯说,这些月桂树在种植它的将军死后都会枯萎。

　　莉薇娅别墅是莉薇娅的父亲的财产,位于弗拉米尼亚大道和台伯路之间的第一大门区(Prima Porta),距离罗马城中心数公里,靠近伊特鲁里亚的维爱城(Veyes)。

莉薇娅别墅占地面积约 1.4 万平方米，众多房间围绕中庭和一个小型的列柱廊。此外，别墅内还有用上等大理石装饰的大型待客室，以及包括两个温泉池和一个露天游泳池的大型浴场。1863 年，弗朗切斯科·森尼（Francesco Senni）和保罗·德安布罗吉（Paolo d'Ambrogi）在挖掘中发现了莉薇娅别墅的遗迹，当时他们本计划在租来的土地上寻找文物，并在古物市场上出售。发掘工作取得了出人意料的成功，在发掘工作开始后的几天，就出土了一尊穿着戎装的奥古斯都的巨像。仅仅 10 天后，两个房间被挖掘出来，其中一个房间的墙面装饰保存完好。这个房间的装饰模拟了一个石窟的内部，石窟周围是一个百花齐放的繁茂花园。在石榴树、桃树、月桂树和杏仁树的树枝上，有多达 69 种不同的鸟类。

▲花园和鸣鸟。莉薇娅别墅的餐厅中的壁画细节。这些壁画在被发现后的近一个世纪内一直保留在原地。在此期间，由于渗水和不成功的保护，它们失去了鲜艳的色彩。

🏠现藏于罗马国家博物馆马西莫宫

身着戎装的奥古斯都

1863年4月20日深夜,保罗·德安布罗吉通知教皇国公共工程部长,称"出现了一尊10英尺高的奥古斯都的雕像,雕像中的奥古斯都身着戎装,旁边还有一个赤裸的孩子骑在海豚身上"。这座雕像今天被称为"第一大门的奥古斯都"(Augusto de Prima Porta),它将奥古斯都描绘成一个胜利者,以及胜利、和平、繁荣和政治稳定的使者。作为一个受到众神保护的人和自称的维纳斯的直系后裔,他赤着双脚出现在维纳斯之子厄洛斯的身边。胸甲上的浮雕描绘了从帕提亚人手中夺回原本属于克拉苏的军徽的场景(在公元前53年的卡莱战役中,帕提亚人曾将军徽从克拉苏手中夺去)。不过,这一场景被置于一个神话的背景中,象征着奥古斯都开创的黄金时代。🏛 现藏于梵蒂冈博物馆

一个巨大的发现

莉薇娅别墅位于弗拉米尼亚大道和台伯路之间。1863年,弗朗切斯科·森尼和保罗·德安布罗吉在他们租用的庄园里寻找古物,并发现了一尊身着戎装的奥古斯都雕像。10天后,他们发现了两个地下房间,其中一个房间绘有精美的壁画,描绘的是一个繁茂的花园。这次考古发现让莉薇娅别墅开始为世人所熟知。在挖掘过程中,人们还发现了两座半身雕像、一个阿波罗头像、一个祭司面具和几根铅管,这些东西最后都进入了古物市场。而奥古斯都的雕塑则被捐赠给教皇庇护九世(Pío Ⅸ),并被梵蒂冈博物馆收藏。

▲ 这幅版画描绘的是1863年4月20日奥古斯都雕像移交梵蒂冈博物馆的场景,刊载于P.卡基亚特利(P. Cacchiatelli)和G.克莱特(G. Cleter)出版的《教皇庇护九世时期的科学与艺术》(*Le scienze e le arti sotto il pontificato di Pio IX, Roma*)(罗马,1865年)。

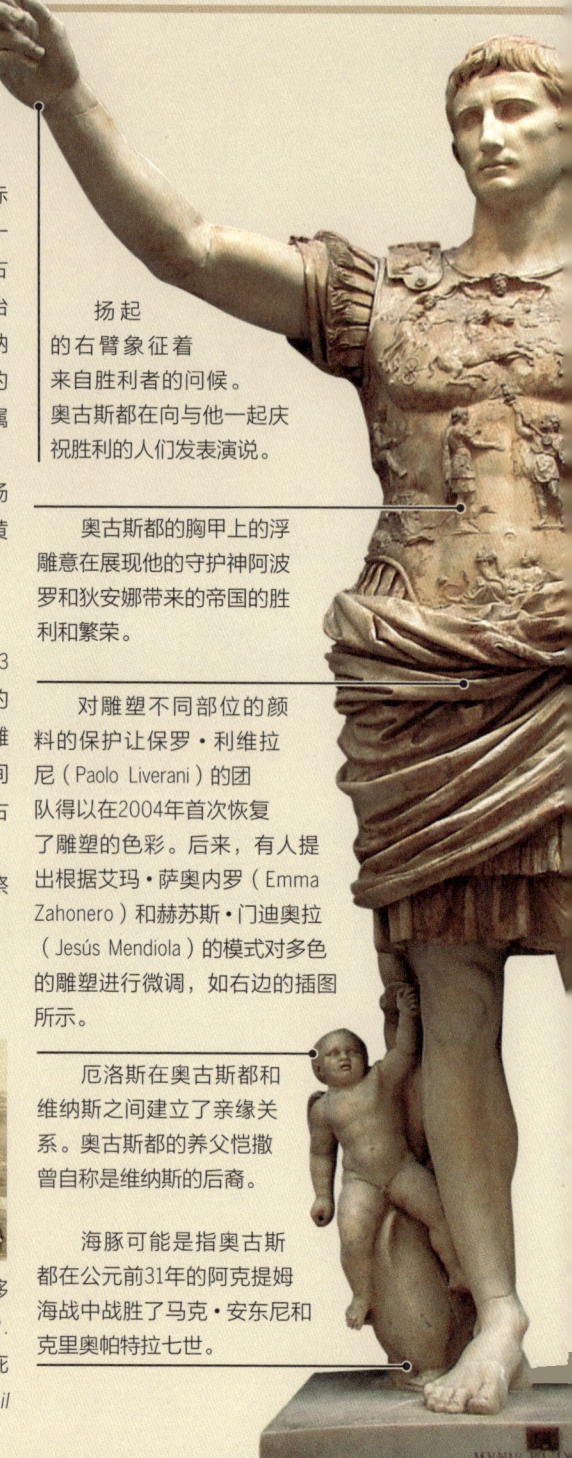

扬起的右臂象征着来自胜利者的问候。奥古斯都在向与他一起庆祝胜利的人们发表演说。

奥古斯都的胸甲上的浮雕意在展现他的守护神阿波罗和狄安娜带来的帝国的胜利和繁荣。

对雕塑不同部位的颜料的保护让保罗·利维拉尼(Paolo Liverani)的团队得以在2004年首次恢复了雕塑的色彩。后来,有人提出根据艾玛·萨奥内罗(Emma Zahonero)和赫苏斯·门迪奥拉(Jesús Mendiola)的模式对多色的雕塑进行微调,如右边的插图所示。

厄洛斯在奥古斯都和维纳斯之间建立了亲缘关系。奥古斯都的养父恺撒曾自称是维纳斯的后裔。

海豚可能是指奥古斯都在公元前31年的阿克提姆海战中战胜了马克·安东尼和克里奥帕特拉七世。

战车上的太阳神赫利俄斯（Helios）。

在这个场景中，天空之神凯路斯（Caelus）撒下一张巨大的幔子，遮住了战车上的赫利俄斯和黎明女神奥罗拉（Aurora）。

罗马女神，或是玛尔斯，又或是奥古斯都本人或他的儿子提比略在一个类似于投降仪式的场景中接过军徽。

奥罗拉和维纳斯一同引领太阳战车。

胸甲两侧的两个女性形象代表着被打败的西班牙人和高卢人。

骑在狮身鹰头兽上的奥古斯都的保护神阿波罗。

带着玉米棒和两个孩子的大地女神特鲁斯（Tellus），象征着胜利后的繁荣和丰收。

奥古斯都的守护神狄安娜骑在雌鹿身上。

这座奥古斯都的大理石雕像最早的复制品由青铜制成，可能是元老院在帕提亚人归还克拉苏的军徽之际主动为奥古斯都竖立的。

被称为"野蛮人"的帕提亚国王弗拉特斯四世（Fraates Ⅳ）归还克拉苏丢失的军徽。

奥古斯都的赤足表明了他与众神的关系。作为神圣的恺撒的儿子，他延续了维纳斯、埃涅阿斯和伊鲁斯的血缘。此外，他还得到了天意的护佑，这使他与其他凡人不同。

101

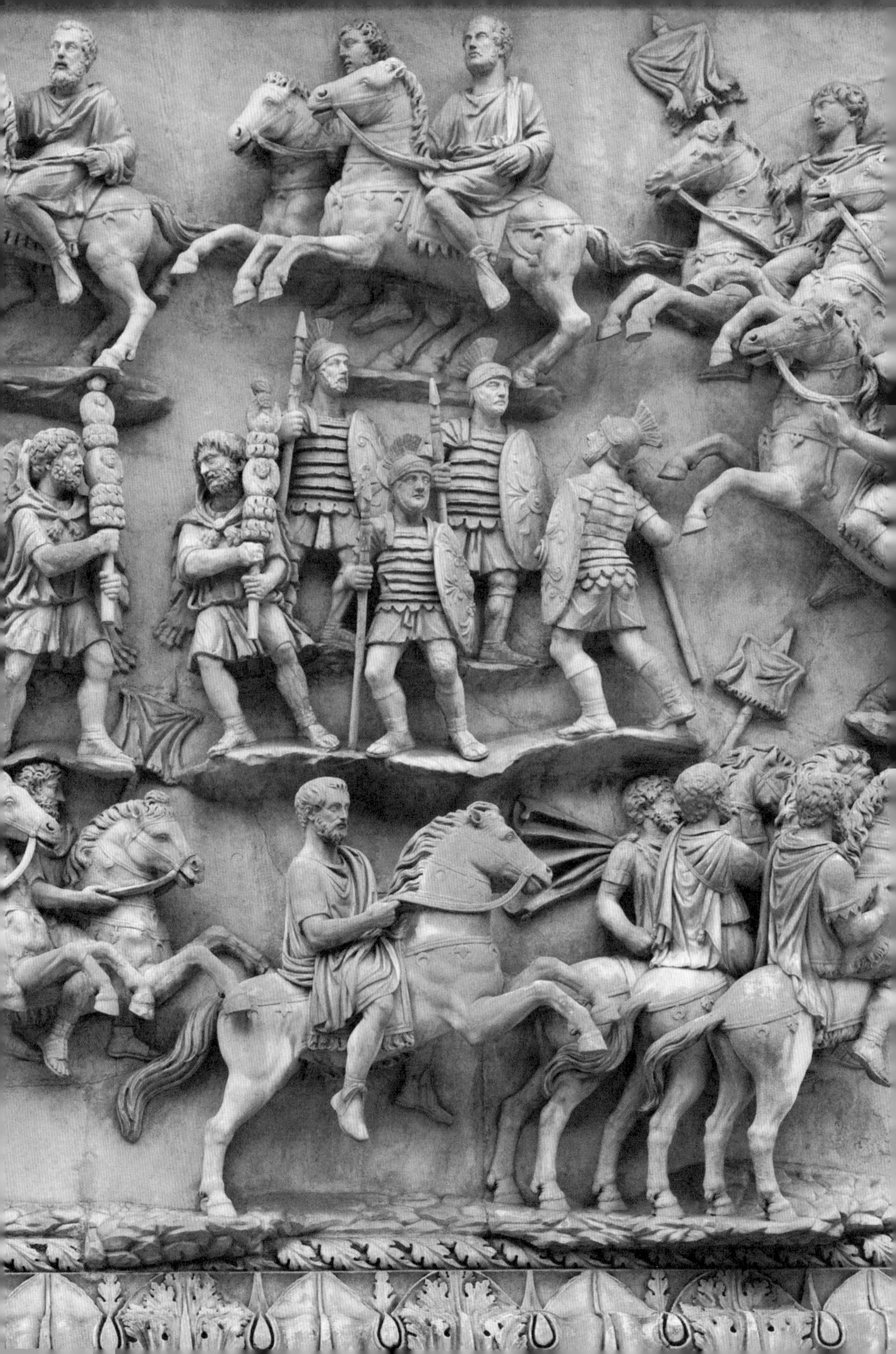

帝国的辉煌

在经历了公元 1 世纪末频繁的大火后,罗马从灰烬中重生,以更大的辉煌昭示着它的荣光。罗马宏伟壮丽的建筑使其无愧于"世界之都"的盛名。

- ① 罗马大角斗场
- ② 图拉真浴场
- ③ 维纳斯和罗马神庙
- ④ 奥古斯都宫
- ⑤ 弗拉维宫
- ⑥ 提比略宫
- ⑦ 马克西穆斯竞技场
- ⑧ 和平神庙
- ⑨ 涅尔瓦广场
- ⑩ 图拉真广场
- ⑪ 图拉真市场
- ⑫ 乌尔比亚巴西利卡

- 图拉真柱
- 万神殿
- 图密善竞技场
- 哈德良陵墓

一座混乱的城市

　　帝国的首都罗马虽然美丽，却并不是一座宜居的城市。城内的噪声、人群以及经常发生的火灾和房屋倒塌事件都让人难以忍受。尤维纳利斯是这样描述这座城市的："在罗马，大多数病人死于失眠。睡眠是富人的特权。这要归咎于那些在小巷里来回穿梭的马车和那些在大街上游荡的懒汉，他们发出的喧闹声足以让德鲁苏斯或海牛睡意全消。富人们可以乘车穿过人群，并待在他们的车里阅读、写作，甚至睡觉。……尽管我非常匆忙、想快速到达目的地，但汹涌的人群把街道堵得水泄不通，我被挤得几乎无法呼吸；在路上走过时，我会被路人的手肘磕到，还会被车轴和木梁重重地撞到。我的每一脚都踩在厚厚的淤泥上，淤泥溅到我的腿上，看起来腿都粗了一圈。"

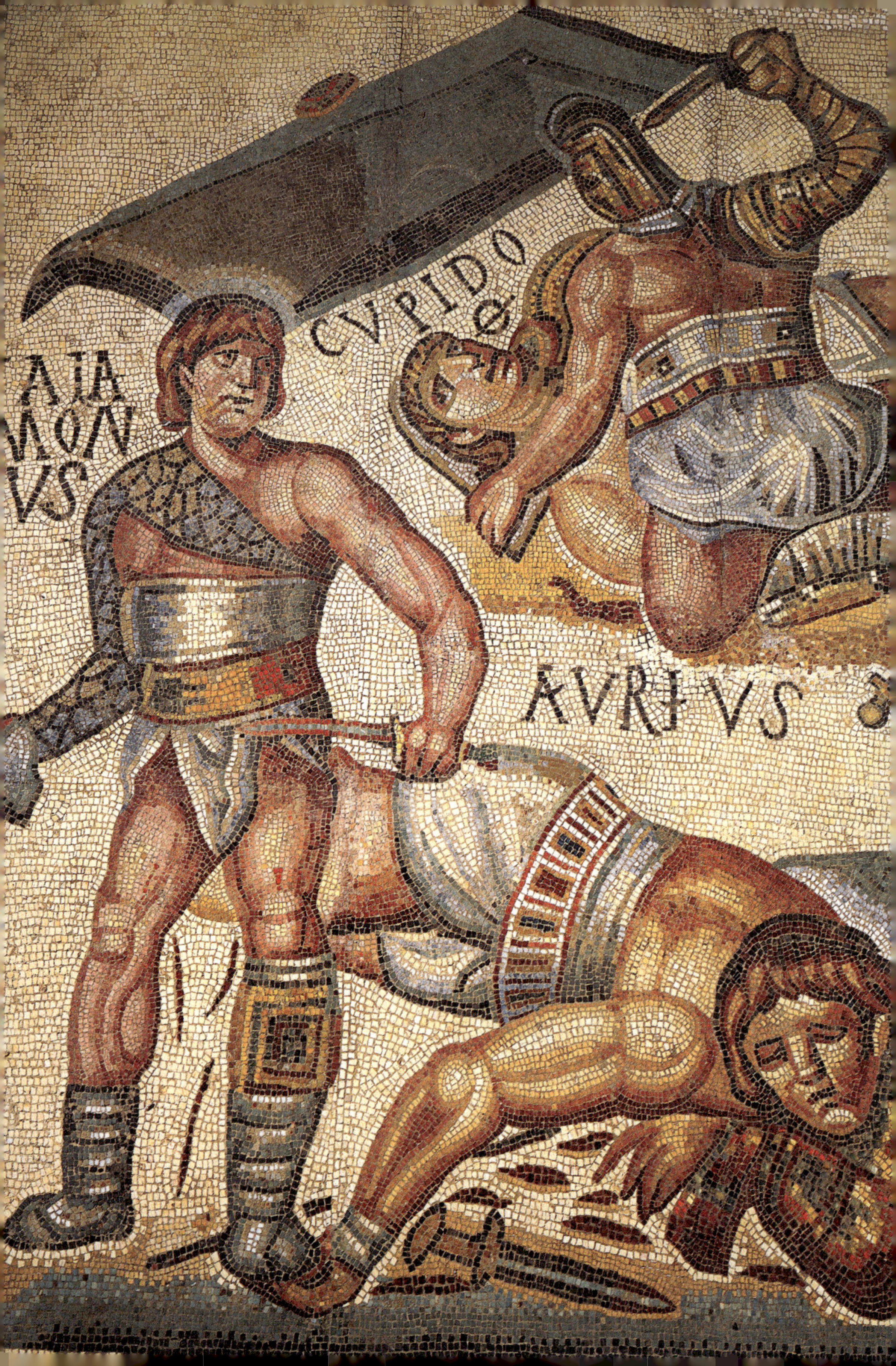
ATA
MON
VS
CVPIDO
AVREVS

面包与竞技

"面包与竞技"（panem et circenses）这个词是诗人尤维纳利斯在他的《讽刺诗十》（*Sátira X*）中创造的，指的是那些觊觎权力的野心家所使用的手段。诗人用这个词批评他的同胞（他称他们为"勒莫斯的人民"）不够坚定、容易屈服于独裁政权。"这些颓废的人"，他以轻蔑和苦涩的语气说道："既然我们不再进行选举的宣传活动，人们就不再关心任何事情了。因为那些曾经调兵遣将、发号施令的人，现在却什么都不做，只焦急地寻找两样东西：面包和娱乐。"

为了赢得民众的支持，让群众感到满足，并扼杀所有颠覆帝国政权的企图，统治阶级在罗马政治和军事历史上的重要纪念日中举办节庆活动。节日中举行的大型公共宴会和节目表演在人民心中留下了长久的愉快记忆，同时彰显了奥古斯都及其家族和政治盟友的权威，确保了公众舆论对其政权的支持。同时，在这些爱国节庆活动中，臣民们有机会表达他们对奥古斯都的崇拜。在他们心目中，奥古斯都是他们的救星，是国家和平与稳定的保障者。

在共和国时期，节日举行的马术表演和戏剧表演主要是献给神灵的。到了奥古斯都统治时期，则增加了许多节日以庆祝杰出的皇室成员的生日、奥古斯都掌权、已故皇帝的神化以及重要战争胜利。在罗马帝国时期，每年总共有182个公共假日，占了一年中一半以上的时间。这还不包括以各种名义为由举行的庆祝活动，这些活动可能持续数月，通常包括角斗比赛和狩猎表演。

■ 面包与竞技

罗马大角斗场

公元 80 年，弗拉维圆形竞技场（Anfiteatro Flavio）落成——这就是我们熟知的罗马大角斗场（Coliseo）。在此之前，角斗比赛和狩猎表演在罗马不同的公共场所举行，这些地方可以安装临时看台以容纳大量观众。屠牛广场、古罗马广场和马克西穆斯竞技场都曾被临时改造成这些血腥搏斗的场所。角斗比赛最初是伊特鲁里亚文化传统中的葬礼仪式的一部分，是献祭神灵的活动。随着时间的推移，角斗比赛逐渐淡化了其宗教意义，成为一种纯粹的奇观，对罗马的居民具有病态的吸引力。因此，角斗比赛的举办者通过增加角斗士的数量来延长比赛时间，并让人和野兽以让人意想不到的方式出现在竞技场上并互相搏斗，以求创造惊人的场

▶ 尽管经历了雷击、地震和掠夺，罗马大角斗场的北半部分仍然保存完整。

◀◀ 塔斯库勒姆古城的角斗士镶嵌画的局部。
🏛 现藏于博尔盖塞美术馆

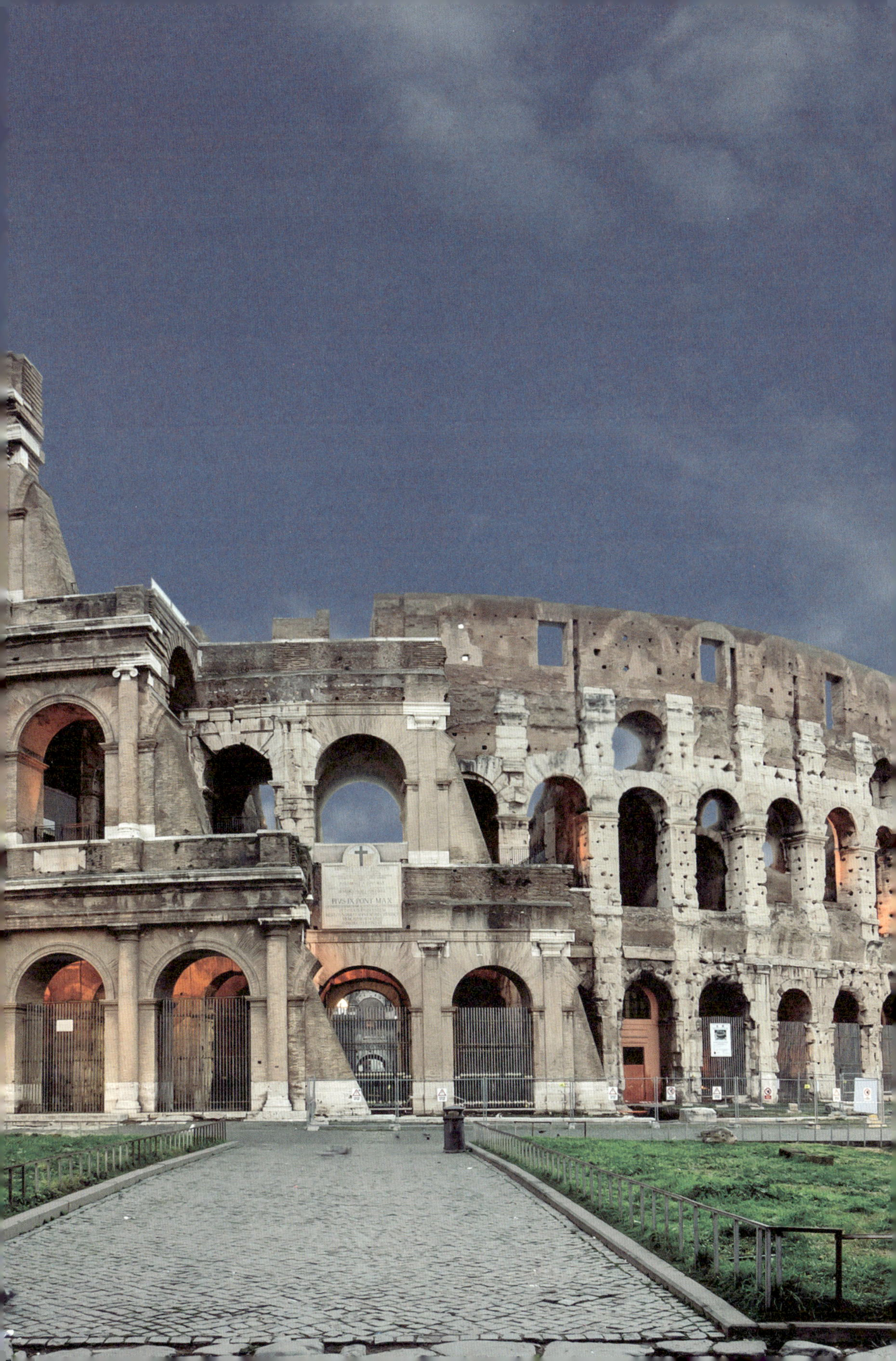
PIVS IX PONT MAX

面包与竞技

公元 1 世纪初，奥古斯都的一位将军斯塔提利乌斯·陶洛斯慷慨出资，在罗马建立了第一个永久性的石制圆形竞技场。几年后，人们发现这个竞技场不足以容纳不断增加的民众，因此尼禄又建立了一座类似的建筑。然而，公元 64 年的那场灾难性的大火将这两座建筑完全烧毁，罗马再次失去了举办日渐受民众欢迎的角斗比赛的场所。

在尼禄被加以"除忆诅咒"[11]后，人们将他的巨大的皇家住宅（金宫）夷为平地，以便将它从人民手中夺走的公共空间"还给人民"。朱里亚-克劳狄王朝覆灭后，弗拉维王朝的统治者决定在金宫原址之上建造两座大型建筑，以供平民休闲使用。人们在奥皮欧山的亭子的原址上建造了一座大型浴场，并在花园的池塘之上建造了罗马大角斗场。用诗人马提亚尔的话说，罗马大角

❶ **弗拉维圆形竞技场** 竞技场可容纳约5万名观众，他们的座位根据其社会地位而定。最靠近竞技场地的底层座位由元老院成员占据；中央区域是骑士们的座位；第三层是男性平民的座位，而最上层的木质座位则属于奴隶和妇女。

[11] damnatio memoriae，又称记录抹杀之刑。在古罗马，被元老院定义为"国家公敌"的人（一般是前任皇帝或上层人士）死后，会被排除在官方历史叙述之外，其所有存在记录（雕像、纪念碑、铭文等）都会被抹去。对被加上"除忆诅咒"的人来说，这是最严重的耻辱。——译者注

❷ **一个可伸缩的屋顶** 角斗场外墙顶部的托座用来安装和支撑柱子，一个大的遮阳篷被固定在上面。复杂的安装工作需要来自米塞诺帝国舰队的1000名水手完成。

角斗场的顶层装饰着镀金的圆盾，这些圆盾是在公元80年角斗场正式落成后于公元81年至86年增加的。

角斗场的每一层都由不同的石柱装饰：下层是多立克柱，中间是爱奥尼克柱，上层是科林斯柱。

80根石灰华石柱支撑着高达45米的角斗场的主体。

① **包厢** 小轴线的两侧是皇帝、执政官、维斯塔贞女和宫廷贵族的包厢。

② **遮阳篷** 据学者研究，竞技场每根柱子上系有一根径向绳索，与中央的椭圆绳索相连。据估计，遮阳篷和绳索重达24吨。

竞技场由木制柱式的顶部支而木柱则支撑在地下建筑的墙竞技场上覆盖着一层薄薄的河淤泥以防止角斗士和动物滑倒。

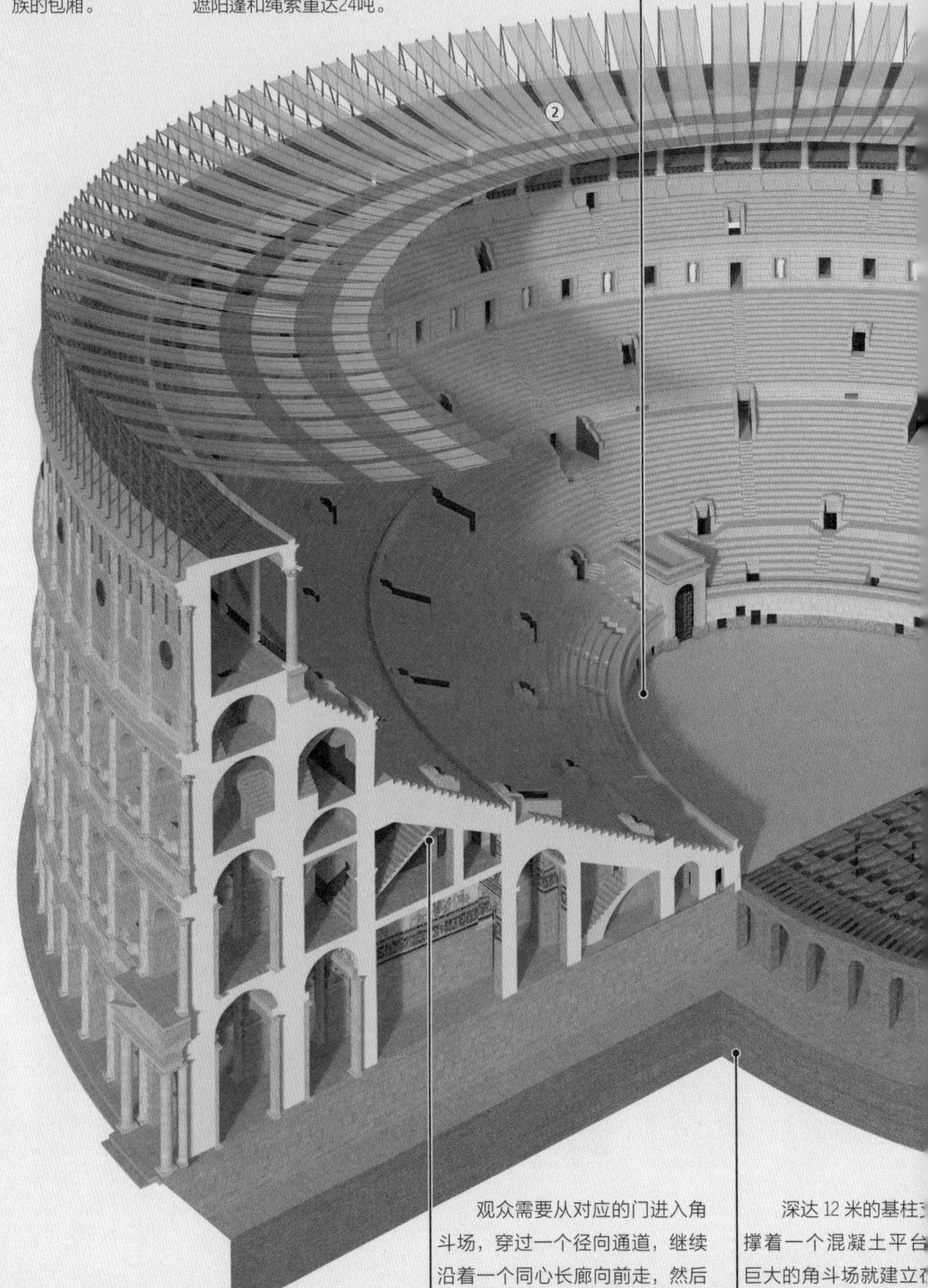

观众需要从对应的门进入角斗场，穿过一个径向通道，继续沿着一个同心长廊向前走，然后爬上指定的楼梯，才能到达座位。

深达12米的基柱撑着一个混凝土平台巨大的角斗场就建立在这个稳定的平台上。

马提亚尔在他的《奇观之书》(Libro de los espectáculos)中描述了从上到下整个罗马大角斗场的非凡景象：花园、山丘和塔楼中满是动物和角斗士。

出入口两侧的石制护栏用于防止意外坠落。现存护栏上的浮雕描绘了花卉、狮身鹰头兽、狮身人面像、海豚和其他动物。

工作人员会向观众发放标有座位号码和位置的卡片，以帮助观众找到座位。角斗场一共有76扇门，每扇门上都有编号，通过拱形走廊通向出入口。

①

地下通道用于隐藏舞台的机关，也是动物和角斗士上场前的后台。

斗场是"人类建筑艺术的最著名的成果",它比埃及的金字塔、巴比伦的空中花园、以弗所的阿耳忒弥斯神庙(Templo de Artemisa)和摩索拉斯陵墓(Mausoleo de Halicarnaso)还要宏伟壮观。

公元 70 年,韦斯巴芗开始建造罗马大角斗场,并用在犹太战争中缴获的战利品支付建筑费用。角斗场的建造历时 10 年。在用石灰华大理石为角斗场打下深达 12 米的地基之前,人们从地下挖出了超过 3 万吨的土壤。铺设角斗场的墙壁、座位和看台所使用的石灰华大理石多达 10 万立方米,另有 300 吨的铁用于制造连接高达 45 米的巨大石块的钉子。在图密善时期,随着地道和顶楼的建设完成,这座竞技场最终建成。

启用罗马大角斗场

公元 80 年,提图斯皇帝举行了罗马大角斗场的落成典礼。尽管当时仍未完工,这座圆形竞技场已展现出前所未有的宏伟壮观的气象。在一百天的庆典中,狩猎表演、令人毛骨悚然的战斗表演以及一场科林斯人和科菲特人之间的海战表演轮番上演。在此期间,人们猎杀了 9000 只野兽,数百人在战斗中丧生,而海战表演则以淹没整座建筑为代价。短短几天之内,有关新颖而壮观的庆典活动的消息传遍了整个帝国,人们蜂拥而至,远在不列颠尼亚、色雷斯、萨马提亚、阿拉伯、埃及和埃塞俄比亚的民众也纷纷来到罗马。

罗马大角斗场可容纳 5 万名观众。角斗比赛通常持续 3 天至 6 天,其费用由行政长官在竞选期间支付,或由皇室成员在皇家宴会上支付。角斗比赛的组织者在城门附近道路上的住宅、公共建筑的外墙上或墓碑上涂鸦,向人们提前告知有关比赛的信息。有时,组织者会在比赛期间分发或售卖内含详细节目单的小册子,这些小册子不仅写明了参加角斗的角斗士的对数,而且还写明了是否有背阴看台、是否会喷洒香水(通常由藏红花、酒和香精混合而成)以掩盖血液和汗水的气味,以及是否会在角斗前展示异国动物和进行狩猎表演。

一般情况下,在一年中最热的几个月里较少举行角斗比赛,但罗马大角斗场是个例外。因为其屋顶设计精妙,具有遮阴的功能:角斗场外墙顶部的 240 根木杆上系有绳索，一个巨大的遮阳篷以绳索为支撑，在角斗场顶部铺开。每次遮阳篷铺开和收起的工作都需要从驻扎在奥皮欧山上的米塞诺帝国舰队中抽调大约 1000 名水手来完成。据估计，遮阳篷和绳索重达 24 吨。

阶级区别

比赛的门票在角斗场外发放，每张门票都根据观众的阶级标明了其座位的位置、从哪个门进入角斗场以到达座位的路线。妇女和奴隶坐在最高层的木质座位上。平民男性坐在下一层，骑士坐在中间的几排，元老院成员和贵族坐在最靠近竞技场的几排。过道呈放射状和同心状分布，且有众多楼梯连接过道，因此通常会有引导员帮助观众快速入座。

表演开始时，乐师带领游行队伍进行庄严的游行，其后是身着全副盔甲的角斗士，他们每两人一组进行角斗。管弦乐队在竞技场旁边演奏，用音乐在表演中最激动人心的时刻渲染紧张的气氛。野兽和异国动物是上午时段的明星，此外还有惊人的战斗和展览。在众多手持标枪的猎手表演狩猎之后，那些被判处死刑的人赤身裸体、手无寸铁地走上竞技场，被野兽吞噬。角斗士们最后出场。

竞技场上的英雄

在罗马人眼里，角斗比赛并不是血腥和可憎的，而是一种表演，旨在突出角斗士的美德，并精进其在复杂的方法和理论中学习的剑术。角斗士可能是被海盗出售的或被主人移交的奴隶，也可能是寻求金钱和名声的获释奴隶，或是那些被判处强制劳动的人，他们申请在角斗士学校中接受角斗训练来抵扣部分刑期。自由公民只有在得到护民官的许可后才能进入角斗士学校，而护民官在批准前会检查他们的身体状况。自由公民与"lanista"（角斗士商人和角斗表演的组织者）的合同可以随时终止，以换取招募和训练的费用。然而，商人手下的获释奴隶和奴隶并不具有人身自由，只有在获得胜利和一把象征胜利的木剑后，角斗士商人才可能给予他们自由。在角斗士学校里，角斗士们用木制武器练习动作和剑法，并与固定在地上的木桩搏斗。这种练习被称为"batualia"，"战斗"（batalla）一词即由此而来。角斗士学校的生活并不轻松：虽然他们吃得很好，也有按摩师照顾他们，但他们睡在小牢房里，而罪犯在不训练时会被铁链锁住。在角斗比赛的日子里，只有少数人能获得荣耀。

◀ 角斗士。这幅镶嵌画描绘了一个角斗士用长矛刺向一只豹子的情景。
🏛 现藏于博尔盖塞美术馆

❶ 一根和人一样高的胸像立柱，上面雕刻着一个神的半身像，他观看角斗士比赛。柱身上倚靠着一个角斗士的长方形盾牌。

❷ 为演出伴奏的管弦乐队由一个站立的图巴号手、两个坐着的科尔努号手和一个演奏水力风琴的女人组成。

❸ 担架 在背景中，我们可以看到一副担架，用于将在角斗中受伤或死亡的人抬到Spoliarium，即他们被剥下盔甲和清洗血渍的地方。

❹ 马术战斗 决斗在马背上开始，在肉搏战中结束。战士们穿着长衫，戴着铁制或铜制的护臂，头盔上插着两根羽毛。比赛的赞助人会举起胜利者的手臂。

❺ 一名三叉戟角斗士（retiarius）和他的对手持盾角斗士（secutor）刚刚结束角斗。前者失败了，他只戴着一个护臂和一个保护肩膀和后颈的四边形护具。

❻ 一名色雷斯角斗士（tracio）和一名莫米罗角斗士（mirmillo）正在角斗。色雷斯角斗士使用一把弯刀作为武器，并手持一个小的方形盾牌来保护自己。他的腿上戴着护胫甲。

❼ 一名武装的角斗士（hoplomachos）和一个莫米罗角斗士在等待裁判的最终裁决。其中一人似乎并不满意。武装的角斗士头上戴着一个带有色彩鲜艳的羽饰的头盔作为保护。

❽ 挑战者（provocator）之间的角斗。这类角斗士持有细长的长方形盾牌和短剑，背上系着的皮带相互交叉，并连接到一个中间的铁环上。

▲ 位于利比亚兹利坦的达尔-布克-阿梅拉别墅（Villa Dar BucAmmera）内的镶嵌画。🏛 现藏于的黎波里考古博物馆

▶ 手持标枪和鞭子的狩猎者（venator）。
🏛 现藏于罗马文明博物馆

■ 面包与竞技

图密善竞技场

罗马大角斗场最后阶段的工程完成的同时，战神广场中心的阿贡纳尔竞技场（Circus Agonal）和音乐厅也举行了落成典礼。图密善皇帝在战神广场上进行了大量的建筑工程，重建了被公元80年的大火烧毁的雄伟建筑。竞技场和音乐厅是为了举办阿贡-卡比托利努斯运动会（Agon Capitolinus）的比赛而建造的。这个运动会源自希腊，每4年举办一次，将赛马、体育和文学创作（音乐会和宣讲会）结合起来。

图密善选择在战神广场上建造竞技场有多个原因：不仅是因为为举办纪念朱庇特的运动会而建的临时竞技场曾多次设在这里，也因为这里一边靠近阿格里帕浴场和尼禄浴场，另一边靠近庞培剧院，有利于组织运动员训练和进行准备工作，并同时举

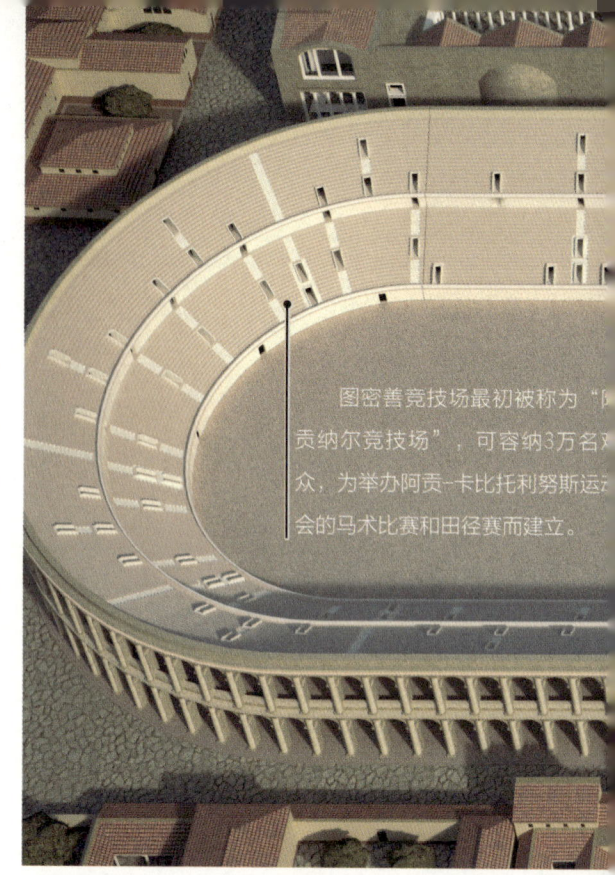

图密善竞技场最初被称为"阿贡纳尔竞技场"，可容纳3万名观众，为举办阿贡-卡比托利努斯运动会的马术比赛和田径赛而建立。

▶ 纳沃纳广场（Plaza Navona）保留了古图密善竞技场的建筑设计，广场的一边沿用了竞技场的特殊的弧形边，广场周围的建筑建立在原来的看台的位置上。

竞技场的东边通向尼禄浴场。尼禄浴场建于公元62年，参加运动会的运动员可以在浴场内训练。

竞技场的南面毗邻的音乐厅同样由图密善建造，可容纳1万名观众。15世纪在音乐厅的地基上建造的马西莫柱宫（Palazzo Massimo alleColonne）中保留了音乐厅观众席的形状。

行戏剧表演——戏剧表演通常安排在运动会期间。公元 217 年，在马克里努斯皇帝（Macrino）统治时期，闪电击中了罗马大角斗场并将其烧毁，图密善竞技场（Estadio de Domiciano）开始成为角斗比赛和狩猎表演的场所。

  图密善竞技场的结构与一般竞技场的结构一致，是一个长条形的空间（长 275 米），它的一端是半圆形，另一端是略微倾斜的直线。竞技场可以容纳 3 万名观众，分设有两个观众席。竞技场的外墙是一个拱廊，两侧竖立着爱奥尼克半圆柱（下层）和科林斯半圆柱（上层），让人联想到马切罗剧院或罗马大角斗场的设计。

图拉真浴场

公元109年6月22日,图拉真为罗马一个豪华的浴场举行了落成典礼。这个浴场为民众提供免费的沐浴和卫生设施以及娱乐设施。在此之前,罗马已经建造了数百个收费的私人浴室,但只有3个公共浴场:其中两个位于战神广场(阿格里帕浴场和尼禄浴场),第三个浴场由提图斯皇帝出资建造,位于埃斯奎利诺山南坡的奥皮欧山丘上,建于金宫的一个亭子的原址之上。马提亚尔记叙道:"在这里,我们现在看到的是(提图斯的)浴场,这是一份献给人民的礼物,它在很短的时间内就建造完成,原本是一个在穷人的头上搭建屋顶的狂妄之徒的财产。恺撒啊,罗马已经恢复到您统治时期的模样,曾经

▲ 浴场的半圆形露天建筑。包括L号露天建筑在内的浴场的遗迹散落在墨索里尼时代建立的考古公园中。浴场下面埋藏着仅存的金宫的遗迹。

> 面包与竞技

古罗马的大型浴场

　　古罗马公共浴室以丰富而优雅的装饰为特色，这些装饰与建筑的宏伟性相一致。由混凝土和砖块建成的墙上铺有彩色大理石，饰带上刻有雕饰。拱顶上装饰着刻有高浮雕的灰泥和镀金的铜质图案。壁画和镶嵌画让大厅显得绚丽多彩，并为花岗岩、斑岩或玄武岩等巨石雕刻的浴缸、烛台以及散落在各处的数百张椅子和长凳提供了无与伦比的美丽空间。大理石花瓶和雕像散落在柱廊和花园里。

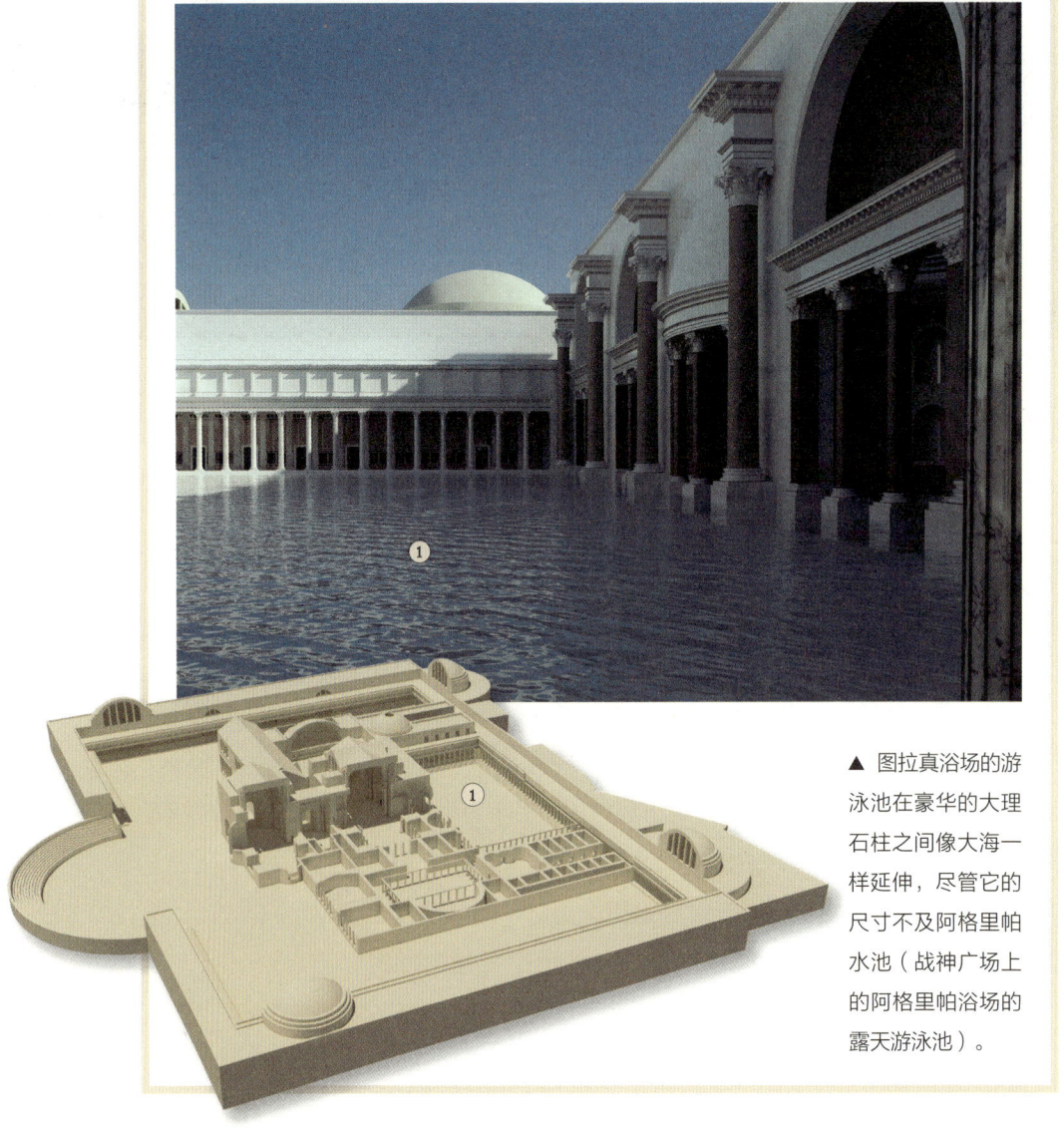

▲ 图拉真浴场的游泳池在豪华的大理石柱之间像大海一样延伸，尽管它的尺寸不及阿格里帕水池（战神广场上的阿格里帕浴场的露天游泳池）。

由暴君独享的乐趣现在由人民共享。"然而，提图斯的浴场和金宫最后的残迹于公元 104 年被烧毁，整个奥皮欧地区和周围人口众多的街区（苏布拉区和奎里纳莱区）再次失去了免费的浴场。

来自大马士革的纳巴泰建筑师阿波罗多罗斯（Apolodoro）负责了图拉真和哈德良两任皇帝各自的最雄心勃勃的建筑项目。他设计的新浴场建在一个 339 米 ×315 米的人工平台上，浴场面积为 4 公顷，其面积是提图斯浴场的 3 倍。

创新和典范性的布局

图拉真浴场的水池沿一条东北-西南走向的纵轴分布。这种设计能保护水池不受盛行风的影响，以及在午后沐浴人数增加时充分利用太阳的热量。热水浴室和温水浴室所在的大房间都装有大型双层玻璃窗和一个用于循环火炉的热气的复杂系统。这些热气通过分布在地板下和墙壁及拱顶内的管道输送。为了调节房间的温度（最高可达 50℃），服务于浴场的奴隶在贯穿热水浴室的地下通道开关炉子的通风口。人们在 1871 年进行的一次考古挖掘中发现了这种工作方式。

两项非凡的建筑工程解决了浴场的供水问题：一项是长 40 公里的图拉真水渠（Aqua Traiana），它从布拉恰诺湖附近的泉水中引水；另一项是一个大型蓄水池，它自中世纪以来被称为"七大厅"（Sette Sale），建在浴场的东北角，能储存 800 万升水。

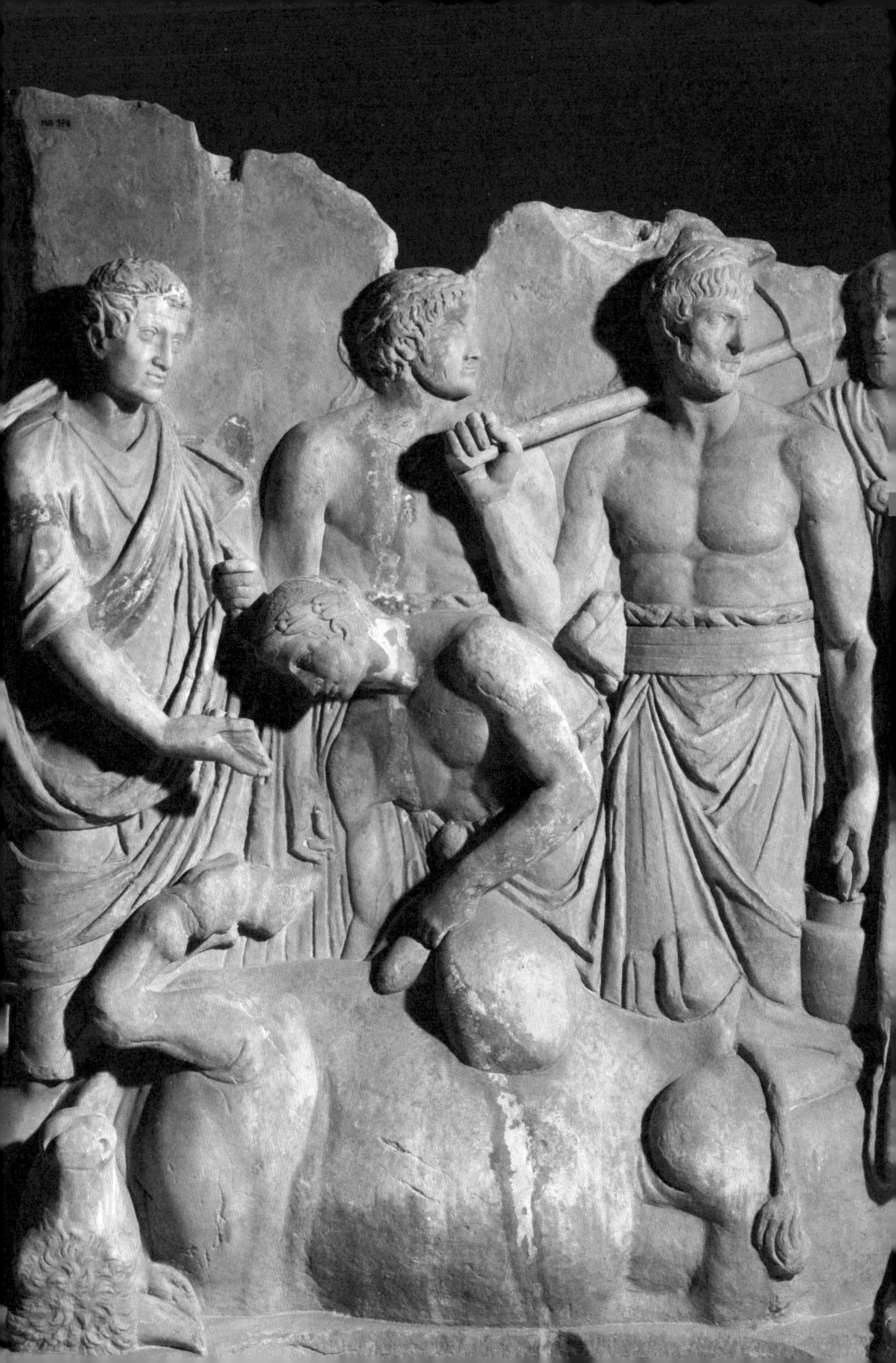

宗教崇拜

在公元2世纪，罗马帝国逐渐形成了一种宗教，东部行省的民众信仰这种宗教。传统宗教中的部分文化（对朱庇特的崇拜和对皇帝的忠诚）在安敦尼王朝时期得以保留，但象征着真正的宗教性的个人崇拜和信仰发生了变化，并越发复杂。

公元1世纪末，对地母神库柏勒（Cibeles）和农神阿提斯（Atis）的崇拜再次盛行于罗马帝国。安东尼·庇护在统治期间创建了一个特殊的神职（archigallus），其职责是保护库伯勒的祭司。在这个时期，奇怪的"牛祭"仪式被引入罗马。在仪式中，祭司将作为祭品的公牛的血液导入一个坑内，并让先知在其中沐浴。一个新的祭司团体也出现了，他们负责主持农业性质的仪式，如罗马的伐木工人和木匠在一棵神圣的松树周围举行的仪式。人们对埃及神祇伊西斯（Isis）和塞拉比斯（Serapis）的崇拜越发强烈。对印度-伊朗神祇密特拉（Mitra）和基督教的崇拜也仍在继续，这种崇拜不再只是底层人口特有的受东方文化影响的崇拜现象，而是逐渐深入上层阶级。

虽然这些东方宗教谨慎地将来自帝国各地的众多团体聚集成教派，但传统的宗教和罗马众神仍是维持统治的保证。统治者重建了恺撒广场上的祖先维纳斯神庙和阿格里帕的万神殿等神庙，并建造了新的神庙，如古罗马广场旁的供奉维纳斯和罗马女神的神庙。此外，对皇帝的崇拜和忠诚仍然是君主制的基本支柱。因此，对所有乌尔比乌斯家族和安东尼努斯家族的皇帝（康茂德除外）和皇后的祝圣活动越发普遍，他们都被敬奉为神。

▍宗教崇拜

万神殿

公元80年，在提图斯短暂的统治期间，一场可怕的大火摧毁了战神广场的大部分地区——罗马最美丽的建筑都于公元1世纪初建立在这个广场上，其中就包括万神殿。这是一座纪念所有神祇的神庙，由马库斯·维普撒尼乌斯·阿格里帕委托建造，于公元前27年落成，以颂扬和纪念帝国的第一位"第一公民"奥古斯都的统治。阿格里帕和奥古斯都的两座巨型雕像位于通往神庙内殿的巨大铜门的两侧。神庙内殿中，展示着奥林匹斯山诸神、罗慕路斯-奎里努斯（Rómulo-Quirino）[12]和神圣的恺撒的形象。

▶ 公元608年，福卡斯皇帝（Focas）将万神殿赠予教宗波尼法爵四世（Bonifacio Ⅳ）后，万神殿被改造为殉道者圣玛丽大教堂（Iglesia deSanta María de los Mártires）。这就是我们今天看到的万神殿的样子。

◀◀ 在这个创作于公元2世纪的浮雕中，一位占卜师正在检查一头公牛的内脏。
🏛 现藏于卢浮宫博物馆

[12] 奎里努斯是罗马的创始人罗慕路斯升入天堂后对其的尊称，是万神殿的主要神祇之一。——译者注

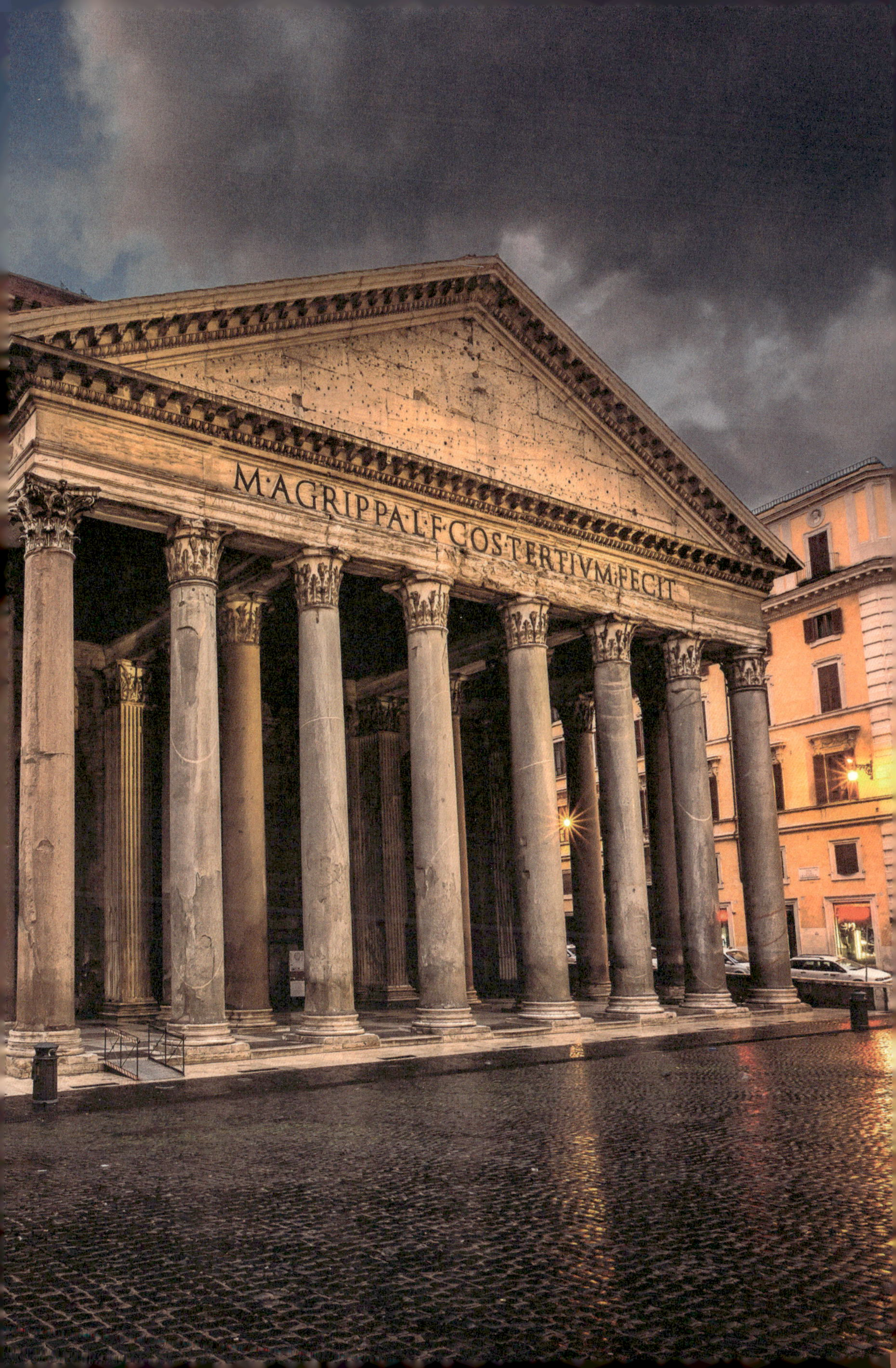
M·AGRIPPA·L·F·COS·TERTIVM·FECIT

宗教崇拜

因此，这是一座具有时代性的建筑，旨在根据希腊化时期的王朝的宣传方式颂扬尤利乌斯家族。

关于万神殿的形状及其原始的屋顶的形状仍有许多疑问，但在最近几次在地基处进行的挖掘工作以及对19世纪的图纸和研究进行研读后，人们证实了万神殿从一开始就是圆形的。在之前的几十年，人们一直对这一点持怀疑态度。此外，老普林尼曾记叙道，阿格里帕在最初的万神殿中安放了一系列雅典雕塑家第欧根尼（Diógenes）创作的雕像，这些雕像在一个世纪后被重新用于装饰蒂沃利的哈德良别墅（Villa Adriana）中名为"克诺珀斯"的水池。从一些万神殿的饰带碎片中，可以看出饰带上的装饰描绘了海战的景象，喻指阿克提姆海战的胜利。这些碎片后来被嵌入城外圣洛伦佐圣殿（Basílica de San Lorenzo Extramuros）的墙壁中。然而，人们仍然完全不知道万神殿的屋顶的形状，尽管有人认为它模仿了共和国时期在罗马建立的其他圆形神庙的建筑模式。

提图斯皇帝主持重建的被火灾摧毁的建筑主要是那些与弗拉维王朝

① **穹顶的装饰** 穹顶的外层覆盖着镀金的青铜板。穹顶内侧有一系列模仿天体设计的向内凹陷的方块，它们减小了墙壁的厚度，从而达到减轻穹顶重量的目的。

⑥ **2号小室** 殿堂中央的地面有一处30厘米的凸起，以便让从天窗飘进的雨水通过位于殿堂中心或周边的下水道排走。

② **饰带上的原始铭文** 万神殿入口处的额枋上有一行用铜字刻的铭文，日期是公元前27年。铭文的内容是："卢修斯之子马库斯·阿格里帕在第三次担任执政官期间建造了万神殿。"在下面的小字中，提到了于公元202年重建万神殿的两任皇帝塞普蒂米乌斯·塞维鲁（Septimio Severo）和卡拉卡拉（Caracalla）。

③ **前廊的石柱** 万神殿前廊的8根石柱是用来自埃及克劳迪亚努斯山采石场的整块灰色花岗岩雕刻的。这些柱子高12米，重80吨。将前廊分成3个部分的石柱则是用独块的粉红色花岗岩雕刻的。

④ **神殿的主角们** 大门两侧的雕像分别是屋大维·奥古斯都和负责建造万神殿的马库斯·阿格里帕。万神殿就是为致敬奥古斯都的光辉事迹而建的。

⑤ **进入内殿的通道** 内殿的入口处保留了原建筑的门柱、门框、大铜门和窗栅。在每年4月21日（罗马建城之日），从穹顶中央的圆孔进入的光线就会穿过这个窗栅，照亮神殿的入口。

▋ 宗教崇拜

有直接或象征性联系的建筑，而其他许多建筑在半个多世纪里仍然是废墟。万神殿的重建工作在公元110年的一场火灾后由哈德良皇帝接手。作为奥古斯都的效仿者，哈德良试图让这座奥古斯都的黄金时代最具代表性的纪念性建筑重现辉煌，并在上面留下他个人的印记。

万神殿的新面貌

公元123年至公元125年，哈德良重建的万神殿的形状与原来的万神殿相比发生了重大变化。其设计的新颖之处在于将长方形门廊与先前的圆形的神庙内殿相结合，并在其上增加了一个新的屋顶：这是一个直径43.4米的半球形穹顶，屋顶中央有一个直径9米的圆型天窗。这个穹顶是古罗马建筑中最优秀的作品之一，它的成功建造得益于此前的建筑实验。在实验期间，人们为多个浴场建立了较小的拱顶，如为那不勒斯湾的巴亚斯皇宫的热水浴室建造的拱顶。

万神殿的穹顶是一个完美的半球形（这意味着神庙内部可以容纳一个直径43.4米的球体），象征着天宇。穹顶内侧分为5排28个正方形，向穹顶中央的镶有铜环的圆形天窗汇聚。穹顶的设计与太阳周期关系密切，从天窗投下的圆形光斑随着一年四季中太阳高度角的不同而移动。在春分和秋分之间，光斑被投射到代表赤道的穹顶基座之下的位置，在夏至日时光斑降至地面。在冬季，光线只能照亮穹顶，而在春分日（3月20日或21日）和秋分日（9月22日或23日），光线可以穿过神庙门上的窗栅，照亮神庙入口的大厅。神庙内外的地面用不同的大理石铺设，地面上绘画的方块和圆圈也像一条水平子午线，其不同部位在一年中的不同时间被照亮。

哈德良神庙

自恺撒被神化，成为"神圣的尤利乌斯"后，通过祝圣仪式将最杰出的皇室成员神化的做法成为罗马帝国的君主合法化其权力的手段。在古罗马，反对元老院的皇帝、暴君或其他"坏皇帝"会被排除在历史叙事之外，而这种成为神的永恒的荣誉则是出现上述情况时的替代性的政治选择。每当一个皇帝或其家族成员升入神坛时，他们就会举办盛大的活动（如竞技比赛——在竞技比赛中被神化者的塑像与罗马万神殿内的其他神祇的雕像一起游行、贵族和主要神职人员参加的华丽宴会，以及向平民分发金钱等），也会在公共场所竖立用贵重材料雕刻的雕像以及建造神庙。这些神庙通常是王朝的神庙，在这些神庙中，一个专门设立的祭司团负责进行所有祭献仪式。

哈德良登上王位后，主动将乌尔比乌斯家族的成员神化，因为他的特权来源于这个家族：哈德良的养父图拉真（图拉真曾将他的父亲马库斯·乌尔比乌斯·图拉真神化）及其妻子普罗蒂娜（Plotina），哈德良的姑母玛琪雅娜（Marciana），他的岳母、图拉真的侄女玛提迪雅（Matidia），以及他的妻子萨比娜（Sabina）——哈德良与她的婚姻将他与这个家族联系起来——都属于乌尔比乌斯家族。供奉图拉真和普罗蒂娜的仪式是在图拉真广场西北角、紧靠图拉真柱和墓碑的神庙中进行的，而纪念玛提迪雅的神庙则建在战神广场的一个区域。自奥古斯都时代起，皇室的火葬场就位于这个区域，而在安敦尼王朝时期，这里增加了新的火葬场。公元80年的大火烧毁了战神广场上的许多建筑，这使图密善能够在这里建造一座带柱廊的神庙。神庙中有两个小殿，分别供奉被神化的韦斯巴芗和提图斯。

纪念乌尔比乌斯家族

公元126年，哈德良对尤莉亚广场东面的战神广场上的建筑进行了重建，其中包括一座纪念他的岳母玛提迪雅的神庙。玛提迪雅是玛琪雅娜的女儿、图拉真的侄女，她在母亲玛琪雅娜被神化7年后的公元119年被神化。哈德良将神圣的荣誉授予这对母女，并为她们修建了一座巴西利卡，这幢建筑就在万神殿旁的尼普顿巴西利卡（Basílica de Neptuno）的附近，可能同时供奉着图拉真。通过这种方式，哈

完美的球体

　　万神殿内直径43.4米的假想球体是人类建筑史上最伟大的奇迹之一。球体的上半部分是现存较大的混凝土穹顶之一，仅次于布鲁内莱斯基（Brunelleschi）设计的佛罗伦萨的圣母百花大教堂（Cattedrale di Santa Maria del Fiore）的穹顶，其直径比梵蒂冈的圣彼得大殿（Basilica di San Pietro in Vaticano）的穹顶还要长1米多。为了支撑这个穹顶，需要精确计算制造穹顶的建材的重量：制造穹顶顶部的水泥应较轻，底部的水泥则较重。球体施加的横向离心力通过穹顶外侧的7个阶梯状圆环转化为垂直力。同时，一系列起减轻重量作用的拱形结构将垂直力分散到圆形神殿的外墙上，并让这个力作用于厚8.4米的外部穹顶基座上，而基座又通过其上部的径向拱形结构进行加固。

　　减轻水泥的重量和减小墙体的厚度是建造穹顶的秘诀：圆形神殿的下部使用石灰华和凝灰岩建造；神殿的中间部分和穹顶中央的圆环使用混有凝灰岩的水泥建造；占穹顶1/3的穹顶上部的厚度仅1.5米，使用火山石和黄色凝灰岩建造。穹顶中央的直径9米的圆孔非常重要，如果没有这个圆孔，穹顶就会坍塌。穹顶的作用相当于一个大型日晷。

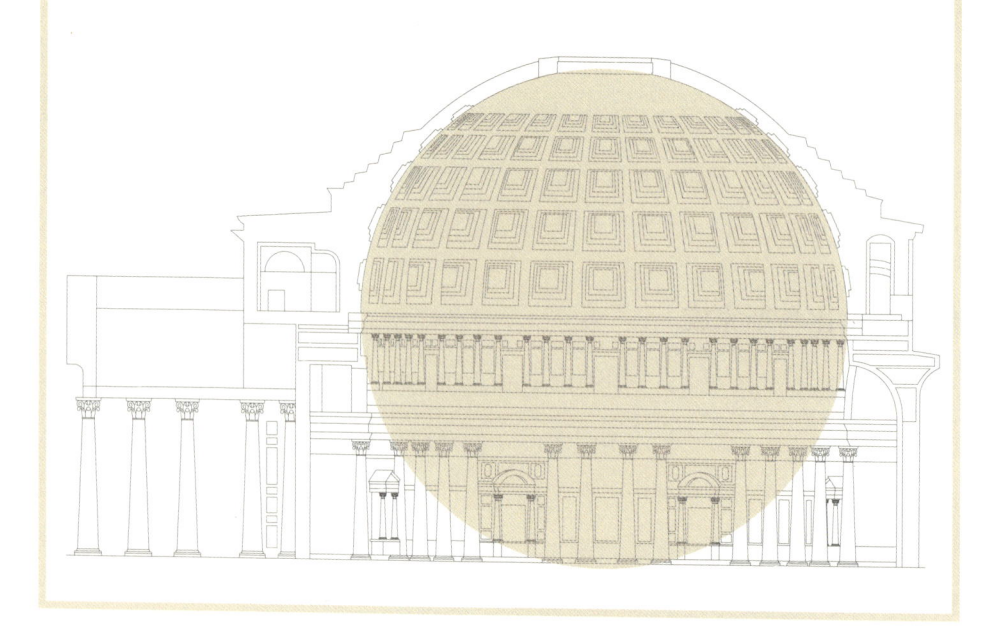

德良成功将其统治的合法性归功于这三位乌尔比乌斯家族的成员。公元137年，萨比娜去世。在她被神化后，元老院下令为她建一座神庙，这座神庙就建在纪念玛琪雅娜、玛提迪雅和图拉真的巴西利卡中。一年后，哈德良去世。尽管遭到元老院的反对，哈德良最终获得了被神化的荣誉，对他的纪念也在最初献给他妻子的神庙中进行。这座神庙被称为"哈德良神庙"（Hadrianeum），它的大门位于拉塔路（原为科尔索大道）。哈德良神庙位于罗马的政治宣传区域，皇家火葬场和哈德良陵墓就在这里。

▲ 哈德良神庙是纪念神圣的萨比娜和哈德良的神庙。1695年，建筑师卡洛·丰塔纳（Carlo Fontana）将这座神庙作为他为海关总署设计的宫殿的一部分，这座宫殿自19世纪以来一直是罗马证券交易所的所在地。哈德良神庙的11根15米高的石柱、高台的一部分以及一系列代表帝国各行省的浮雕保存至今。

■ 宗教崇拜

维纳斯和罗马神庙

在香料市场和罗马大角斗场（均建于弗拉维王朝时期）之间的一片宽阔的土地上，散布着一些金宫前庭的遗迹——金宫和它的主人一样，注定要毁灭和消失。金宫中的一座高达35米（不包括底座）的太阳神青铜巨像仍然矗立在原地。哈德良决定在这个罗马的中心点、在古罗马广场和罗马大角斗场之间的地带建造一座有史以来最大的神庙，因此，这座雕像必须被移走。转移雕像的工作在24头大象的帮助下才得以完成。最后，这座雕像被放置在靠近罗马大角斗场的地方。

据史料记载，哈德良皇帝本人主导了这个建筑项目。在建筑设计上，他选择将神庙建立在一个宽阔的阶梯式平台上的希腊式建筑模式，而不是

▶ 供奉罗马女神的殿堂在公元9世纪被改建为新圣母马丽亚教堂（Iglesia de Santa María Nova），后改称圣女方济加圣殿（Basílica de Santa Francesca Romana）。公元847年的一场地震和持续的抢掠加速了教堂其他部分的毁坏。

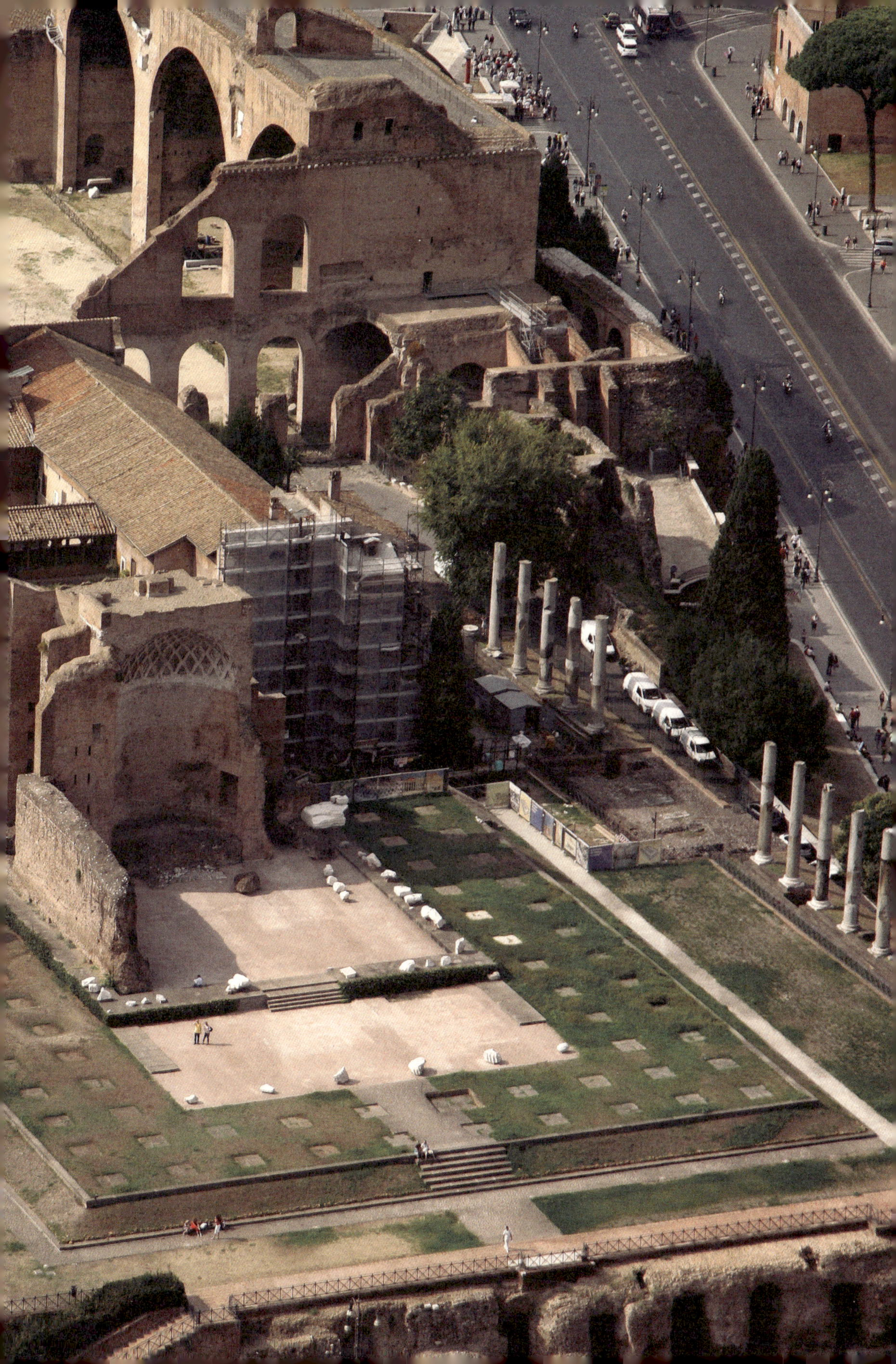

■ **宗教崇拜**

将神庙建立在一个中央建有石阶的高台上的意大利式建筑模式。这座神庙将罗马城神圣化，使之成为与维纳斯相联系的神。神庙的设计非常新颖，因此可以推断宫廷建筑师阿波罗多罗斯参与了建筑设计——古罗马的许多伟大的建筑工程都是他的杰作。根据历史学家卡西乌斯·狄奥的说法，阿波罗多罗斯曾建议皇帝利用神庙平台下的空间来存放舞台的装置，这样就可以在不被发现的情况下将这些装置带入角斗场。他还建议缩小维纳斯和罗马女神雕像的尺寸，称"如果女神们想从她们的宝座上站起来，她们会撞到天花板"。不过，这样的批评或其他政治原因导致阿波罗多罗斯在公元135年神庙落成之前被判处死刑。

来自东方的灵感

建筑师设计神庙的灵感并不来源于罗马——罗马只有两座与维纳

① **进入神庙的路径** 维纳斯和罗马神庙没有使用罗马神庙的建筑传统中的高台，而是建造了一个周围有台阶的平台，因此，进入神庙的方式不再只局限于神庙正面的通道，人们可以从各个方向进入神庙。

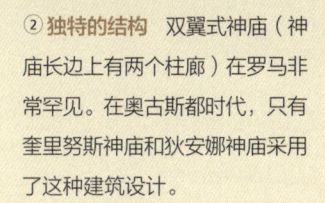

②**独特的结构** 双翼式神庙（神庙长边上有两个柱廊）在罗马非常罕见。在奥古斯都时代，只有奎里努斯神庙和狄安娜神庙采用了这种建筑设计。

③**两个殿堂** 由于神庙内的两个相对的殿堂朝向相反的方向，所以仪式可以在不同的地方进行：安放罗马女神雕像的殿堂可以从古罗马广场进入，而维纳斯的殿堂可以从罗马大角斗场进入。

④**柱廊** 神庙的长边是埃及的灰色花岗岩石柱组成的略微升高的双柱廊。

⑤**平台** 混凝土平台建立在金宫前庭的地基的遗迹上，尺寸为167米×100米。

⑥**储藏区** 历史学家卡西乌斯·狄奥认为，大马士革的建筑师阿波罗多罗斯建议皇帝利用神庙的平台下的空间存放罗马大角斗场的舞台装置。

> 宗教崇拜

斯和罗马神庙一样的两侧建有柱廊的神庙（奎里努斯神庙和狄安娜神庙，均建于奥古斯都时期）——而是来源于东方的迪迪姆斯的阿波罗神庙（Templo de Apolo en Dídima）、以弗所的阿耳忒弥斯神庙，以及雅典的奥林匹亚宙斯神庙（Olimpeion）。然而，建于罗马的维纳斯和罗马神庙之宏伟是这两座东方神庙无法企及的，因为它将神庙正前方的石柱数量增加了三倍，并在神庙两侧建造了两个殿堂，阿波罗多罗斯提到的两座雕像就放置在殿堂之内：朝西的殿堂朝向古罗马广场，用于供奉罗马女神；朝东的殿堂朝向大角斗场，里面放置的是"幸运的维纳斯"的雕像。维纳斯和罗马神庙与帕加马的图拉真神庙（Traianeum）的装饰非常相似，因此人们认为这两座建筑是由同一个建筑师在同一时期设计的。

维纳斯和罗马神庙是罗马最大的神庙。在这座神庙的落成典礼上，哈德良公开宣布了他复杂的继承计划：在公元138年1月1日卢基乌斯·埃利乌斯·恺撒（Lucio Elio César）[13]去世后，为了保证乌尔比乌斯家族执掌大权，哈德良授予执政官提图斯·奥勒留·富尔维乌斯·阿利乌斯·安东尼努斯（Titus Aurelius Fulvius Boionius Arrius Antoninus，后称为安东尼·庇护）英白拉多[14]的头衔。安东尼努斯的妻子福斯蒂娜是图拉真的妹妹玛琪雅娜唯一在世的直系后人。在将其任命为皇帝之后，哈德良命令安东尼努斯收养卢基乌斯·维鲁斯（Lucio Vero）和马库斯·阿尼乌斯·维鲁斯（Marco Annio Vero，即未来的马可·奥勒留），并让他承诺，他们成年后就将获得皇权。哈德良和安东尼努斯之间的协定在卢修斯·维鲁斯与小福斯蒂娜（Faustina la Menor）结婚后生效，因为她是安东尼努斯和福斯蒂娜的女儿，延续了乌尔比乌斯家族的血统和魅力，将保证罗马人民的幸福和繁荣。

---

[13] 卢基乌斯·埃利乌斯·恺撒曾被哈德良收为养子并被指定为皇位继承人，但先于哈德良去世。——译者注

[14] Imperator，一种头衔，在罗马共和国时期相当于军队的总指挥官。后来成为罗马皇帝的头衔之一。——译者注

以神圣的方式安葬死者

公元2世纪中期，火葬逐渐减少，人们转而采用土葬的形式。在这个时期，装饰有精致浮雕的石棺越来越多，这些浮雕描绘神话故事中的场景，借用神话故事颂扬死者的美德。罗马现存的约6000具石棺大多属于统治阶层。

在罗马帝国时期的丧葬仪式中，人们倾向于通过古典神话、尤其是那些介于人和神之间的传奇人物的神话故事，来传达有关生命和死亡的信息。不过，这类仪式有一定的要求：浮雕中的神话英雄长着逝者的面孔，逝者可以诠释这些神话故事，并拥有英雄的美德。

一些神话、英雄和神灵是非常合适的故事原型，可以通过寓言的形式表达有关死亡的信息：失去孩子的痛苦可以用阿波罗和狄安娜杀死尼俄伯（Níobe）之子的神话来表示，也可以用冥王普鲁托（Plutón）绑架得墨忒尔（Deméter）

▼ 麦莱亚戈和阿塔兰塔等英雄都参与了猎杀卡吕冬野猪的行动，这表现了死者的男子汉气概和勇气，也表现了阿塔兰塔和阿勒泰亚（Altea）之子麦莱亚戈的爱情。下图是维科瓦罗城的石棺。

🏛 现藏于卡比托利欧博物馆

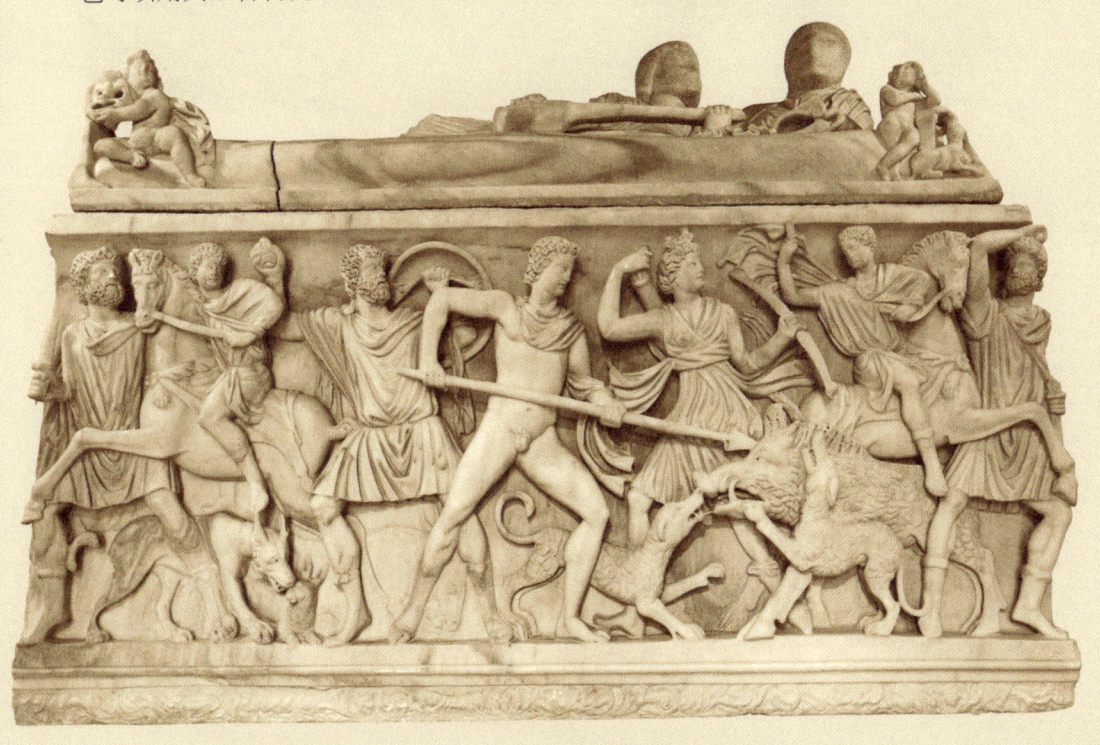

▲ 恩底弥翁和塞勒涅之间的爱情神话故事（塞勒涅的脸被雕刻为死者的模样）被用来表示死亡是一个梦，在梦中，相爱的人可以再次相遇。
🏠 现藏于纽约大都会艺术博物馆

▶ 这座雕像将一位丰满的罗马妇人（死者）描绘为翁法勒（Ónfale）。翁法勒是利底亚的女王和赫拉克勒斯的情妇之一。也许死者的丈夫想强调她为爱所做的奉献，同时赞美她的美丽。
🏠 现藏于梵蒂冈博物馆

之女珀耳塞福涅（Perséfone）来表示。被忒修斯（Teseo）遗忘在纳克索斯岛的阿里阿德涅（Ariadna）的神话象征着抛弃。巴克（Baco）游历东方的旅程代表着生活的乐趣、丰裕和异国情调，而赫拉克勒斯则体现了自我完善的努力和对美德或堕落的抉择的思考。成功杀死卡吕冬野猪的英雄麦莱亚戈（Meleagro）代表男性的勇敢，而永恒的爱和忠诚则体现在如维纳斯和玛尔斯、塞勒涅（Selene）和恩底弥翁（Endimión）、阿喀琉斯和彭忒西勒亚（Pentesilea）、麦莱亚戈和阿塔兰塔（Atalanta）等模范爱侣的故事中。在阿尔克斯提斯（Alcestis）的神话故事中，她自愿代替丈夫阿德墨托斯（Admeto）就死以延长他的生命。在爱人去世后，曾经恩爱的夫妇中的一方大多选择这个故事来表达绝望。

日常生活中的神话

诗歌和葬礼悼词中也采用了这种将现实情况与神话传说中的对应情境相联系的方式。因此，对石棺的浮雕描绘的场景进行象征性的解读并不复杂，因为神话就存在于日常生活中：它们被绣在织物、床单和挂毯上，被画在壁画和镶嵌画中，甚至被用来活跃角斗比赛或战车比赛的气氛。

在石棺上用凡人的肖像描绘神话场景的做法在公元2世纪至公元3世纪期间非常普遍，负责雕刻石棺的作坊开始大批制作不同主题的系列石棺，事先雕刻好除主人公的脸部以外的部分，并在找到买主后刻上其肖像——买主通常提前选择自己的石棺。有时人物的面部未加雕刻，可能是由于死者是意外死亡的。

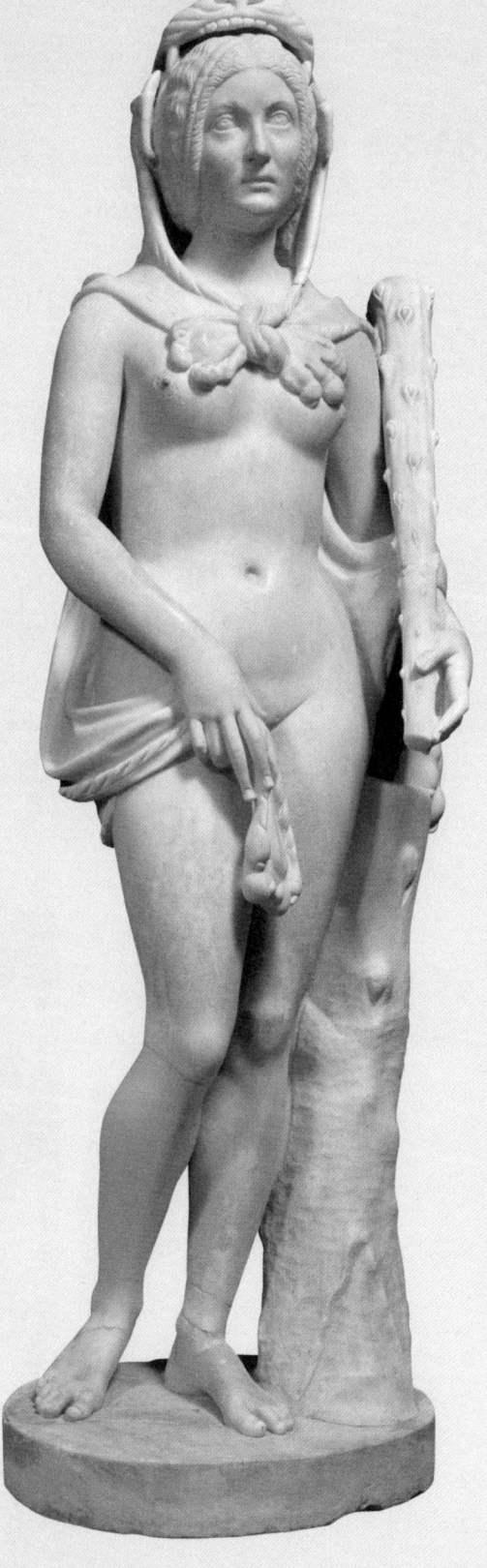

■ 宗教崇拜

哈德良陵墓

公元 130 年，哈德良决定为皇室家族建造一座新的陵墓，因为奥古斯都陵墓（自公元前 23 年起用于存放尤利乌斯家族和克劳狄家族成员以及部分乌尔比乌斯家族成员的骨灰）在玛琪雅娜、玛提迪雅和普罗蒂娜下葬后已经没有多余的空间了。为了建造一个与奥古斯都陵墓相似但尺寸巨大的新的皇家陵墓，哈德良选择在他从母亲多米蒂娅·保利娜（Domicia Paulina）处继承的家族地产上修建陵墓，即位于台伯河右岸、战神广场对面靠近梵蒂冈区的多米蒂娅花园。

为了连接台伯河的两岸并使陵墓与战神广场相通，哈德良在修建陵墓的同时建造了一座桥，即于公元 134 年建成的埃利乌斯桥（Aelius）。这座桥将新建的陵墓与共和国最杰

▶ 哈德良陵墓在中世纪被改造成梵蒂冈的一个防御堡垒，也被用作监狱。在文艺复兴时期，陵墓因其顶部的雕像而得名圣天使堡（Castillo de Sant'Angelo），这个名称沿用至今。

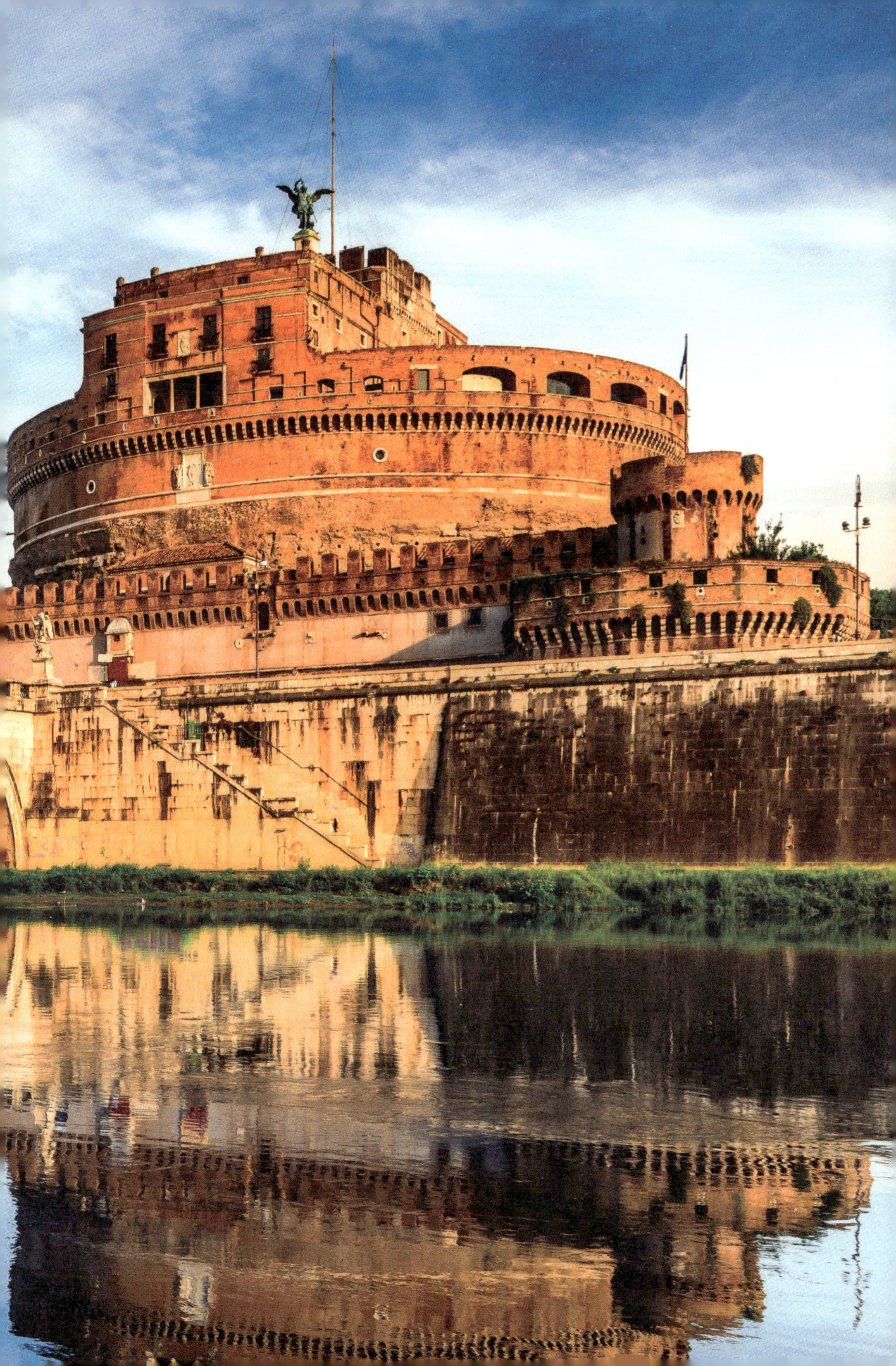

❶ **陵墓** 哈德良陵墓的墓室结构设计受到奥古斯都统治时期建造的尤利乌斯-克劳狄皇室陵墓的启发，并继承了伊特鲁里亚和希腊化时代贵族和统治阶级的陵墓的悠久传统。

❷ **圆形建筑** 陵墓的圆形主体建筑直径64米，高20米，建立在一个平行六面体石基上。柏树覆盖了建筑的顶部。

❸ **小庙** 圆形建筑顶部的中心建有一座小庙，其内部是放置骨灰盒的房间。

❹ **镀金的青铜驷马车雕塑** 在陵墓的顶部有一个巨大的镀金青铜驷马车雕塑，描绘的是神圣的哈德良皇帝。这座雕塑由安东尼·庇护竖立，他负责主持陵墓的最后阶段的工程和献礼仪式。

❺ **埃利乌斯桥** 这座桥于公元134年落成，连接了战神广场上的新皇家火葬场和哈德良陵墓。

在陵墓内部，一个螺旋形的坡道连接着不同的墓室，里面存放着安敦尼王朝和部分塞维鲁王朝的皇室家族成员的骨灰盒。

陵墓入口两侧的牌匾上刻着哈德良的继任者及其后代的名字。一边是安东尼·庇护,另一边是卢修斯·维鲁斯和马可·奥勒留。名单的最后是盖塔和尤利亚·多姆娜。

哈德良的名字镌刻在陵墓入口处,名字前面没有带"神圣的"的尊称。这是因为哈德良在执政期间与元老院关系紧张且冷淡。因此,元老院最初拒绝了他的养子安东尼·庇护的请求,并未授予他神的称号。

▌宗教崇拜

出的公民的陵墓、帝国政治宣传的纪念性建筑以及皇家火葬场（Ustrinae）在物理意义和象征意义上联系起来。

奥古斯都家族的逝者在他们的亲属、元老院成员和将军的陪同下，被安放在装饰华丽的架子上从广场被抬至火葬场。在火葬场，逝者的遗体被放置在一个高高的火坛上，火坛上的绘画和雕饰表现的是逝者的军事胜利或杰出的功绩。在火化之前，军队和元老院成员向逝者献上最后的致敬。在火化后，人们小心翼翼地将骨灰用贵重的布料包裹起来，放入骨灰盒中，然后运送到陵墓。

公元138年，哈德良在巴亚斯去世时，他新建的陵墓还未完工。因此，他的遗体被暂时安置在多米蒂娅花园的一座家族墓中。哈德良的传记作者马里乌斯·马克西姆斯（Mario Máximo）在《罗马帝王纪》（Historia Augusta）中记叙道，多米蒂娅花园离他的皇家陵墓非常近。萨比娜和卢基乌斯·埃利乌斯·恺撒（他于公元138年1月1日去世）的骨灰也在不久前被安放在这个家族墓中。哈德良去世数月后，他的养子及王位的合法继承人安东尼·庇护为新陵墓正式揭幕，并将埃利乌斯的遗体转移至此。哈德良陵墓的墓室围绕着直径64米的大圆形建筑内的螺旋形坡道排列。

一座真正的纪念馆

哈德良陵墓是一座皇家陵墓，按照设计，哈德良和萨比娜的所有后裔都将安葬于此，他们的名字被刻在高台中央的陵墓入口上方的牌匾上。在入口的左右两侧的墙面上嵌有一系列板块，上面刻着埋葬在这里的皇室成员的姓名和官职。这些铭文在15世纪末消失了，但人们从中世纪和文艺复兴时期流传下来的手稿中的图画发现，铭文的顺序是事先安排好的：在大门的右边，刻着安东尼·庇护的名字，旁边刻着他的妻子大福斯蒂娜的名字，他的孩子马库斯·奥勒留·富尔维乌斯·安东尼努斯（Marco Aurelio Fulvo Antonino）、马库斯·加利乌斯·奥勒留·安东尼努斯（Marco Galerio Aurelio Antonino）和奥雷利娅·法迪拉（Aurelia Fadilla）的名字，以及在公元161年之前去世的三个孙辈的名字：提图斯·奥勒留·安东尼努斯（Tito Aurelio Antonino）、提图斯·埃利乌斯·奥勒留（Tito Elio Aurelio）和多米蒂娅·福斯蒂娜（Domicia Faustina）。在大门的左边，对称地刻着埃利乌斯·恺撒、卢修斯·维鲁斯、马可·奥勒留和小福斯蒂娜的名字，以及他们的其他后代的名字。康茂德（罗马人民要求把他的尸体扔进台伯河）和一些塞维鲁家族成员也在列，因为塞普蒂米乌斯·塞维鲁自称是马可·奥勒留的儿子，因此也是康茂德的兄弟。公元218年至公元219年，尤利亚·多姆娜（Julia Domna）和盖塔（Geta）葬于哈德良陵墓，他们是最后被葬在这里的人。

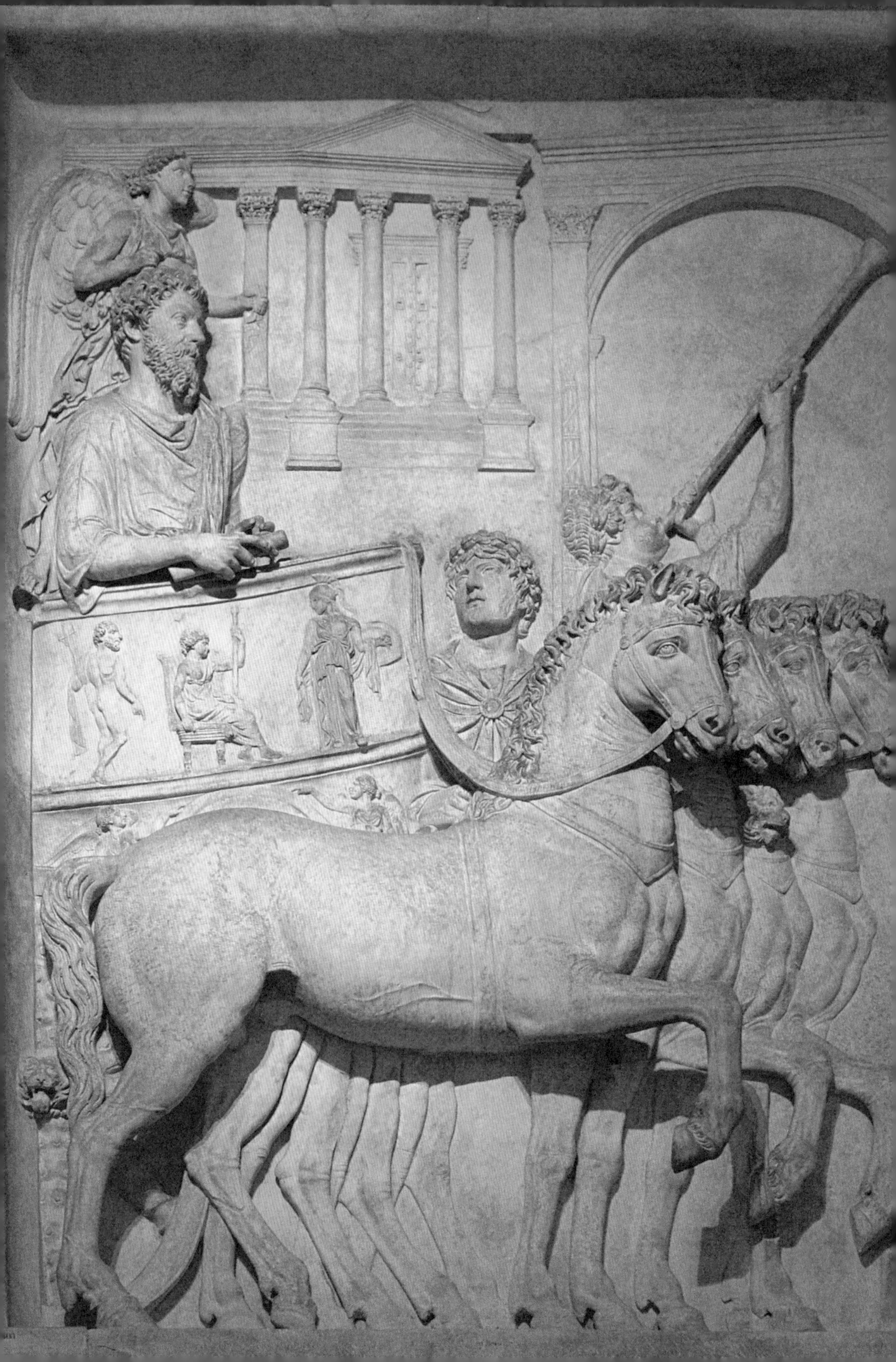

帝国议事广场

罗马共和国从末期起，国家疆域极大地扩张，管理广阔领土的行政事务也成倍增加。罗马最初的政治行政中心古罗马广场已不能满足罗马人举行委员会会议、司法诉讼和礼拜仪式的需求，也无法容纳每天涌入广场购物、散步和做各种生意的众多罗马人和外国人。

为扩大城市的神经中枢而新建的设施不仅要满足使用需求，还要符合一个强大帝国的首都的城市形象。为此，在公元前1世纪下半叶，罗马共和国的要人们主动承担这些设施的建筑费用，以获得荣耀和提升个人地位。尤利乌斯·恺撒出资建造了帝国议事广场的第一个广场，成为后来广场的模板。这些广场所在的山谷被多座山丘（卡比托利欧山、奎里纳莱山、奥皮欧山、维利亚山、帕拉蒂尼山）和古罗马广场包围。帝国议事广场是大型的露天空间，周围有宽阔的柱廊，广场上建有一座巴西利卡建筑和一座大型神庙（只有韦斯巴芗的和平广场没有神庙）。广场的各种装饰元素意在颂扬出资建造广场的皇帝的军事功绩、治国之道（因此能够获得和平女神、和谐女神、健康女神和天意的护佑）和神圣的血统。

因此，帝国议事广场成为政治、宗教庆祝活动的场所，也是建造广场的皇帝（奥古斯都、韦斯巴芗、涅尔瓦和图拉真）的军事力量的象征。

帝国议事广场的规模主要是由城市中心的可用空间决定的，而非纯粹出于财政考虑。在帝国议事广场的五个广场中，最小的是涅尔瓦广场，它位于奥古斯都广场和韦斯巴芗广场之间。最大的广场是图拉真广场，由战胜达西亚国王德凯巴鲁斯（Decébalo）后获得的部分战利品作为建造费用。为了建造这个巨大的广场，图拉真不得不进行大规模的土方工程，夷平了连接卡比托利欧山和奎里纳莱山、阻隔通往战神广场的道路的山丘。图拉真柱底部的铭文中记述道，这座山丘与图拉真柱高度相仿。

▲ 帝国议事广场（上图）和基于1998年后的考古发掘对其进行的想象还原（下图）。

◀◀ 描绘马可·奥勒留的胜利的浮雕。

🏛 现藏于卡比托利欧博物馆

帝国议事广场的所有广场都使用豪华的建筑材料建造，以彰显帝国的财力。这些建材主要是来自远方采石场的各色大理石，如来自埃及克劳迪亚努斯山的灰色和粉色花岗岩，来自希腊的希波利诺大理石、塔西欧大理石以及彭特利库斯山的大理石，努米底亚的黄色大理石，以及弗里吉亚的帕沃纳佐大理石。

① **图拉真广场（公元112—113年）** 图拉真广场由战胜达西亚人获得的部分战利品作为建筑费用，由大马士革的建筑师阿波罗多罗斯设计。一些研究认为，广场的布局模仿了被拆除的自由之家的布局。

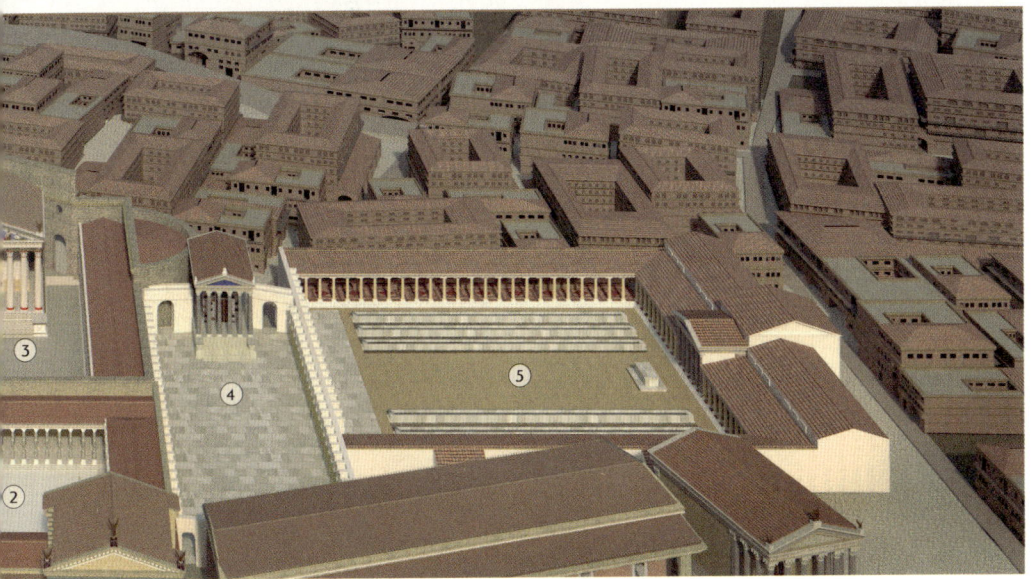

② **恺撒广场（公元前46年）** 这个长方形的广场位于古罗马广场的尤利乌斯议事堂后面（尤利乌斯议事堂也是由恺撒改建的）。广场上的主要建筑是公元前46年为供奉尤利乌斯家族的神话中的女祖先维纳斯女神所建的祖先维纳斯神庙。

③ **奥古斯都广场（公元前2年）** 广场上的主要建筑是复仇者玛尔斯神庙。在公元前42年取得了对抗暴君的腓力比之战的胜利后，奥古斯都决定建造这座神庙。神庙两侧有两座半圆形建筑，里面放置了奥古斯都的神圣的祖先埃涅阿斯和罗慕路斯的雕像。

④ **涅尔瓦广场（公元97年）** 涅尔瓦广场始建于图密善统治时期，由涅尔瓦皇帝在公元97年建成。广场东端有一个供奉密涅瓦女神（Minerva）的神庙。这个广场被称为"可通行的"，因为有一条始于埃斯奎利诺区的街道穿过广场。

⑤ **和平广场（公元75年）** 这是一个大型的私人博物馆，里面存放着韦斯巴芗战胜犹太人后从所罗门圣殿掠夺的著名的战利品，以及来自金宫的众多艺术品。

■ 帝国议事广场

图拉真广场

公元 106 年，在罗马与达西亚人——定居在潘诺尼亚平原（今罗马尼亚）的民族——的长期战争后，图拉真战胜了达西亚国王德凯巴鲁斯。此前，在控制达西亚金矿的欲望的驱使下，罗马数次出征达西亚。最早征服达西亚的尝试可以追溯到奥古斯都时代。然而，这些尝试都以失败告终，和约的条件也对罗马不利。在图密善统治时期，罗马甚至需要向德凯巴鲁斯交纳贡赋。

图拉真曾两次进攻达西亚：公元 101 年至公元 102 年，他在图尔达城取得了胜利，并在达西亚首府萨尔米泽杰图萨驻扎了一支军团；在德凯巴鲁斯重新组织军队、迫使罗马军团撤离达西亚后，图拉真于公元 105 年再次发动进攻，并最终在公元 106 年征服了达西亚。根据

▶ 图拉真广场在 7 世纪前一直保存完好。自 7 世纪起，广场的大理石和装饰元素被掠夺，并被房屋、教堂和建于 11 世纪的弗兰吉帕内堡垒占据。

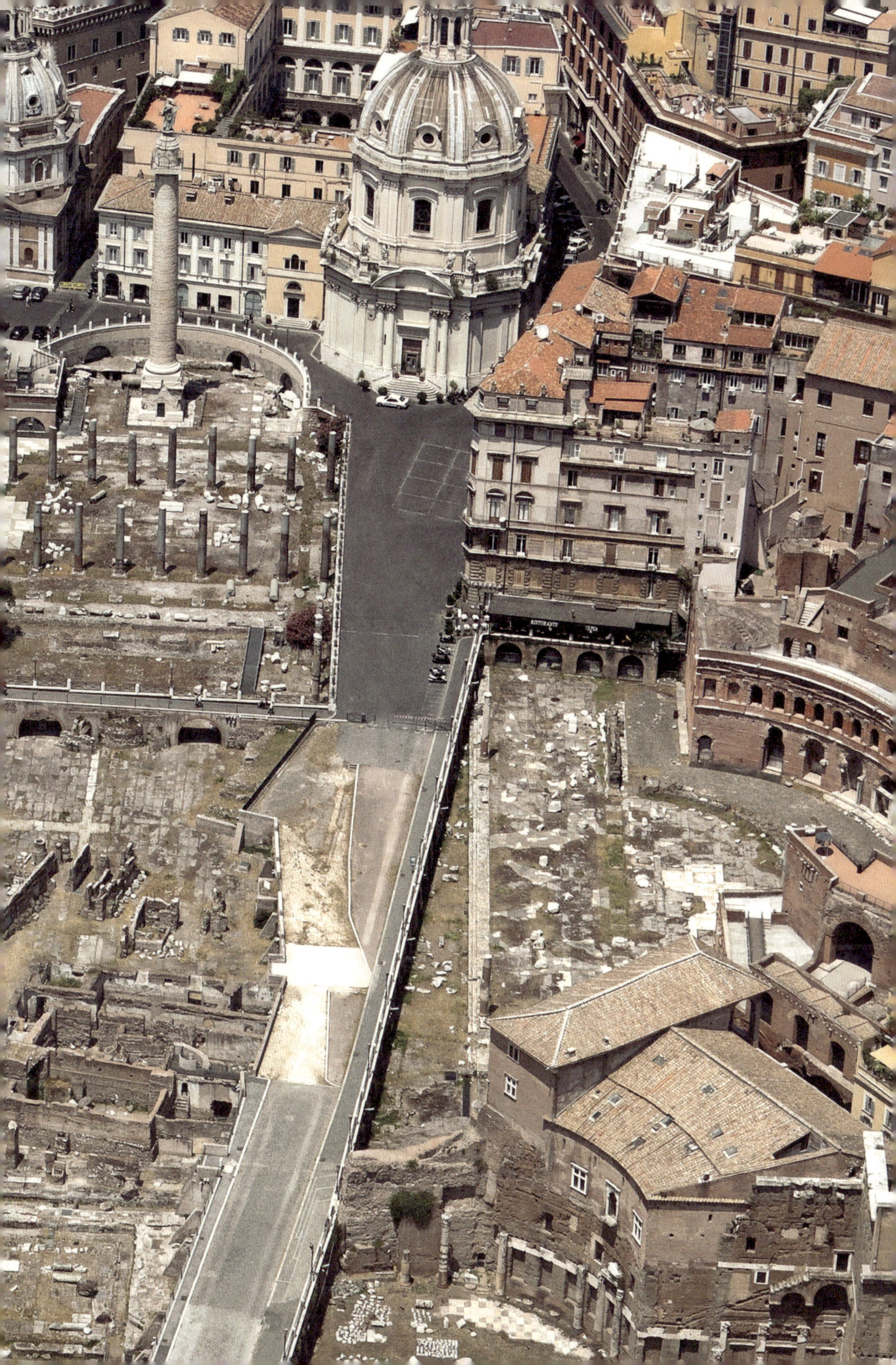
RISTORANTE

帝国议事广场

拜占庭历史学家吕底亚的约翰（Juan Lido）的说法，征服达西亚为罗马皇帝赢得了"五百倍于一千磅"的黄金（约16吨），以及33吨白银、50万名战俘和达西亚金矿开采的控制权。这次胜利获得的战利品比以往的战争中夺取的战利品都要多。

罗马举行了长达数月的纪念活动以纪念图拉真的胜利。除了短暂的凯旋庆典外，罗马有史以来最宏伟的建筑群——图拉真广场——的建造让这次军事胜利永垂不朽。图拉真广场是帝国议事广场的最后一个广场，位于其他广场的西北方向，利用部分战利品建造。当时，原来在古罗马广场进行的司法和行政活动已经逐渐转移到帝国议事广场。

① **广场** 广场铺设了大约3000块白色大理石板。在由黄色大理石和希波利诺大理石（石面上有绿色纹脉）石柱组成的柱廊的檐下，装饰着一系列圆形盾牌，上面刻着著名人物的肖像；盾牌两侧是用弗里吉亚的帕沃纳佐大理石雕刻的达西亚囚犯雕像。

② **皇帝的雕像** 在图拉真的青铜雕像中，这位皇帝跨着骏马，身着戎装，手持长矛，矛尖朝下以示平定。他的右手拿着一个带有长着翅膀的胜利女神的球体。

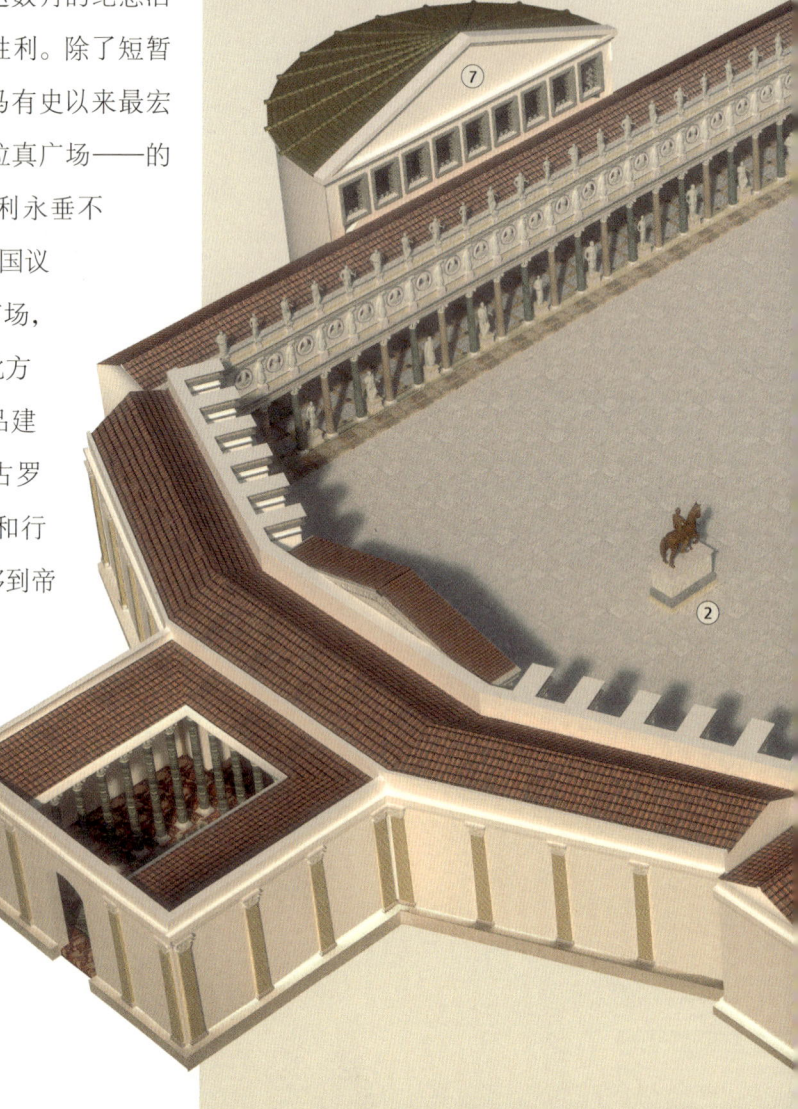

③ **乌尔比亚巴西利卡** 乌尔比亚巴西利卡长170米，宽60米。建筑正面的檐饰包括用白色卡拉拉大理石雕刻的被征服的野蛮人的雕塑，以及刻有武器和战利品的浮雕的板块。铭文中纪念参与达西亚战争的军团和分队成员。

④ **图书馆** 巴西利卡后面有作为图书馆或档案室的两间对称的房间，保存着大法官的法令。在奥勒留时代，图书馆内还保存着记载罗马年谱的亚麻布卷，上面有皇帝的批注。

⑤ **斑岩柱廊** 围绕两个图书馆的柱廊内竖立着斑岩石柱或斑岩雕像。因此，这个柱廊得名"斑岩柱廊"。

⑦ **半圆形建筑** 柱廊的大型半圆形建筑，类似于奥古斯都广场上的半圆形建筑，内部放置着艺术品和重要人物的纪念雕像，雕像中的人物身着戎装或公民服。

⑥ **图拉真柱** 在一个狭窄的院子中央，矗立着一根39.8米（包括底座）的荣誉柱。这是图拉真的葬礼纪念碑，他的骨灰保存在柱体内部。柱身上的浮雕讲述了达西亚战争的主要事件。石柱上的40个窗户被浮雕遮盖。

▋ 帝国议事广场

　　建筑师阿波罗多罗斯直接参与了图拉真广场的建设。这项建筑工程需要改变城市的地形，因为无论是征收土地还是拆除旧的纪念性建筑都无法开拓足够的空间来建造这个庞大的建筑群。它包括两座图书馆、一座有五个中殿的巴西利卡建筑、一座由柱廊环绕的带有巨大的前庭和两座半圆形建筑的大型广场，以及一根高100英尺的石柱，柱身上的浅浮雕表现了达西亚战争这一重要事件。因此，在图密善数十年前进行的凿山工程的基础上，图拉真将连接卡比托利欧山和奎里纳莱山的山丘夷平，并打通了连接帝国议事广场所在的山谷与战神广场的通道。在此之前，帝国议事广场一直与城市的其他部分隔绝。

独特的设计

　　图拉真广场的结构较帝国议事广场的其他广场更为新颖，因为在传统建造神庙的位置上建起了乌尔比亚巴西利卡（Basílica Ulpia），两座图书馆则位于朝向战神广场的入口和巴西利卡之间。最近的一个理论认为，虽然这种设计总是被拿来与罗马军营中心的堡垒（主要军官的办公室围绕堡垒分布）相比较，但它实际上是模仿了自由之家的布局（自由之家是一个由盖乌斯·阿西尼乌斯·波利奥建造的公共空间，图拉真将其拆毁以建造其广场）。图拉真广场采用了自由之家的布局设计，也承担了它的一部分功能，如将乌尔比亚巴西利卡的一个半圆形后殿作为举办奴隶解放仪式的地点，以及颁布法律和诏书、进行审判和商业交易的场所。

　　此外，图拉真广场也是公开焚烧欠税者名单的场所，还是马可·奥勒留为了筹集对马科曼尼人的最后一次战争所需的资金而进行著名拍卖会的场所。

图拉真柱

公元133年5月12日[15]，图拉真柱举行了落成典礼。这根纪功柱意在使图拉真在达西亚的英雄事迹永垂不朽，并通过对一场伟大胜利的生动描述，赞颂一个和平繁荣的新时代的到来（安东尼努斯家族所说的"幸福时代"）。任何来到图拉真广场的人，无论是否识字，都可以据此想象两次达西亚战争的重要事件。罗马帝国曾于公元87年被德凯巴鲁斯的军队击败，而图拉真成功通过这两场战争实现了复仇。

除了作为纪念军事胜利的荣誉纪念柱（正是这场胜利巩固了图拉真的权力），图拉真柱从一开始就被设想为一个巨大的葬礼石碑，因为法律禁止在罗马的神圣界限内埋葬死者。然而，元老院会为部分凯旋罗马的将军破例——这是一种非同寻常的荣誉。

无论如何，由于石柱体积巨大，路人无法从基座的位置看清柱身上的雕塑细节，而石柱所在的院子也十分狭窄，人们无法从远处的某个特定角度观察它。尽管如此，整个浮雕还是传达了宏伟的意象、帝国的威严和图拉真的胜利荣耀。

事实上，只有从石柱两侧的两座图书馆的窗户和阳台上才能看清石柱的细节，以及著名将军、图拉真本人和他的对手德凯巴鲁斯的塑像的区别。

---

[15] 图拉真柱于公元113年建成，此处原文有误。——译者注

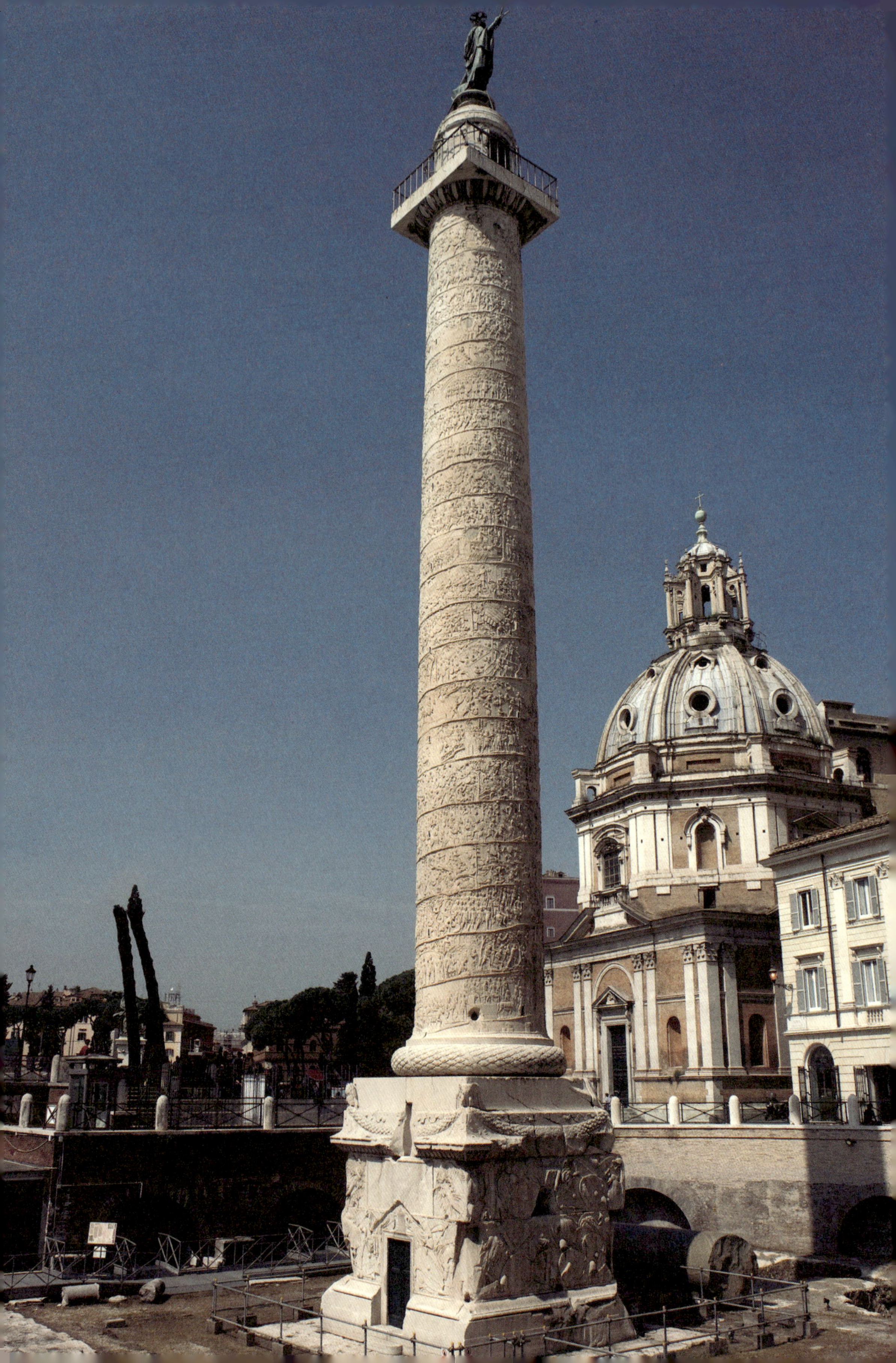

◀ 19世纪初，在拿破仑占领期间，继图拉真柱周围的圣埃斯皮里图修道院（Monasterio de Santo Espíritu）和圣欧菲米亚修道院（Monasterio de Santa Eufemia）遭到拆除后，图拉真柱被开掘直至其底部。

图拉真柱的结构

图拉真柱由21块巨型大理石垒成，不计底座净高100英尺（29.78米）。柱身上有23块多色绕柱浮雕饰带，总长200米。浮雕描绘了达西亚战争的主要事件，包括155个场景和2500多个人物。

石柱顶部矗立着一尊图拉真的青铜雕像，雕像中的图拉真手持长矛、身穿盔甲，与他在公元112至114年间铸造的金币上的形象一致。

这根石柱是图拉真的葬礼纪念碑。图拉真的骨灰留在罗马的神圣界限内，这是一项特殊的荣誉，只有在罗马建功的少数人能够得到元老院授予的这项荣誉。

螺旋状的多色浮雕类似羊皮纸卷轴的彩色插图，围绕柱身展开。

这些浮雕详细地表现了图拉真所著的关于达西亚战争的备忘录或散文中记述的事件（这些文献存放在石柱两侧的图书馆中）。从图书馆的窗户和阳台上可以看清浮雕的细节。

在至少60个场景中，图拉真都是主角，他唯一的对手是达西亚国王德凯巴鲁斯。

浮雕描绘了从第一次达西亚战争的开始到第二次达西亚战争结束期间的一连串对部队的演说、战斗、围攻、处决，以及军团的转移、营地的建设等场景。

通往墓室的门位于面向乌尔比亚巴西利卡的一侧。门周围的浅浮雕中刻着达西亚人的武器，象征着图拉真赢得了达西亚战争的胜利。

阅读图拉真柱的方式

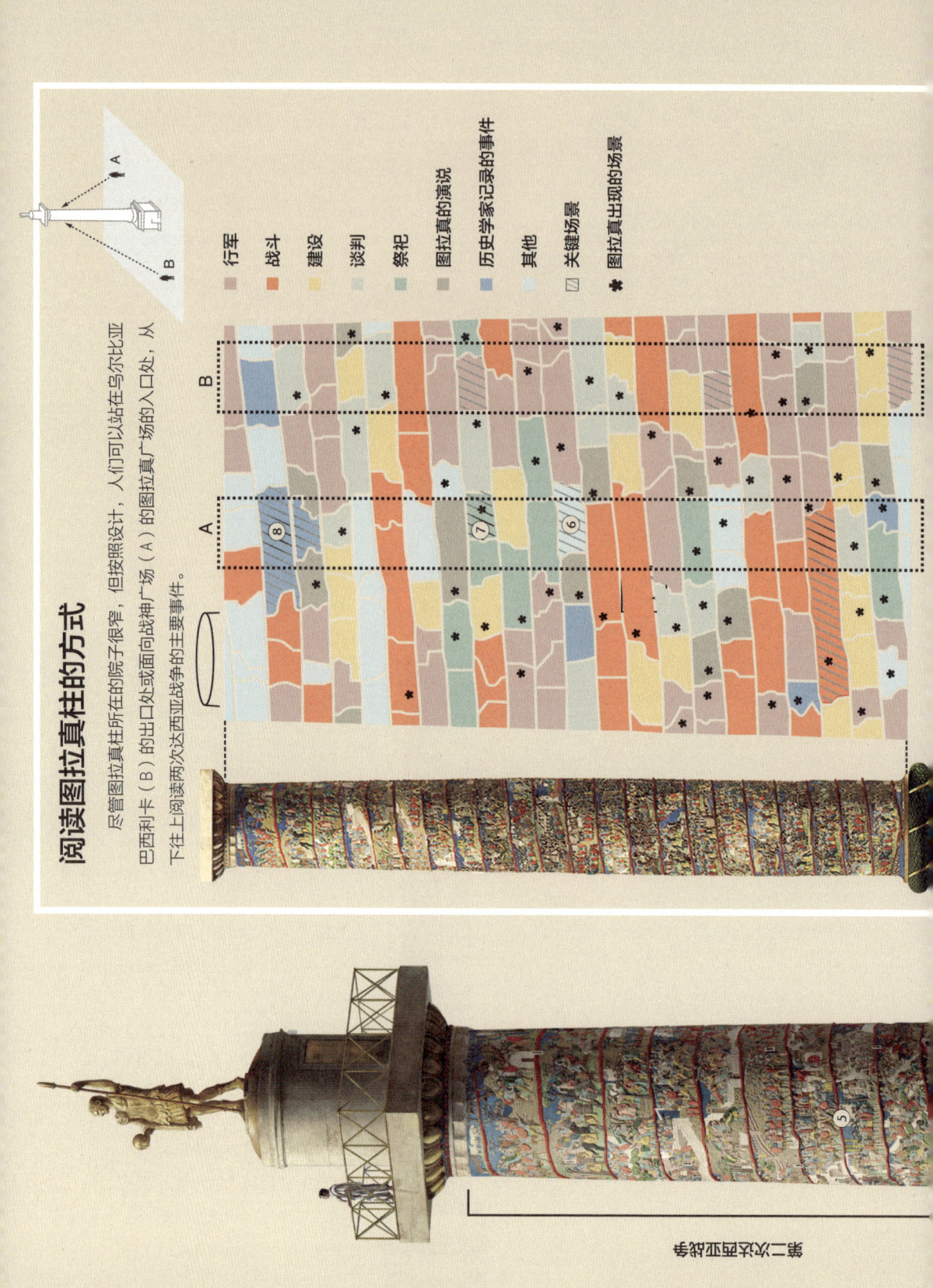

尽管图拉真柱所在的院子很窄,但按照设计,人们可以站在乌尔比亚巴西利卡(B)的出口处或面向战神广场的入口处,从图拉真广场(A)的入口处,从下往上阅读两次达西亚战争的主要事件。

图例:
- 行军
- 战斗
- 建设
- 谈判
- 祭祀
- 图拉真的演说
- 历史学家记录的事件
- 其他
- 关键场景
- ✱ 图拉真出现的场景

第二次达西亚战争

② 铭文 记载了石柱的高度，它与为建造图拉真广场而夷平的山丘的高度相等。

③ 墓室 在基座北半部的墓室内，装有图拉真的骨灰的金制骨灰盒放置在一个大理石长椅上。

④ 螺旋式楼梯 一个185级的楼梯被直接雕刻在垒成柱轴的大理石块上（每级台阶重40吨）。台阶从底部通向柱子顶端的平台。

⑤ 浮雕装饰 在雕塑创作的最后阶段，雕塑家用铜在雕塑中的人物上添加了细节。据说有6个到8个雕塑家同时进行雕刻工作。

⑥ 长着翅膀的胜利女神 在浮雕中，一个长着翅膀的胜利女神在盾牌上写字，以区别第一次达西亚战争（公元101—102年）和第二次达西亚战争（公元105—106年）的图像。

⑦ 桥边的祭祀 为了请求众神的帮助，图拉真于公元105年第二次达西亚战争开始时，在多瑙河上的第一座保存至今的桥梁上向众神献上了不流血的祭品（酒祭）。

⑧ 德凯巴鲁斯之死 达西亚国王割断了自己的颈静脉，以避免被罗马人俘虏，并作为图拉真凯旋游行的战利品之一被街头示众。

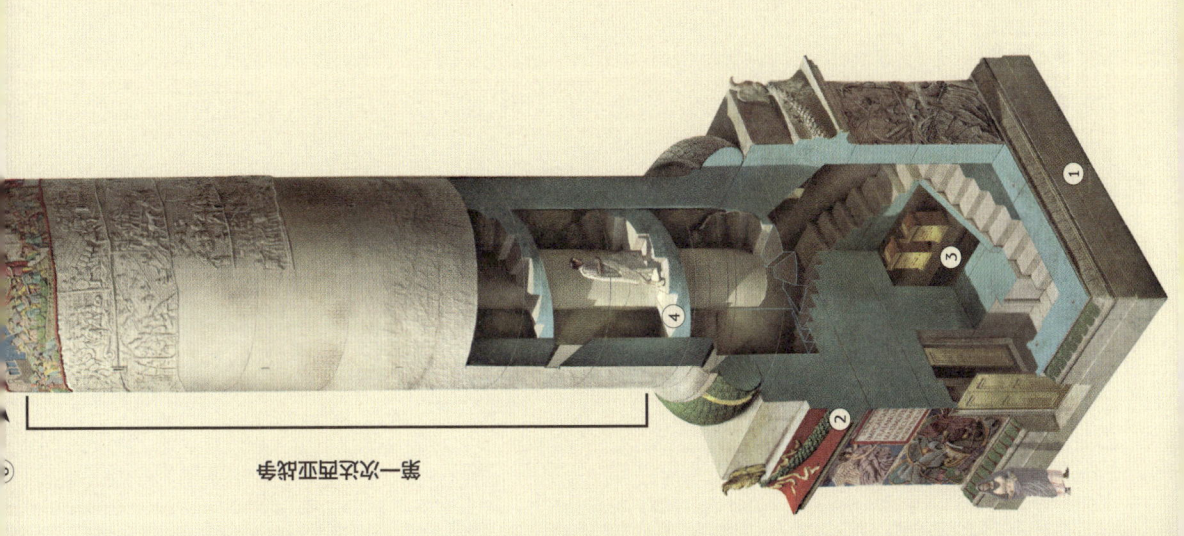

图拉真和他的军队

图拉真亲自领导了对达西亚人和帕提亚人的战争，并与他的士兵建立了密切的联系，提高了军队的忠诚度。同样，在达西亚战争中与图拉真并肩作战对许多士兵来说是一种荣耀，他们在遍布帝国各处的铭文中对此进行了纪念。卡西乌斯·狄奥称图拉真为"战争的爱好者"，而这就是他希望被记住和称颂的方式：身披戎装的皇帝亲自指挥军队，宣示他的指挥权。

在图拉真柱的浮雕中，图拉真在战场上进行各种活动：祈求神灵的帮助，领导和激励将军们，检查他们的工作，与他的将军们一起谋划战术，等等。由于他具有出色的指挥战争的能力，元老院授予他"最优秀的指挥官"（optimusprinceps）的称号，并指出："他总是和他的部队一起徒步行军。同时，在整场战争中，他亲自训练部队，根据情况做出指导，并徒步渡过他的士兵所渡过的河流。"

❶ 图拉真看着两个士兵献上达西亚人的头颅。

❷ 一名辅助骑兵向一名手持长矛的达西亚士兵冲去。

❸ 一个穿长裤的日耳曼人赤膊上阵。

❹ 一名罗马士兵用牙齿咬住一个达西亚人的头颅。

❺ 死去的士兵。浮雕中所有死去的士兵都是达西亚士兵。

❻ 在浮雕创作的最后阶段加入了微型武器。

❼ 朱庇特带着他的闪电光束支持罗马人的战斗。

▶ 图拉真柱的浮雕的石膏拓片。
🏛 现藏于罗马文明博物馆

■ 帝国议事广场

图拉真市场

图拉真广场东侧的半圆形建筑后面有一个砖砌的建筑群，将帝国议事广场和城市中人口最密集的两个区（奎里纳莱和苏布拉）联系起来。这个建筑群自 1926 年以来被称为"图拉真市场"，尽管它与真正的市场没有什么关系。1926 年至 1943 年，在参议员科拉多·里奇（Corrado Ricci）推动的挖掘工作中，人们发现玄武岩石板铺设的道路上的一些空间的平面结构与古罗马的一种商铺相似，因此认为这片地区具有商业功能。

图拉真市场由阿波罗多罗斯设计，建于图拉真广场东侧的半圆形建筑后面，并几乎被其遮盖。这种设计的目的是支撑奎里纳莱山被开凿后留下的没有保护的土坡（当时，为开拓空间建造新的图拉真广场而将奎里纳莱山凿开）。开凿奎里纳莱

▶ 图拉真市场由阿波罗多罗斯设计，建筑主体呈半圆形，按照海拔高度分为6层，并通过横向的楼梯相互连接。

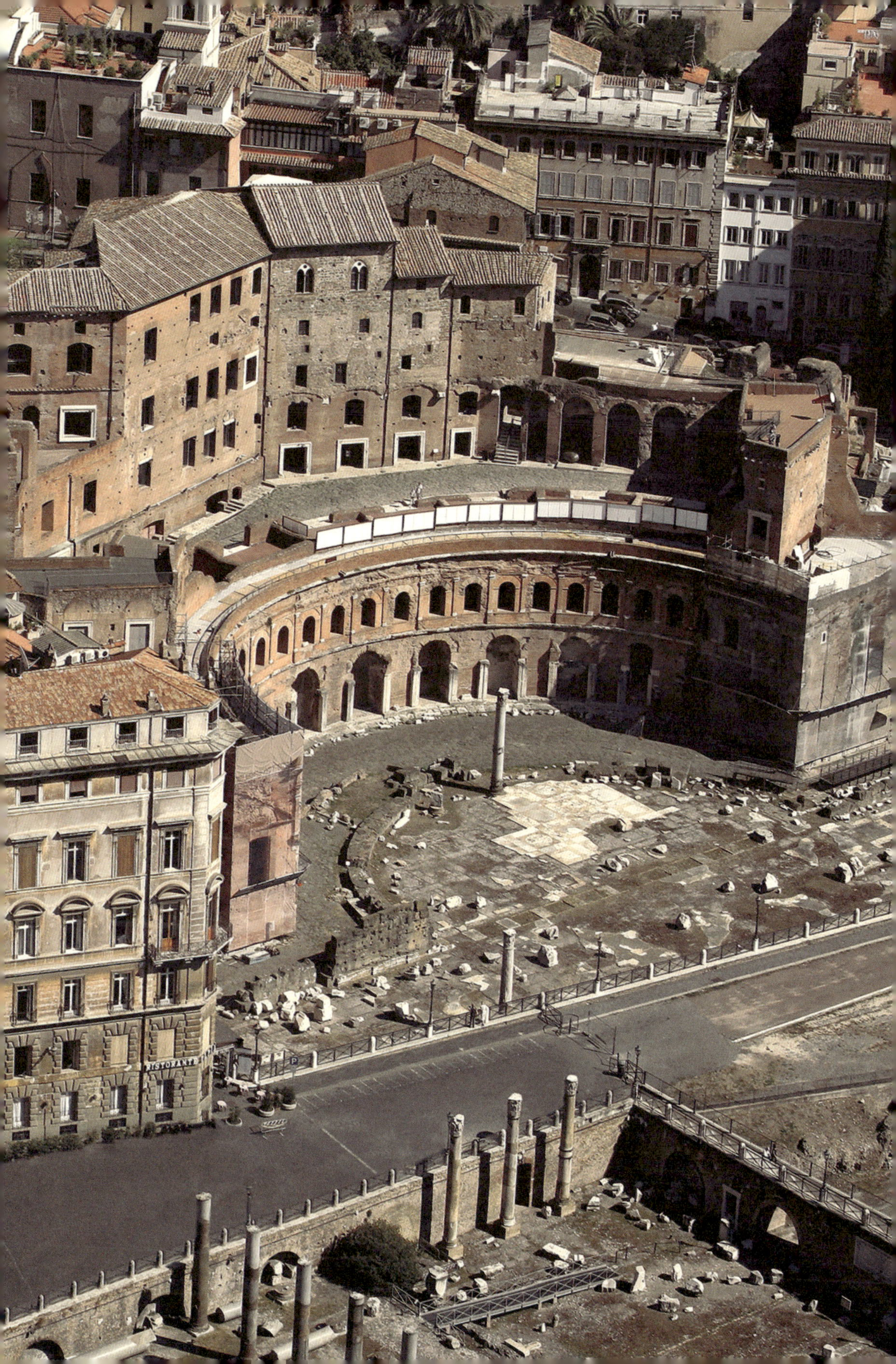
RISTORANTE

帝国议事广场

山的工程和山坡上最早的地基的建造始于图密善统治时期，并直到公元 112 年才完成。倚靠山脊而建的建筑采用了阶梯状结构和半圆形底部的设计，以适应有 40 米高差的倾斜的地形。因此，越接近建筑的中心，其地势越低。不同海拔高度的建筑通过大型半圆形建筑两端的楼梯纵向连接，也通过复杂的街道网络横向连接。

这个建筑群的上部是一间大礼堂。礼堂是一座三层的多边形建筑，位于用玄武岩石板铺成的人行街道比贝拉提卡路上（这条街道的名字"ViaBiberatica"是在近代获得的，源自拉丁语单词"bibere"，意为"喝酒"）。大礼堂内有一个建在人工平台上的大型表演厅，平台的下部外侧有并排的方形房间，可从位于一条街道上的出入口进出。从这个建筑内发现的铭文中，人们发现，这是一个以行政功能为主的多功能中心，图拉真广场的负责人霍拉修斯·罗加图斯（Horatius Rogatus）就在这里办公。

建筑群的下层是一座大型半圆形建筑，一条街道将其与图拉真广

① **结构和建材** 阶梯式的建筑设计是为了支撑挖平连接卡比托利欧山和奎里纳莱山的山坡后留下的土坡。这个伟大的建筑群所有建筑都由灰泥砖砌成，只有额枋和一些外部门窗的边框装饰物使用了石头。走廊上方是拱形穹顶，房间上方则建有肋架拱顶。

② **大型半圆形建筑** 建筑内部有11个并排的房间，房间的墙壁上绘有壁画，以及用双色马赛克铺设的几何图形镶嵌画。这座建筑实际上被图拉真广场东面的半圆形建筑所掩盖。

③ **大礼堂** 这是图拉真广场的负责人的办公地点，他负责管理广场的司法和行政事务。实际上，与20世纪初人们所认为的不同，图拉真广场承担的是行政功能而非商业功能。

④ **图拉真广场的半圆形建筑** 这两座半圆形建筑用于开设课程和举办文化活动，也是展示曾经与北方蛮族作战的著名将领的雕像的地方。

⑤ **乌尔比亚巴西利卡的半圆形后殿** 这里是举行奴隶解放仪式的场所。这种仪式以前是在自由之家举行的。

场的半圆形建筑隔开。它由 11 个带拱顶的房间组成，被一个酒馆的外墙遮挡。房间上方有一条半圆形的走廊，从大窗户透进来的光线将其照亮。

图拉真市场的衰落

在中世纪，图拉真市场被划分给罗马最有权势的几个家族（卡埃塔尼、科隆纳、孔蒂等）。后来，这个建筑群成为一个兵营。当时，为了控制卡比托利欧广场、圣彼得大殿和拉特朗圣约翰大殿等罗马的战略要地，人们在图拉真市场旁修建了民兵塔（Torre de las Milicias）。在 16 世纪，由于教皇庇护五世提倡在世俗地区修建神圣的建筑，孔蒂家族得以短暂地重新整合曾经拥有的地产。在这一时期，多米尼加的圣加大利纳修道院（Convento de Santa Catalina de Siena）建立，并一直保存到 19 世纪。

第二次世界大战后，图拉真市场和帝国议事广场在数十年间都处于荒废的状态，沦为罗马最繁忙的大道之一——墨索里尼统治时期修建的帝国广场大道——的背景板。自 1980 年起，古城中心的严重污染导致遗迹的保存状况迅速恶化，因此，政府启动了一个修复图拉真市场的项目，以将其改建为帝国议事广场博物馆。这座博物馆于 2007 年落成。

从"野牛之地"到考古公园

在中世纪，台伯河的洪水、地震、建筑的拆除、土地的平整以及各种对古迹的改造导致古罗马广场变成一片荒地，野牛在满地的柱头和额枋的缝隙之间吃草。在众多古代建筑中，只有那些被作为基督教教堂的建筑保留了下来。

对于外国人来说，"野牛之地"（Campo Vaccino）上的罗马广场的神庙、荣誉拱门和巴西利卡的遗迹是辉煌的古典时代的无声见证；然而，对于罗马人来说，这片空间已经成为建造房屋和开设商铺的场所，也是取之不尽的建筑材料和雕塑、基座以及大理石的来源，这些石料注定要在附近的石灰窑里燃烧。艺术家皮罗·利戈里奥（Pirro Ligorio）曾说，古迹被破坏的速度非常快，有时一整座建筑在一个月内就不见了踪迹。歌德在18世纪到罗马旅行时也对此感慨万分："我们可以肯定地说，试图将古罗马与新罗马区分开是一项艰巨而悲伤的任务，但除此之外别无他法……象征着古罗马无与伦比的辉煌壮丽的遗迹正在遭到严重破坏。野蛮人留下的东西已经被新罗马的建筑师们拆毁了。"

在歌德访问罗马几年之后，广场的考古发掘工作开始大规模进行。在拿破仑统治时期，罗马被称为法兰西第二帝国的第二首都，在这座城市成立了一个城市美化委员会，意在恢复罗马最具象征意义的建筑。从那时起，发掘广场的中心区域成为考古学界的优先事项。在19世纪上半叶，许多贫民和被判处强制劳动的囚犯组成的团队被指派去清除掩埋古迹的数千立方米的泥土。在建筑师朱塞佩·瓦拉迪埃（Giuseppe Valadier）、考古学家安东尼奥·尼比（Antonio Nibby）和雕塑家安东尼奥·卡诺瓦（Antonio Canova）等众多专家的监督下，和谐女神庙、乌尔比亚巴西利卡、塞维鲁凯旋门（Arco de Septimio Severo）等众多建筑的遗迹逐渐重见天日。一个世纪后，经过贾科莫·波尼（Giacomo Boni）的发掘工作，图拉真广场的遗迹完全出土，并成为一个受保护的独立区域，后来成为世界上最受欢迎的考古公园。

图拉真广场的发掘

"你看到的这些神庙或被掩埋,或被植物覆盖……朱庇特神庙的三根石柱现在已经基本出土,它们都保存完好;卡比托利欧山的斜坡以前是一个垃圾场,而如今将变成一个美丽的花园……"(《国会报》,1811)

中世纪

重新利用的广场 古代广场上有很多私人住宅和商铺,直到19世纪才被教皇国政府收归国有。

◀ 考古学家贾科莫·波尼在公元前10世纪的坑式火葬墓旁。

▼▶ 20世纪初用装在热气球上的照相机拍摄的广场的第一张鸟瞰照片。

—17世纪
的源泉 建筑铭文学家和古䧹在广场上寻找藏，并将在广场见的古物归为私玟藏。

18世纪
最早的"考古学家" 在壮游[16]期间，一些旅行者自费进行发掘工作。

19世纪
大规模的发掘工作 发掘工作由卡洛·费亚（Carlo Fea）、朱塞佩·瓦拉迪埃、路易吉·卡尼纳（Luigi Canina）、鲁道夫·兰恰尼（Rodolfo Lanciani）等考古学家监督。

1899年
纪念区 一项法律批准将广场改建为考古公园。直到20世纪初，在贾科莫·波尼的指导下，才对这片区域进行了地层挖掘。

---

[16] 壮游（Grand Tour）是指17至19世纪欧洲贵族子弟在成年后（约21岁）游历欧洲（主要是意大利）的旅行，是一种具有教育意义的成人仪式。——译者注

■ 帝国议事广场

罗马城市地图

　　公元3世纪初,塞普蒂米乌斯·塞维鲁下令在150块大理石板上雕刻一张面积为234平方米的罗马详细规划图。图中绘制了11个世纪以来在罗马的山丘上形成的各个地区的街道和广场网络,同时划分了贵族住宅区、平民住宅区、商业基础设施,以及在共和国和帝国时期建造的纪念性建筑所在的区域。

和平广场

在 奥古斯都广场落成和图拉真广场落成之间的114年里,罗马城内还建起了另外两个广场,与已有的广场相通。第一个广场是韦斯巴芗在公元71年至75年下令建造的,用于存放征服耶路撒冷后缴获的战利品。它被称为和平广场(Templum Pacis)[17]。在拉丁语中,"templum"指的是一个由占卜官划定并神圣

---

[17] 和平广场又称韦斯巴芗广场(Foro de Vespasiano)。不过,它不具有民事功能,因此不能被归类为真正的广场。——译者注

化的区域，是通过仪式从"恶灵"中释放出来的。这个广场三面有柱廊围绕，中心布有园景。不过，目前还不能确定这个广场上是否曾经建立过某种神庙，因为无论是考古遗迹还是塞维鲁时代的罗马城市地图都无法确认这一点，尽管一些古代文献中对此有所提及——古罗马历史学家奥勒留·维克多（Aurelius Victor）提到，韦斯巴芗广场上有一座和平神庙（Aedes Pacis），而拜占庭历史学家普罗科匹阿斯（Procopio）则称该神庙已被雷电摧毁。

在21世纪初进行的发掘工作中，人们发现了一个大型广场的遗迹，广场周围有花岗岩石柱的柱廊，中央的花园中种植着高卢玫瑰，并由6条深1米、宽4.7米的水渠分隔。在南侧柱廊的远端，有一个供奉和平女神的礼拜堂。礼拜堂的柱廊下以及位于水渠边的底座上陈列着来自金宫的精美的镀金青铜雕像和大理石雕像，这些雕像注定要像它的主人一样从罗马的形象中消失。其中一些雕像是由波利克里托斯（Policleto）、莱奥卡雷斯（Leocares）或帕提诺克勒斯（Partenocles）创作的，他们在支撑雕像的底座上留下了他们不朽的希腊语铭文。

◀ 这座涅尔瓦的青铜雕像位于帝国广场大道上，雕像中的涅尔瓦身穿盔甲，手持长矛。

◀ 涅尔瓦广场的柱廊。额枋上的浮雕与密涅瓦保佑的艺术有关。广场上的密涅瓦神庙并没有保存到今天。

涅尔瓦广场

在和平广场建成的 20 年后，涅尔瓦皇帝建造了一个小广场，以赋予阿及雷多路的第一路段纪念意义。这条路连接着著名的苏布拉区和古罗马广场。

涅尔瓦广场由图密善（在被加以"除忆诅咒"后，他的名字被抹去）负责建造，里面有一座献给密涅瓦女神的神庙。密涅瓦是图密善的保护神、英雄赫拉克勒斯的对手，她用自己的受苦换来了图密善渴望的永恒不朽。这个广场被称为"可通行的广场"，因为有一条始于埃斯奎利诺区的街道穿过广场。

由于这个新的广场位于奥古斯都广场和韦斯巴芗广场之

间的一小块土地上，它的建筑设计暗藏机巧，创造了广场巨大而宽敞的假象，而实际上广场的面积很小。柱廊的柱子离后墙不远，柱廊檐饰中的浮雕喻指密涅瓦女神保护下的妇女在劳动，也暗指阿拉克涅（Aracne）的神话故事，这位年轻女子因向密涅瓦挑战纺织技术而变成了一只蜘蛛。最近的考古发掘发现了新的描绘罗马帝国各行省的浮雕碎片，这个发现使得专家对浮雕中的一个戴着头盔的女性形象做出了新的解释（传统上认为这个女性是密涅瓦）。

献给密涅瓦的神庙包围着论坛的一个短边，即东边。神庙一直保存到1606年，直到当时的教皇保罗五世（Pablo V）下令将其拆除，以便用它的建筑材料建造贾尼科洛山上的巨大的保罗喷泉（Aqua Paola）。只有喷泉的基座保留到现在，基座下是马克西姆下水道。

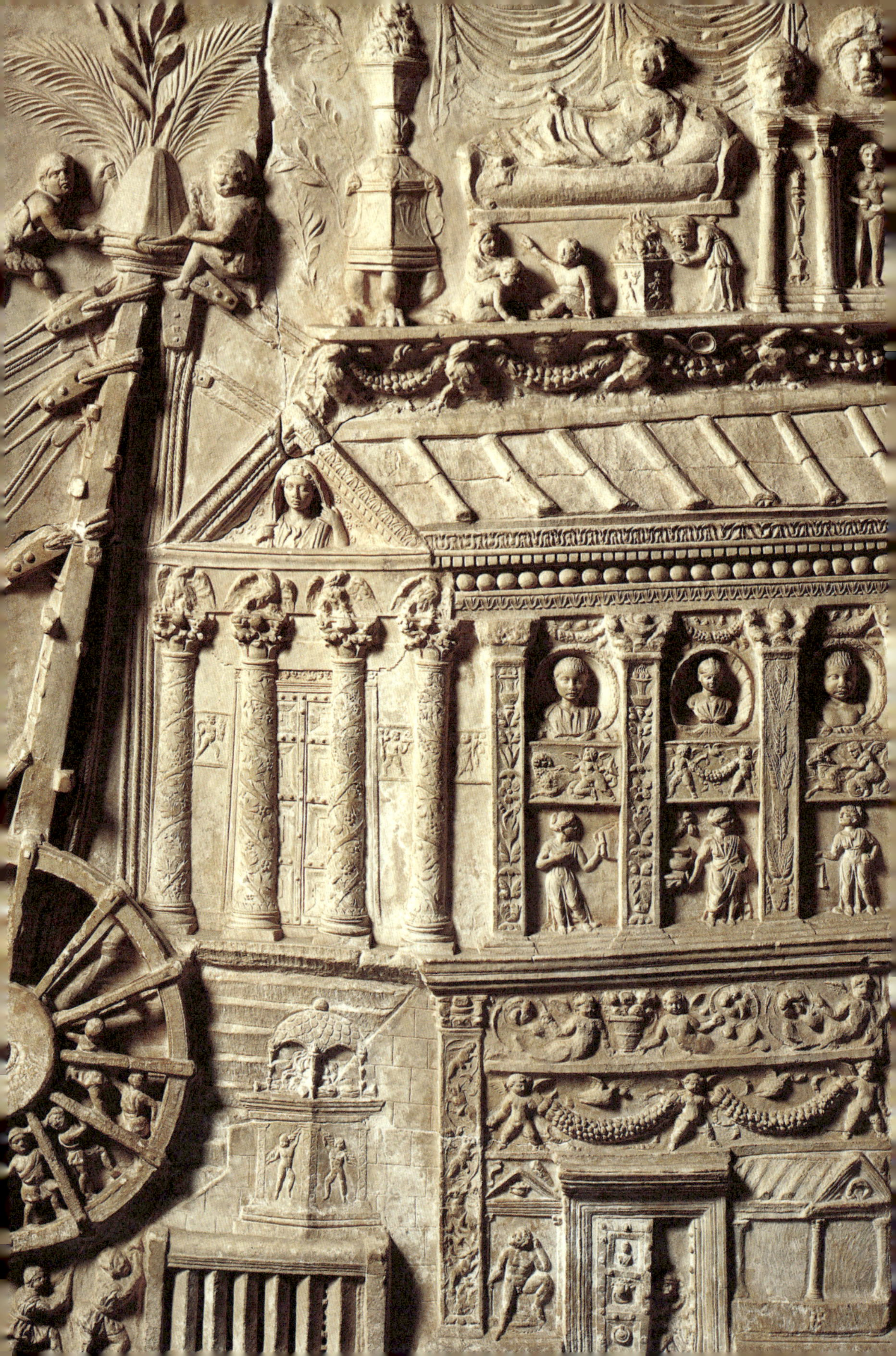

皇家官邸

在罗马共和国早期，罗马的部分区域就有了明确的功能，这些功能在城市发展的过程中一直保留下来。埃斯奎利诺山和帕拉蒂尼山等山丘成为罗马贵族最喜欢的居住地，因为那里环境优美、有益健康，也因为靠近城市的政治和经济生活中心——古罗马广场。在罗马，穷人挤在奎里纳莱或苏布拉住宅楼的闷热小房子里，而富人则住在有花园和私人浴室的大宅里。

公元前44年恺撒遇刺身亡后，他的养子和后来的元首屋大维先后击败了反恺撒派和马克·安东尼。许多居住在帕拉蒂尼山的贵族和富人失去了他们的家园，他们遭到流放，其财产被全部没收并公开拍卖。公元前42年，屋大维抓住这个机会，买下了帕拉蒂尼山的5座贵族住宅，并在这些土地上（共8600平方米）建造了他的第一座住宅，这座住宅多年后成为第一座皇家官邸。短短数年后的公元前36年，闪电击中了这座住宅的中央，对此屋大维宣称是阿波罗在索要他的住宅的一部分。当时，在屋大维的宣传政策中，阿波罗是他统治的保护神。屋大维借此机会拆除了这座住宅，并在其上建造了一座新的宫殿。宫殿的面积为24546平方米，是原来的住宅面积的3倍。

公元14年奥古斯都去世后，莉薇娅皇后继续居住在这座宫殿中。在此后的数年中，这座宫殿成为克劳狄一世和尼禄会见元老院成员的场所。提比略的住所、尼禄的金宫，以及将先前所有的皇家住宅囊括在内的图密善的奥古斯都宫（Domus Augustana）在公元1世纪占据了整座帕拉蒂尼山。

■ 皇家官邸

帕拉蒂尼山的宫殿群

当提比略于公元14年继承皇位时，他决定离开奥古斯都的宅邸，回到自己的出生地，即他从他的生父提比略·克劳迪乌斯·尼禄（Tiberio Claudio Nerón）那里继承的地方。这座建筑位于地母神庙和广场的斜坡之间。提比略翻修了这座宅邸，并将其改造成一座真正的宫殿（它被称为提比略宫）。不幸的是，人们对这座宫殿知之甚少，因为在文艺复兴时期的法尔内塞家族的花园中（在16世纪时，这些花园完全覆盖了提比略宫）进行的考古发掘并没有太多的发现。因此，我们无法了解这座宫殿的全貌。提比

▶ 从西南方向鸟瞰帕拉蒂尼山。位于图密善皇宫的弗拉维宫和奥古斯都宫之间的帕拉蒂尼博物馆（Museo Palatino）于1937年落成。远处是文艺复兴时期的法尔内塞家族的花园。

◀◀ 哈特利亚之墓（Tumba de Hateria Helpis），墓碑上有一个奴隶操作踏车起重机的浮雕。
🏛 现藏于梵蒂冈博物馆

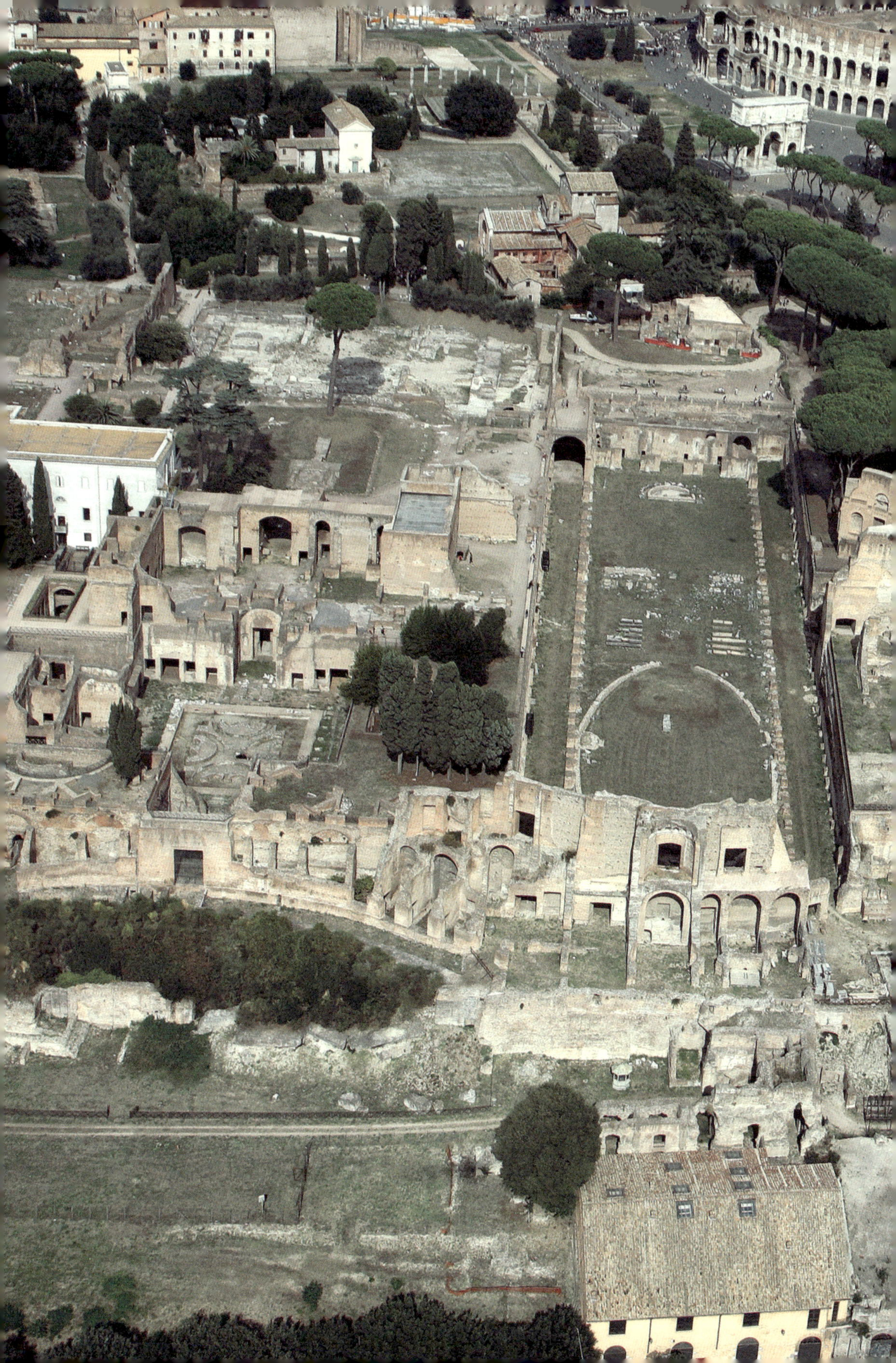

① **广场** 这座宫殿在古代被称为图密善的宫殿。它包括一个公共区（弗拉维宫）、一个私人区和一个竞技场式的大花园。

② **竞技场** 竞技场（或图密善的跑马场）长184米、宽51米，是一个用于骑马或散步的私人花园。

③ **弗拉维宫** 弗拉维宫的地面和墙壁铺设的是进口的大理石砖。卧躺餐厅中的镶嵌画使用了碎石镶嵌画技术。

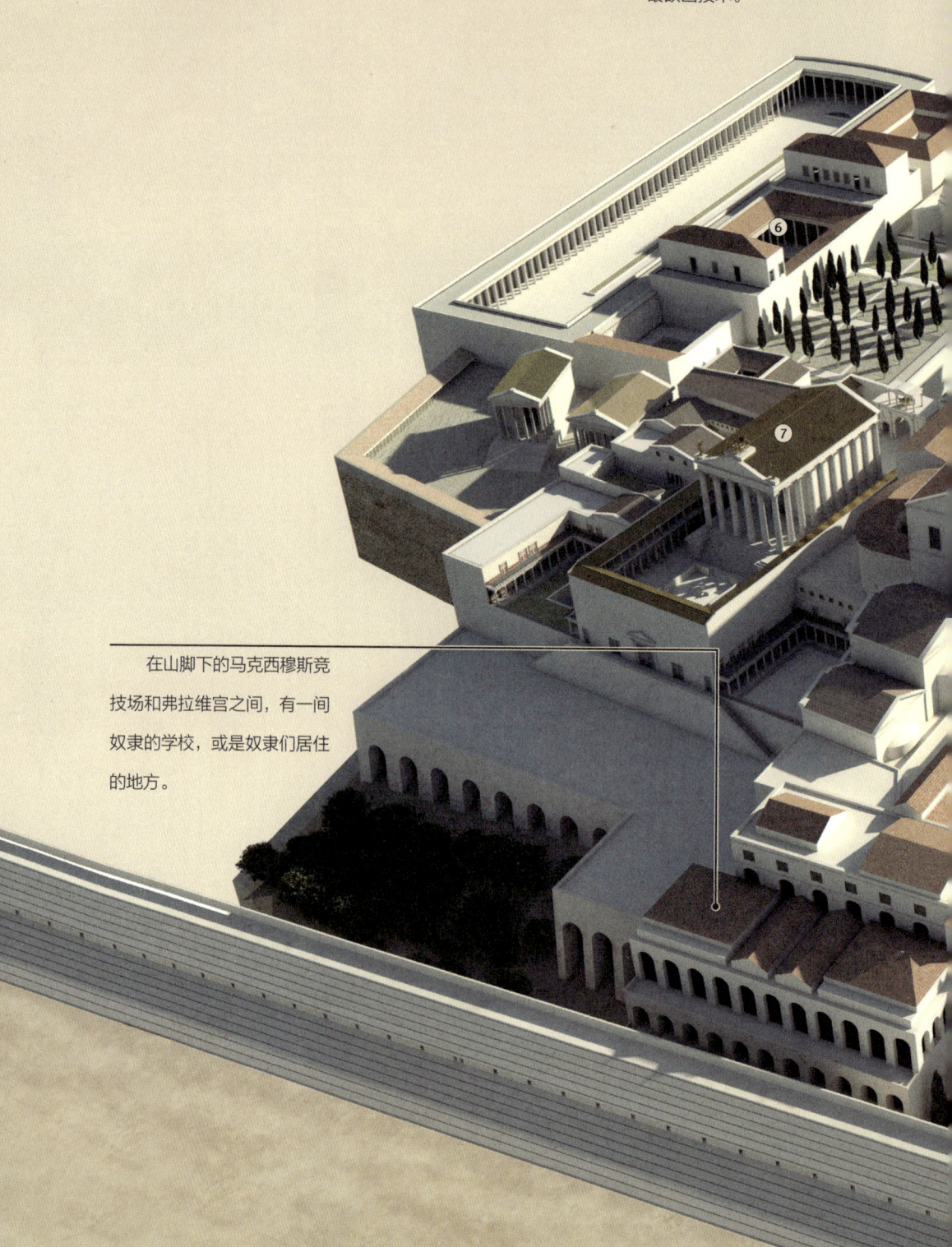

在山脚下的马克西穆斯竞技场和弗拉维宫之间，有一间奴隶的学校，或是奴隶们居住的地方。

④ **御座厅** 这个御座厅是皇帝行礼的地方。大厅高达30米，后面有一个与入口相对的殿堂，殿堂内是皇帝的宝座或一座巨大的皇帝雕像。

⑤ **礼堂** 图密善在这个礼堂里接见他的顾问委员会、处理国家事务，因为当时元老院已经被剥夺了所有权力。

⑥ **提比略宫** 提比略宫由提比略在他父亲的房子的原址上建造，并由卡利古拉、克劳狄一世和尼禄扩建。安东尼·庇护等多位皇帝曾经在这座宫殿居住。马可·奥勒留和卢修斯·维鲁斯曾在这里接受教育。

⑦ **献给阿波罗的区域** 在奥古斯都住宅的公共区域，建有一座纪念阿波罗的神庙，在诺洛库斯海战胜利后为向神还愿而建。神庙周围是达那伊得斯柱廊。

皇家官邸

略宫有一个大型图书馆,在哈德良时代,它与一个哈德良创立的高等学府相连。

提比略的继任者卡利古拉(Calígula)将提比略宫向广场方向扩建,以将其与卡斯托尔和波吕克斯神庙联系起来,并将神庙变成宫殿的巨大入口。历史学家苏维托尼乌斯曾记载,皇帝在生前非常渴望将自己神化,"在将卡斯托尔和波吕克斯神庙改造成宫殿的前庭后,卡利古拉时常将自己置于众神之中,仿佛众神是他的兄弟,并主动接受访客的崇拜。其中一些人以朱庇特·拉蒂尔(Júpiter Lacial)的名字向他致敬"。

在克劳狄一世统治时期,帕拉蒂尼山的宫殿的不同核心(卡利古拉扩建的奥古斯都宫和提比略宫)被整合为一个建筑整体,占据了帕拉蒂尼山的西部。17 岁时在克劳狄乌斯宫(Palacio de Claudio)的入口台阶上加冕的尼禄将提比略宫改造成了他的金宫的西侧大厅。金宫内部的道路将宫殿的不同部分连接起来。这样,通过横跨奥皮欧山和维利亚山的特兰西托利亚宫(Domus Transitoria)[18],帕拉蒂尼山的宫殿群与埃斯奎利诺区的梅塞纳斯花园联系起来。在尼禄进行的改建工程中,提比略宫外围的街道被改造为隐廊,隐廊中央建立了一座通向内部的列柱廊的建筑,建筑周围是美丽的花园。

公元 80 年的大火波及了提比略宫的北部,图密善因此重建了位于新街和维多利亚坡道上、朝向广场的提比略宫的外墙,并建造了一条长长的凉廊。这样,帕拉蒂尼山北面的建筑就与奥古斯都宫统一起来。

---

[18] 又译飘渺宫,尼禄的第一座宫殿,在公元 64 年的罗马大火中被烧毁。——译者注

▲ 从北侧看奥古斯都宫的竞技场。这个竞技场又称图密善的跑马场，竞技场的左侧有一个大型演讲台，建在一个半圆形平台上，人们可以在平台上舒适地观看赛马表演。

图密善的宫殿

图密善在位 15 年（公元 81—96 年）期间进行的众多工程中，帕拉蒂尼山上的皇宫是最宏伟的工程。它由建筑师拉比乌斯（Rabirio）设计，建在山丘的东侧。在罗马发生灾难性火灾的公元 64 年之前，帕拉蒂尼山的东侧还有一些私人住宅。与奥古斯都的宫殿一样，图密善的宫殿也被分为不同的部分：公共区（现在称为弗拉维宫）、私人居住区（奥古斯都宫），以及休闲区，方形的休闲区的一个短边是半圆形，因此被称为"竞技场"。

宫殿的公共区

宫殿公共区的建筑材料的选择、巨大的空间和豪华的装饰都是为了彰显皇权，对前来觐见皇帝的人具有精神震

■ 皇家官邸

弗拉维宫

图密善的宫殿的公共区域被用于政府事务。它的大厅用于举办觐见皇帝的仪式以及皇帝主持的公共宴会。

① 门厅
② 御座厅
③ 巴西利卡（礼堂）
④ 神龛
⑤ 列柱中庭
⑥ 约维斯餐厅
⑦ 椭圆形喷泉

慑的效应。弗拉维宫内有一个御座厅，这是一个长方形的大厅，它的一边有一个高30米的半圆形后殿（为皇帝保留的空间），玄武岩雕像放置在多色大理石柱之间。在觐见日的早上，众多臣民和朝臣穿过这个御座厅，向皇帝行礼。按照图密善的规定，人们在行礼时应称他为"主和神"（dominus et deus）。

御座厅的两侧有两个较小的房间：西侧的房间被早期的考古发掘者称为"巴西利卡"，这是一个礼堂，图密善在剥夺了元老院的权力后在这里接待他的顾问委员会。东侧的房间内有一个神龛，供禁卫军居住。

一个方形列柱中庭连通了这三个房间，中庭外围的柱廊是努米底亚大理石柱柱廊，中庭中央有一个大型的八角形喷泉，喷泉上绘有四个迷宫。中庭周围有数个夏季餐厅，南侧则是一间名为"约维斯餐厅"（Coenatio Iovis）的冬季餐厅。餐厅的面积为941平方米，与御座厅高度相当。餐厅的地板高出地面，由一个墩柱支撑，热空气可以在地板下面循环。人们可以透过两扇大窗户欣赏两个椭圆形喷泉。

奥古斯都宫

图密善的宫殿的私人区被称为"奥古斯都宫",从这里可以看到马克西穆斯竞技场。奥古斯都宫的北部有一个列柱中庭,其正南方有另一个中庭,中庭中央池塘内的岛上建有一个供奉密涅瓦(弗拉维王朝的保护神)的神龛。奥古斯都宫的南端是皇帝的私人寓所,建筑中央有一个庭院。这个庭院比北侧的两个中庭低 10 米,庭院中有一个装饰着新月形盾牌的喷泉。奥古斯都宫的南面是一座大型的半圆形建筑,皇室成员可以在露台上观看竞技场中的比赛。

竞技场

宫殿东端的方形竞技场建于公元 92 年,其南端为半圆形。人们因其形状将其类比为《殉道者言行录》(*Actas de los mártires*)中提到的赛马场,但也有人认为这是一个私人花园区,皇室成员或朝臣可以在竞技场周围散步或骑马。

金宫

在公元64年的罗马大火之后，受希腊式宫殿的启发，尼禄下令建造一座皇室住宅。建筑师塞维鲁和塞勒（Céler）创造了一个由独立的大厅组成的建筑群，其中穿插着花园、喷泉和池塘。不过，这个建筑奇迹曾多次引起尼禄的反对者的批评。

公元54年，年轻的尼禄登基后，在帕拉蒂尼山进行了新的改造，以将埃斯奎利诺区的皇家地产（梅塞纳斯花园）与帕拉蒂尼山上的宫殿连接起来。特兰西托利亚宫就是为此而建的，但它的寿命很短，在公元64年被大火严重损坏。

尼禄以罗马中心被大火摧毁为由，计划建造一座新的皇家官邸，它将可以媲美或超越前任皇帝，罗马的附属国或盟国的豪华宫殿。建造这座巨大而豪华的宫殿不仅出于尼禄的虚荣或狂妄，也出于其彰显帝国威严的政治需要。尼禄将这座宫殿设想为罗马中心的一座大型城外别墅，它占地约80公顷，其宏伟壮观经常成为各种诗歌描绘的对象。

在众多流传下来的对金宫的描述中，历史学家和传记作家苏维托尼乌斯在《罗马十二帝王传》（*Vita Neronis*）中对金宫的描述最为详细："一座120英尺高的尼禄的巨型雕像被置于宫殿的前庭；前庭的面积非常大，足有三个一英里长的柱廊那么宽；还有一个像海一样的池塘，四周的建筑宛如一座座城市。后面的别墅带有田地、葡萄园和牧场，树林内活跃着各种各样的生灵。其他的建筑都是镀金的，并用珍贵的宝石和贝壳装饰。餐厅装有可旋转的象牙天花板，并设有孔隙，以便撒花和喷洒香水。最重要的餐厅是圆形的，像地球一样日夜不停地旋转着。浴池里有海水和硫黄水。尼禄在为宫殿举行落成典礼时对此非常满意，称：'终于可以住在像样的房子里了。'"尼禄的官邸之宏伟壮观使其被称为"金宫"。

奥皮欧大厅

在奥皮欧山上，埋藏在图拉真浴场下面的埃斯奎利诺大厅的遗迹是金宫仅有的遗迹，属于宫殿中的皇帝的休闲区。这里一直有人居住，直到公元104年的一场大火将其烧毁。

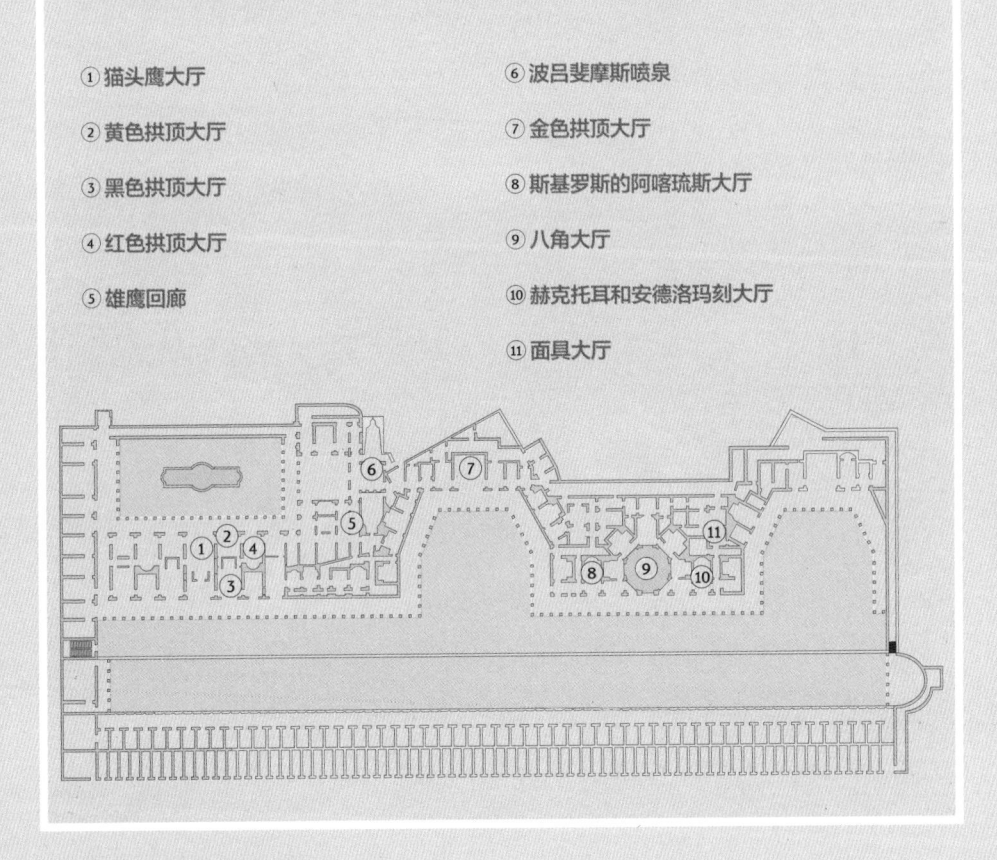

① 猫头鹰大厅
② 黄色拱顶大厅
③ 黑色拱顶大厅
④ 红色拱顶大厅
⑤ 雄鹰回廊
⑥ 波吕斐摩斯喷泉
⑦ 金色拱顶大厅
⑧ 斯基罗斯的阿喀琉斯大厅
⑨ 八角大厅
⑩ 赫克托耳和安德洛玛刻大厅
⑪ 面具大厅

一项伟大的建筑事业

金宫从帕拉蒂尼山西端（提比略宫的所在地）延伸至维利亚山。宫殿的前厅和一个巨大的池塘位于维利亚山上。前厅一个独立的大厅内有雕塑家泽诺多鲁斯（Zenodoro）的高36米的镀金青铜巨像作品。这个区域是宫殿的公共区域。在尼禄被加以"除忆诅咒"后，后世的建筑工程抹去了公共区域的痕迹——罗马大角斗场建立在池塘的原址上（它得名于尼禄的巨像，雕像中尼禄的脸被描绘为太阳神赫

① **列柱中庭** 金宫的前厅是宫殿的公共区域，宫殿的豪华在前厅得到了最大限度的体现。

② **尼禄巨像** 这座铜像用镀金的青铜铸造，描绘了充满英雄气概的尼禄的裸体形象。哈德良为建造维纳斯和罗马神庙将这座铜像移走。

③ **池塘** 池塘的水来自切利奥泉，通过克劳迪亚水渠输送。韦斯巴芗抽干了这片池塘，用洞石和混凝土加固，并在其上建造了罗马大角斗场。

④ **奥皮欧大厅** 这是金宫的私人区域，是皇帝的休闲和居住区。它一直使用到公元104年，此后图拉真将其掩埋以建造皇家浴场。

⑤ **梅塞纳斯花园** 在埃斯奎利诺区，盖乌斯·梅塞纳斯建造了一座带花园的别墅，并在遗嘱中将其捐赠给奥古斯都和他的后代。

⑥ **喷泉** 建于公元54年、于公元64年被大火烧毁的克劳狄神庙被改造成一个巨大的喷泉，克劳迪亚水渠为其供水。

利俄斯的模样），而哈德良时期建造的维纳斯和罗马神庙则是在金宫前庭的废墟之上建立的。

金宫的私人区域位于埃斯奎利诺区，包括皇帝的休闲大厅和他的私人住宅。住宅长300米、宽190米，房间围绕着中央的庭院分布，从露台上可以看到美丽的花园。其中一个房间是八角大厅，在很长一段时间内被认为是苏维托尼乌斯提到的带有旋转屋顶的餐厅，但最近在帕拉蒂尼山上的维尼亚-巴尔贝里尼露台（Vigna Barberini）下发现的一个直径16米的圆柱形结构的遗迹推翻了这一假设——人们认为这个圆柱体才是餐厅的旋转装置。

私人区域的奥皮欧大厅使用了很长时间，直到公元104年被大火烧毁。在清除了所有有价值的建筑和装饰材料后，图拉真用土填满了大厅，将其完全掩埋，然后在土

▲▶ 金色拱顶大厅。弗朗西斯科·德·霍兰达（Francisco de Holanda）和平图里乔（Pinturicchio）等画家在16世纪对拱顶的壁画进行了复制，人们因此得以对其进行彩色复刻（下页图）。拱顶壁画的作者是法布勒斯（Fabullus），他绘制了各种神话场景，包括拱顶中间描绘绑架伽倪墨得斯的圆形壁画①。镀金的灰泥檐口②则是金色拱顶名字的来由。下图是仿制的尼禄巨像，它原来被放置在金宫的前厅。

堆上建造了大型浴场。

　　奥皮欧大厅的遗迹于 1480 年被偶然发现,是金宫唯一保存下来的部分。许多画家来到罗马参观金宫的废墟,他们穿过拱顶,蹲在土堤间的狭窄空间中欣赏壁画。这种壁画被称为"穴怪图像",因为它们是在罗马的地下洞穴中被发现的。水彩画、版画和 15 世纪至 17 世纪制作的壁画复制品重现了当时宫廷画家法布勒斯创作的装饰墙壁和拱顶的生动绘画。

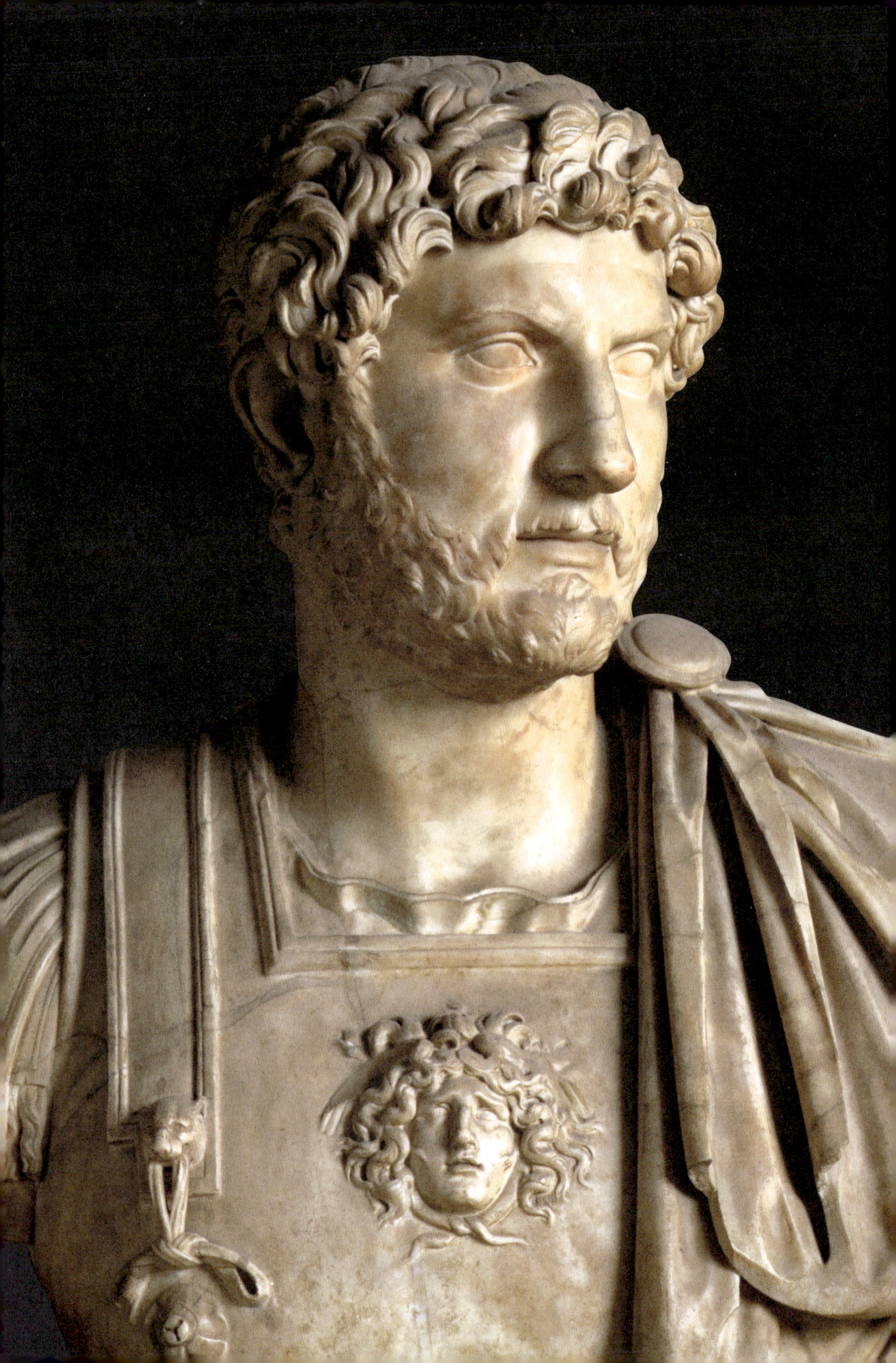

哈德良别墅

用德国杰出的历史学家和考古学家约翰·约阿希姆·温克尔曼（Johann Joachim Winckelmann）的话说，在重现艺术的辉煌一事上，"哈德良是最合适的人选，因为他既具备这种事业所需的知识，也不缺乏激情"。哈德良在位期间建造的壮观的建筑，如带有巨大穹顶的万神殿、维纳斯和罗马神庙，以及令人瞩目的哈德良别墅，都证明了他敏锐的艺术感知力，也体现了当时的建筑技术已经取得了长足的发展，能够建造任何类型的建筑。

在图拉真去世后，公元117年8月11日，哈德良被安塔基亚的军队拥戴为皇帝，登上了罗马帝国的王位。他于次年夏天抵达罗马，身着戎装会见元老院成员。这是一个史无前例的事件，标志着君主制的开始。在君主制下，元老院的权力受到皇帝权力的极大限制。元老院权力削减的同时，元老院成员也进行了更新换代，原来的成员逐渐被皇帝的朋友、亲戚和贝提卡同乡所取代（哈德良出生于伊塔利卡的贝提卡城）。哈德良与他最亲密的助手以及一些罗马法律史上最著名的法学家组成了皇家顾问委员会（Consilium Principis），并赋予其较大的政治自主权，将它从一个私人咨询机构变成了一种国家行政会议机构。宫廷因此成为真正的权力中心。

哈德良登基后采用的君主制与先前的罗马皇帝的制度不同，更类似于东地中海地区的希腊化王国的制度。哈德良曾亲自访问过这些王国，并试图效仿它们，同时计划建造一座新的宫殿。

哈德良的皇家别墅

公元125年，位于提布尔的哈德良别墅开始成为帝国的行政中心，尽管当时别墅的建设尚未完成。别墅中心区的建筑包括翻新后的萨宾人的别墅、海上剧场、哲学家大厅和日光浴场。新建的大厅由花园和池塘隔开，使整个建筑群更加统一。别墅里有非常奢华的房间，用于接待和表彰朝臣，也有为众多仆人准备的简朴的房间。据估计，约有3000人住在别墅里，其中约1750人是仆人。

① 希腊剧院	⑧ 客房	⑮ 体育场	㉒ 仆人房
② 维纳斯神庙	⑨ 皇宫	⑯ 三半圆建筑	㉓ 克诺珀斯
③ 佩奇勒花园	⑩ 多立克柱式庭院	⑰ 百室基座	㉔ 塞拉比斯
④ 哲学家大厅	⑪ 金色广场	⑱ 安提诺乌斯神庙	㉕ 罗卡布鲁纳塔
⑤ 海上剧场	⑫ 工人房	⑲ 大前厅	㉖ 学院
⑥ 日光浴场	⑬ 水池及其周围的建筑	⑳ 小浴场	㉗ 米米奇亚建筑群
⑦ 图书馆	⑭ 冬季宫殿	㉑ 大浴场	㉘ 音乐厅

■ 哈德良别墅

克诺珀斯

罗马城外大型别墅的主人习惯给别墅的各个大厅和不同部分起一些浮夸的希腊式名字，以体现他们渊博的学识。部分常见的名字包括柏拉图学院、佩奇勒花园（取自雅典的佩奇勒柱廊）、因菲埃尔诺[19]等。

埃利乌斯·斯帕提亚努斯（Elio Esparciano）在收录于《罗马帝王纪》的哈德良传记中提及，在哈德良别墅中，有一组景观被命名为克诺珀斯，以纪念一座埃及的同名城市。克诺珀斯城距亚历山大港22公里，一条源自尼罗河支流的运河连接了港口和这座小城。克诺珀斯城因一座供奉塞拉比斯的神庙而闻名，每年都有数百人前来参拜这座神庙。

▶克诺珀斯的水池是一个人工池塘，长119米，宽18米，水池周围的柱廊装饰着古典雕像。

◀◀哈德良半身像。雕像上的日期为公元118年（第192页图）。

现藏于卡比托利欧博物馆

[19]"Infierno"（地狱）的音译。——译者注

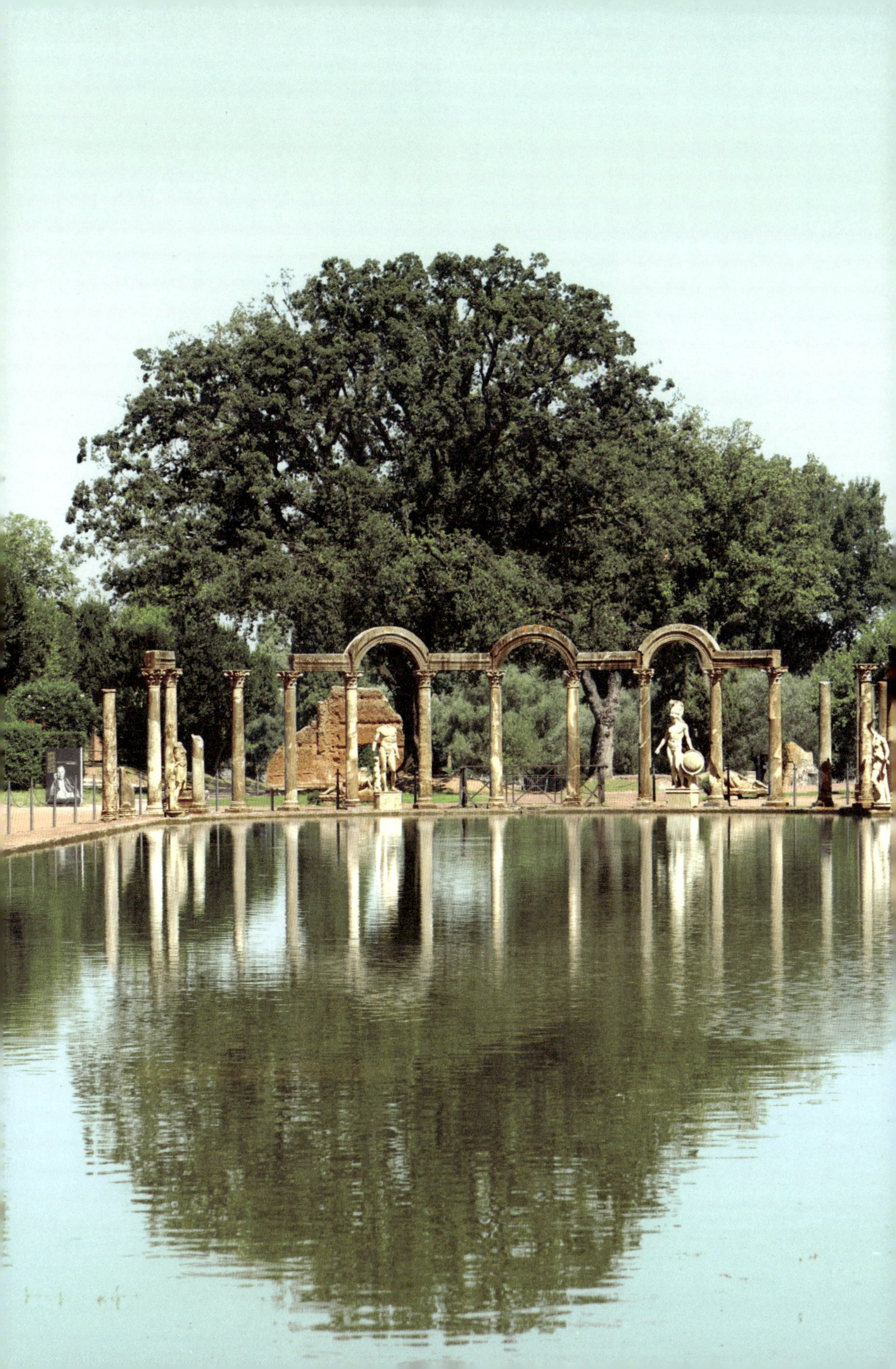

> 哈德良别墅

这座神庙还是举办卡诺皮克运动会（Juegos Canópicos）的场地——这个运动会是哈德良为纪念他的溺水身亡的情人安提诺乌斯（Antínoo）而创立的。

然而，斯帕提亚努斯所著的传记中完全没有对克诺珀斯细节的描述。后人研究发现，克诺珀斯的建造需要拓宽学院和罗卡布鲁纳塔之间的低地，开辟一个长195米、宽75米的人工山谷。此外，还需要建造一道240米长的墙，以支撑斜坡的北部坡面。

16世纪中叶，建筑师皮罗·利高里奥探访哈德良别墅并开始挖掘山谷。他发现了一系列大型的建筑部件，它们相互连接，围绕一个长119米的细长水池分布。在水池的一端，有一座带贝壳形拱顶的半圆形建筑，与精巧美丽的水景相得益彰。在对该地区的考古发掘中，人们发现了许多埃及或埃及主题的文物，再加上水池，使得人们最终确定这些遗迹就是斯帕提亚努斯提到的克诺珀斯，而塞拉比斯则是指水池南侧的大型半圆形建筑。

20世纪50年代起，在意大利

一道240米长的护墙支撑着为开辟山谷、建造克诺珀斯而开凿的小山。

柱廊的创新性在于将大理石柱换成了具有古典风格的美丽雕塑。

西侧柱廊中支撑柱顶的四个女像柱仿造的是雅典卫城伊瑞克提翁神庙的女像柱。

女像柱两侧的两座森林之神西勒诺斯像是雅典卫城狄俄尼索斯剧场的人像柱的复制品。

夏季晚会

克诺珀斯被设计为举办豪华宴会的场所，皇帝希望通过这些宴会向宾客展示他的财势。克诺珀斯得名于一座尼罗河上的同名城市，它通过运河与亚历山大港连接。这里最多可以容纳420名客人，不过也可以在水池北部和大前厅之间的区域多放几张床，增加宾客的席位。

水池的周围是古典时期的希腊雕塑的复制品，与哈德良的政治宗教理念有关。这里有赫尔墨斯（罗马神话中的墨丘利）、阿瑞斯（玛尔斯）、雅典娜（密涅瓦）等神祇的雕像。

在众神的两侧是菲迪亚斯（Fidias）和克雷西拉斯（Cresilas）创作的受伤的女战士雕像的复制品，真品保存在以弗所的阿耳忒弥斯神庙中。

克诺珀斯采用了非对称式设计。水池的西侧是一个单柱廊，东侧则是双柱廊，其顶部有一个藤架。这个双柱廊可以为食客遮阳。

在水面光线反射的作用下，克诺珀斯的柱廊和作为装饰的雕塑显得更加高大且美丽。

水池长119米，宽18米，深1.6米。

考古学家萨尔瓦托雷·奥里杰马（Salvatore Aurigemma）主导的发掘活动中，人们在池底发现了一些受古希腊风格启发的雕像，包括数个雅典卫城伊瑞克提翁神庙（Erecteón）的西勒诺斯和女战士的人像柱的复制品。这些雕像与埃及文化毫无关系，因此学界对克诺珀斯的建筑与埃及克诺珀斯城的关系进行了质疑。有人认为，这个雕塑群可能指涉的是哈德良平定的帝国的诸多行省，以及希腊神话中的海妖斯库拉（Escila）带来的威胁——其雕像矗立在水池中央。

夏季宴会

长期以来，对克诺珀斯的功能的解释受限于这样一种假设，即它是运河与克诺珀斯城的塞拉比斯神庙的微型复刻，因此被认为是一个圣地，与安提诺乌斯的衣冠冢有关。实际上，安提诺乌斯的衣冠冢位于佩奇勒花园西侧、百室基座的脚下。

不过，近来人们对克诺珀斯的解读更为简单：水池周围的空间和大型半圆形建筑都用于容纳参加宴会的数百名宫廷成员，其中皇帝、皇室成员和皇帝的朋友在半圆形建筑的拱顶下用膳。水池周围的柱廊下装饰着古典雕塑的复制品，摆放有数百张床，客人们在日落时分躺在床上。半圆形建筑被认为是一个皇家夏季餐厅，里面有一张半圆形的躺椅，其周围有瀑布状的细流，使空气更加清新。

塞拉比斯

在17、18两个世纪内,人们都认为克诺珀斯南端的巨大半圆形建筑代表的是亚历山大港附近的塞拉比斯神庙,是一个献给哈德良的年轻的情人安提诺乌斯的神庙及衣冠冢。安提诺乌斯在尼罗河中溺亡后,被神化为安提诺乌斯-奥西里斯(Antínoo-Osiris)[20]。根据这种解释,人们将耶稣会士和蒂沃利的米基利兄弟在罗卡布鲁纳塔和佩奇勒花园之间的地带发现的一些埃及雕塑与克诺珀斯联系起来。这些雕像包括墨丘利(Mercurio Agoreo)、哈尔波克拉特斯(Harpócrates)和被神化的安提诺乌斯的雕像,由教宗本笃十四世(Benedicto XIV)捐赠给卡比托利欧博物馆,后由教宗格雷戈里十六世(Gregorio XVI)转移到梵蒂冈埃及博物馆的第八室。20世纪末,人们在百室基座脚下发现了真正的安提诺乌斯神庙,因此,学者们重新研读了历史文献,将这座半圆形建筑解释为一座凉亭或皇家夏季餐厅。

在哈德良建筑中,将夏季宴会厅与大型水池相连并不新鲜。斯佩隆加的提比略别墅中的皇家餐厅就是一个著名的例子。这个餐厅建于海滩旁的天然大型石窟中,与一个人工水池相连,水池内的雕塑群喻指奥德修斯的功绩和他战胜独眼巨人波吕斐摩斯的事迹。哈德良别墅的独特之处在于,克诺珀斯-塞拉比斯的建筑设计非常巧妙,能够用大理石模仿大自然的鬼斧神工。

人工石窟

位于克诺珀斯的水池南端、带贝壳形拱顶的大型半圆形建筑模拟的是一个天然石窟。拱顶镶嵌着天蓝色、绿松石色和绿色的马赛克砖,拱顶底部有一条红色马赛克带。建筑中央的空间被一张半圆形的躺椅占据。这是一张公共躺椅,皇室成员可以躺在这里,从皇家专属的视角欣赏水池的水景。主体建筑的地板和墙壁都铺设有大理石板。建筑周围是一个大型中庭,中庭外围有4根高约6.5米的爱奥尼克式希

---

[20] 奥西里斯是古埃及神话中的冥王,有说法认为,奥西里斯溺死于尼罗河中。古埃及人认为,在神圣的尼罗河泛滥期间溺水而死意味着升华。——译者注

哈德良别墅

波利诺大理石柱；建筑两侧有两个带立柱的小型半圆形建筑，内部均有厕所。

水是这个建筑群的基本元素。水的存在使建筑群更具有统一性，水面的反射效果突出了建筑设计的独特性和雕塑装饰之美。大型半圆形建筑的中心有一条宽阔的走廊，部分在岩石上挖掘而成，作为喷泉的通道，与拜亚的埃皮塔菲奥喷泉相似。

一帘小瀑布从半圆形建筑的壁龛中喷涌而出，模拟了自然洞穴的环境。壁龛内铺着贝壳和金色、蓝色和绿松石色的玻璃板和马赛克砖，并装饰有雕像。这些雕像可能是对荷马时代的指涉，并证明了中庭柱子前的平台的斯库拉雕塑群的存在。水流在环绕着躺椅的水道中流淌，最后流向中央水池。

为了实现水循环，半圆形建筑正前方的上层平台上有一个水容量

▶ 覆盖半圆形建筑的拱顶的一部分在克诺珀斯的水池上坍塌了。其中一块由乔瓦尼·巴蒂斯塔·皮拉内西（Giovanni Battista Piranesi）绘制拱顶壁画的屋顶在20世纪中期修复建筑的工作中被转移。

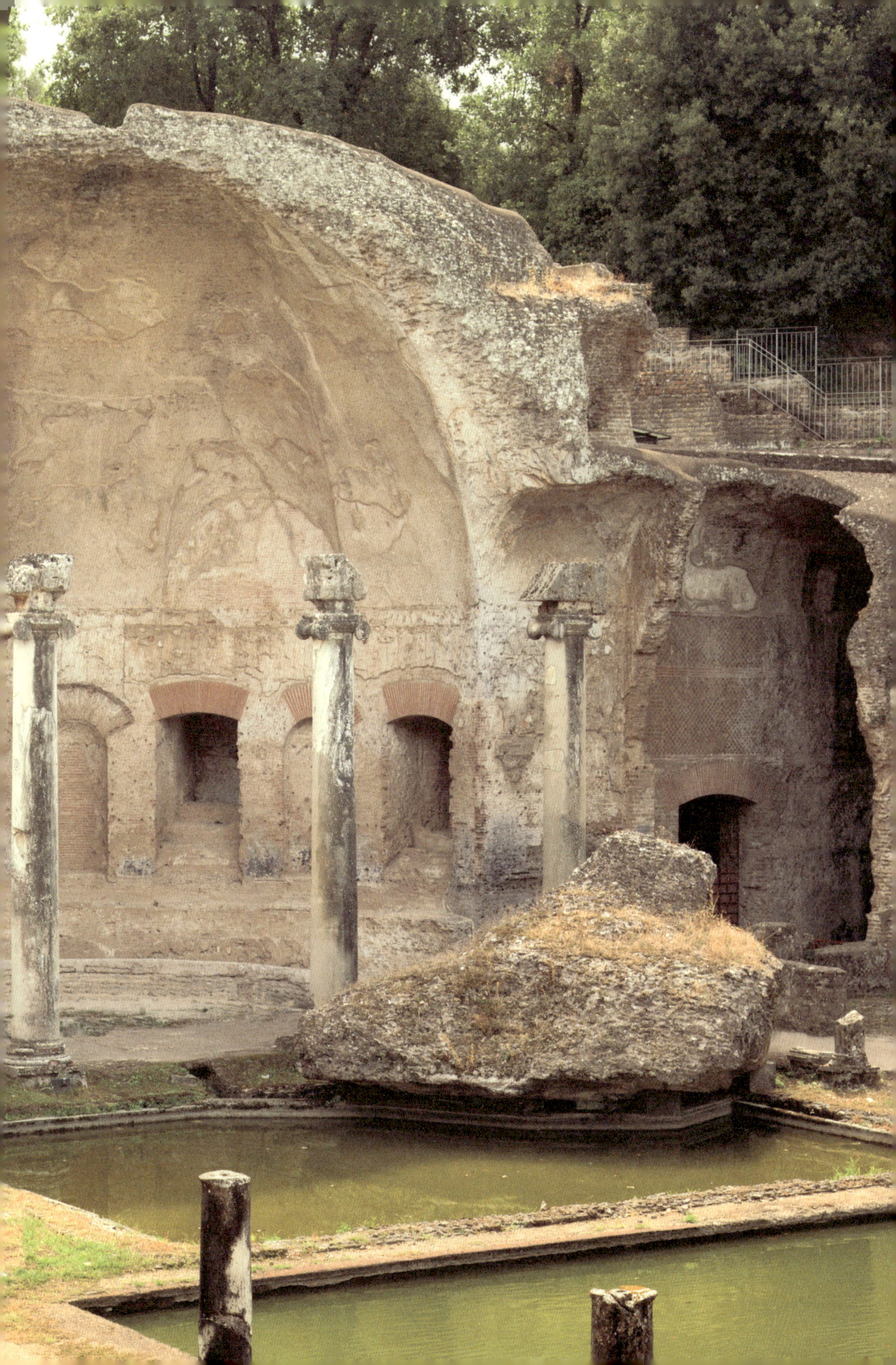

■ **哈德良别墅**

约 30 立方米的水箱。水箱有两条外流的管道，支撑拱顶的环壁上的闸门可以调节水流量。当闸门开启时，水流顺着围绕着环壁的管道流入嵌入墙内的垂直管道，并最终流向壁龛，作为小瀑布的水源。

皇家餐厅

这个独特的空间被皇室用作餐厅，其建筑结构、水景和装饰设计是对一个天然洞穴的模仿。

① **半圆形躺椅** 这张半圆形的躺椅可以容纳大约18个人。每两位客人共用一张桌子，桌子的底座可能是金质的，桌腿可能是银质的。

② **两侧的房间** 半圆形建筑的两侧是权贵人士使用的餐厅，以及供宾客在晚餐间歇期间交谈的房间。

① 塞拉比斯内部可能有暗指荷马时代的雕像，水池中央的大平台上的斯库拉雕像群与之融为一体。

② 建筑的装饰包括用于清新空气的喷泉以及一帘瀑布。

■ 哈德良别墅

海上剧场

哈德良登基后，决定在罗马城外建造一座新的宫殿。这个决定与哈德良构想的政治转型相伴而生，即逐步削弱元老院的权力，并增加由精英成员组成的皇家顾问委员会的权力。因此，从公元 117 年开始，哈德良将继承的共和制时期的提布尔的别墅改造成宏伟的皇家宅邸的中心。随着时间的推移，这个皇家宅邸不断扩建，建筑结构逐步完善。

在首批建成的建筑中，有一座皇帝为自己设计的异想天开的建筑杰作——海上剧场（Teatro Marítimo）。今天，虽然这座建筑的装饰已经剥落，失去了原来的模样，但它仍然吸引着前来参观的人。尽管它被称为"海上剧场"，但它与公共娱乐性建筑毫无关系。实际上，它是一个私人寓所，建立在一个与外界隔绝的地方。即使海上剧场不是哈德良别墅中最早建成的建筑，但也是

▶ 海上剧场是皇帝的私人住所和独处空间，建在一个被水渠和圆形柱廊包围的小岛上。

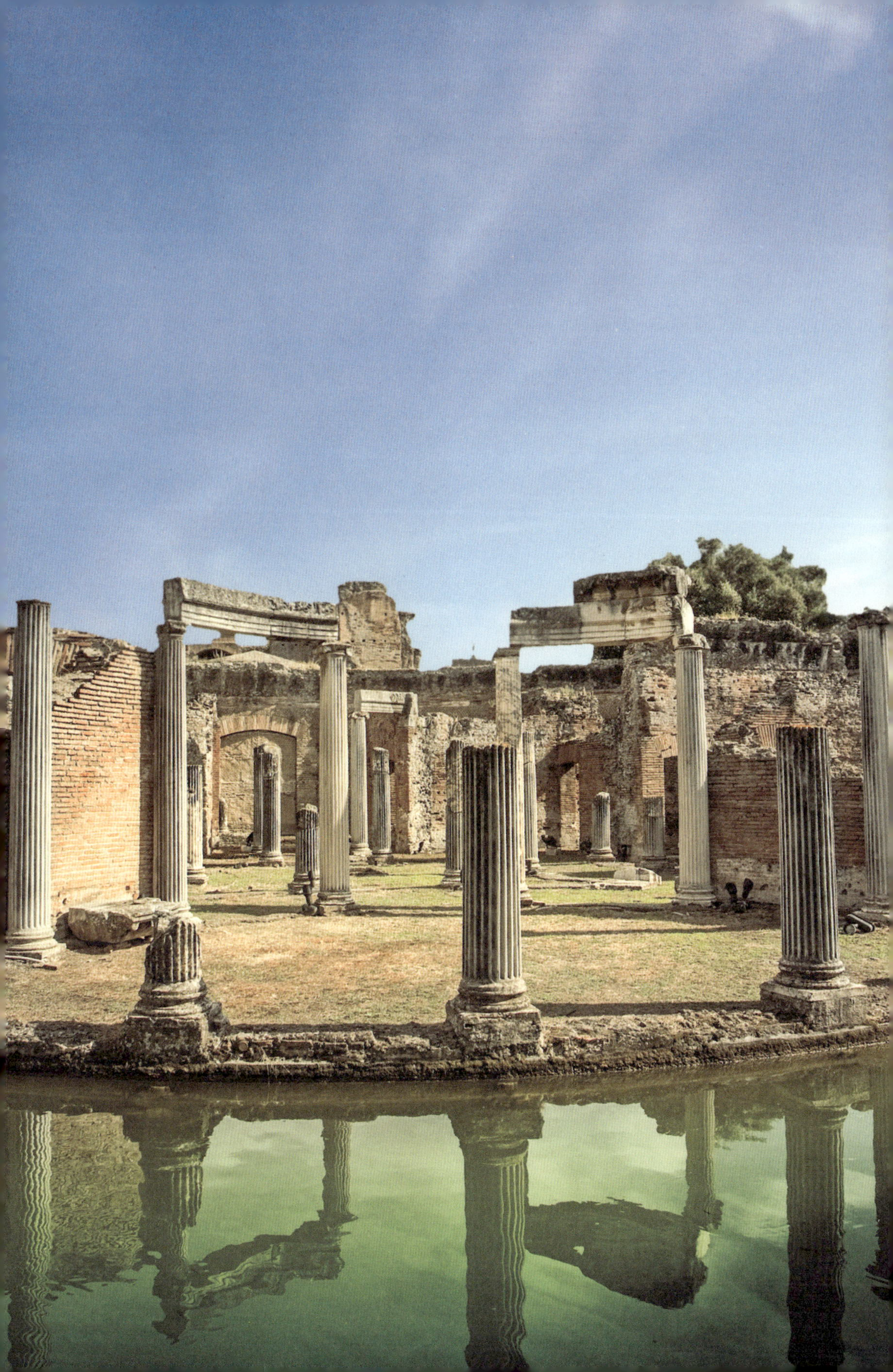

■ 哈德良别墅

哈德良别墅中较早建成的建筑之一，因此有人做了这样的想象：哈德良在这里专心致志地办公、绘图、雕刻或思考帝国的未来，与此同时，他周围的踏车起重机和手推车正在运送来自遥远国度的大理石块，同时工人和工匠团队也纷纷赶来，他们大多来自东方，是帝国境内最优秀的技师。

一个与世隔绝的寓所

这座建筑呈圆形，占地面积为1421平方米，但寓所本身并不超过415平方米。人们可以从图书馆的院子、通往佩奇勒花园的前厅（即哲学家大厅）或日光浴场进入海上剧场的内部。一个由40根爱奥尼克式石柱组成的柱廊围绕着一条宽4.8米，深1.2米至1.4米的圆形环岛河，只有通过海上剧场北半部的两座对称的吊桥才能过河。过桥后就可以到达直径不到23米的中央小岛，私人寓所就建在岛上。整座建筑是圆形的，寓所的中庭设计也独具特色。

这是一个四角形的列柱中庭，占据了寓所超过三分之一的面积，

一个错误的名字

哈德良别墅中最引人入胜的地方之一是这个哈德良的私人寓所。这是一个圆形的建筑，最初被误认为是一座剧场，但它实际上是一座小型的宫殿。

海上剧场的两侧有两座木制吊桥，可以跨越圆形的环岛河。

❶ **私人寓所** 这个周围环绕着河流的小岛直径不到23米，但却配备了舒适的贵族住宅所需的所有设施。这座建筑的设计充满巧思，是哈德良的一个隐蔽而宁静的独处空间。

❷ **柱廊** 一个有40根爱奥尼克式石柱的圆形柱廊环绕着环岛河和寓所。柱廊的砖墙后来被粉刷过，涂成红黑两色，并加上了一个大理石基座。

❸ **环岛河** 海上剧场的环岛河宽4.8米，最大深度为1.4米，是一个露天游泳池，经由几级楼梯与位于小岛西北部的私人冷水浴池连接。

这座小别墅配备了贵族住宅的所有设施：中庭、庭院、用于散步的柱廊、卧室、办公室、图书馆、浴池和厕所。

住宅的石柱使用的是黄色大理石，而柱廊的石柱则使用灰色希波利诺大理石制成。

哈德良别墅

它的两边是圆边，中间有一个喷泉。寓所的东南和西南两端有两间双人卧室，每间卧室都配有一个精美的厕所，一间宽敞的塔布林纳姆（庄严的办公室）将两间卧室隔开。寓所的东部有两间相邻的夏季餐厅，一间餐厅可以俯瞰环岛河和外围的柱廊，另一间餐厅则面向中庭。穿过这两间餐厅，可以进入第三间餐厅，这是一间冬季餐厅，里面配备了暖气系统。在寓所的北部、中庭的西侧，有数个小浴池、两个温水泳池和一个大的冷水浴池，它通过三级台阶与环岛河相连，可以作为游泳池使用。

在海上剧场完全出土之前，人们对它的一些区域的功能的认识有误。例如，厕所曾被认为是展示美丽的希腊雕塑复制品的大壁龛。因此，在这个建筑附近发现的一些物件，如一座红色大理石的法翁雕像，两个刻有白鹳、蜥蜴、朱鹭和鱼等动物的浅浮雕的亚历山大花瓶，都被错误地认为是这座建筑的雕塑装饰。不过，也有部分出土文物确实属于这座建筑，如几块刻有与水神尼普顿（Neptuno）做伴的动物的浮雕的圆形柱廊的饰带碎片，以及两块刻有厄洛特斯神（Erotes）乘着由野猪、羚羊和单峰驼拉动的战车的大理石板。

佩奇勒花园

在埃利乌斯·斯帕提亚努斯对哈德良别墅的简要描述中，提到一个"佩奇勒"（pecile）的区域。这是希腊语形容词"poikile"的拉丁语化拼写，意为"五彩缤纷的"。"佩奇勒"最早是指雅典广场上的彩绘柱廊（Stoa Poikile），装饰柱廊的画作出自画家波利格诺托斯（Polignoto）、米康（Micón）和帕内努斯（Paneno）之手，这些绘画色彩丰富，非常引人注目。不过，哈德良别墅的佩奇勒与雅典的彩绘柱廊之间可能没有任何相似之处。当时的罗马贵族为了显示他们的博学，会用帝国境内著名地点的名字命名他们宅邸的不同部分，以模仿东方的艺术。

哈德良别墅的佩奇勒是一个大的长方形花园，短边略呈弧形，花园中央有一个大水池。花园的面积超过两公顷（长232米，宽97米），外围有一道9米高的砖墙，与环绕花园的带顶柱廊相连。

这个大型柱廊最初被设计为一个散步或锻炼的场所。事实上，唯一保存至今的花园北侧的围墙是北侧的双柱廊的一部分。当时，医生建议皇帝每天至少步行3.5英里（约5.2公里），这个柱廊正是为此而建。走完3.5英里需要绕着柱廊走7圈，在别墅里发现的铭文也证明了这一点，该铭文由意大利古董商弗朗切斯科·菲科罗尼（Francesco Ficoroni）收藏并流传至今。奇怪的是，这条"运动廊道"的两端似乎被加宽了，并形成了一个完美的圆圈，这个设计似乎是为了让小车可以轻松地在柱廊内转弯。

佩奇勒花园的柱廊不仅是供皇帝私人使用的柱廊，还是那些从宫外来参加宫廷仪式或前往三半圆建筑参加御前会议的人的必经之路。

通往浴场的道路

客人从哲学家大厅（别墅的雄伟的前厅）出发，从东北角进入佩奇勒花园，在穿过花园东侧的柱廊后，就来到了三半圆建筑的入口处，接着就可以进入觐见皇帝的大厅或前往体育馆处的餐厅。如果没有得到皇帝的接见，或被邀请参加宫廷娱乐

▮ 哈德良别墅

活动，客人就从花园南侧柱廊中央的门离开花园，直接前往浴场或克诺珀斯的夏季餐厅。我们今天看到的这扇门最初并不存在，它是朱塞佩·费德（Giuseppe Fede）伯爵的杰作。费德建造了一条直接通往佩奇勒花园的通道。这是一条两侧种满柏树的林荫道，人们今天仍可以通过这个通道进入佩奇勒花园的遗址。

在佩奇勒花园的西端，皮罗·利高里奥发现了一系列的房间，但这些房间在建造特里博莱蒂宫殿（Palacio Triboletti）时被拆除。这座小宫殿后来成为利博里奥·米基利（Liborio Michilli）的财产，如今是哈德良别墅的博物馆。米基利于1739年在百室基座附近进行了挖掘，并发现了一座弗洛拉女神像，它可能是装饰佩奇勒花园柱廊的雕像之一，后来被捐赠给教宗本笃十四世，并在卡比托利欧博物馆展出。不过，人们对于佩奇勒花园的雕塑装饰知之甚少，米基

▶ **佩奇勒花园鸟瞰图** 如今，花园与周围的景观融为一体，但在公元2世纪时，花园的柱廊外有围墙包围，因为它并不是一个开放式的场所。

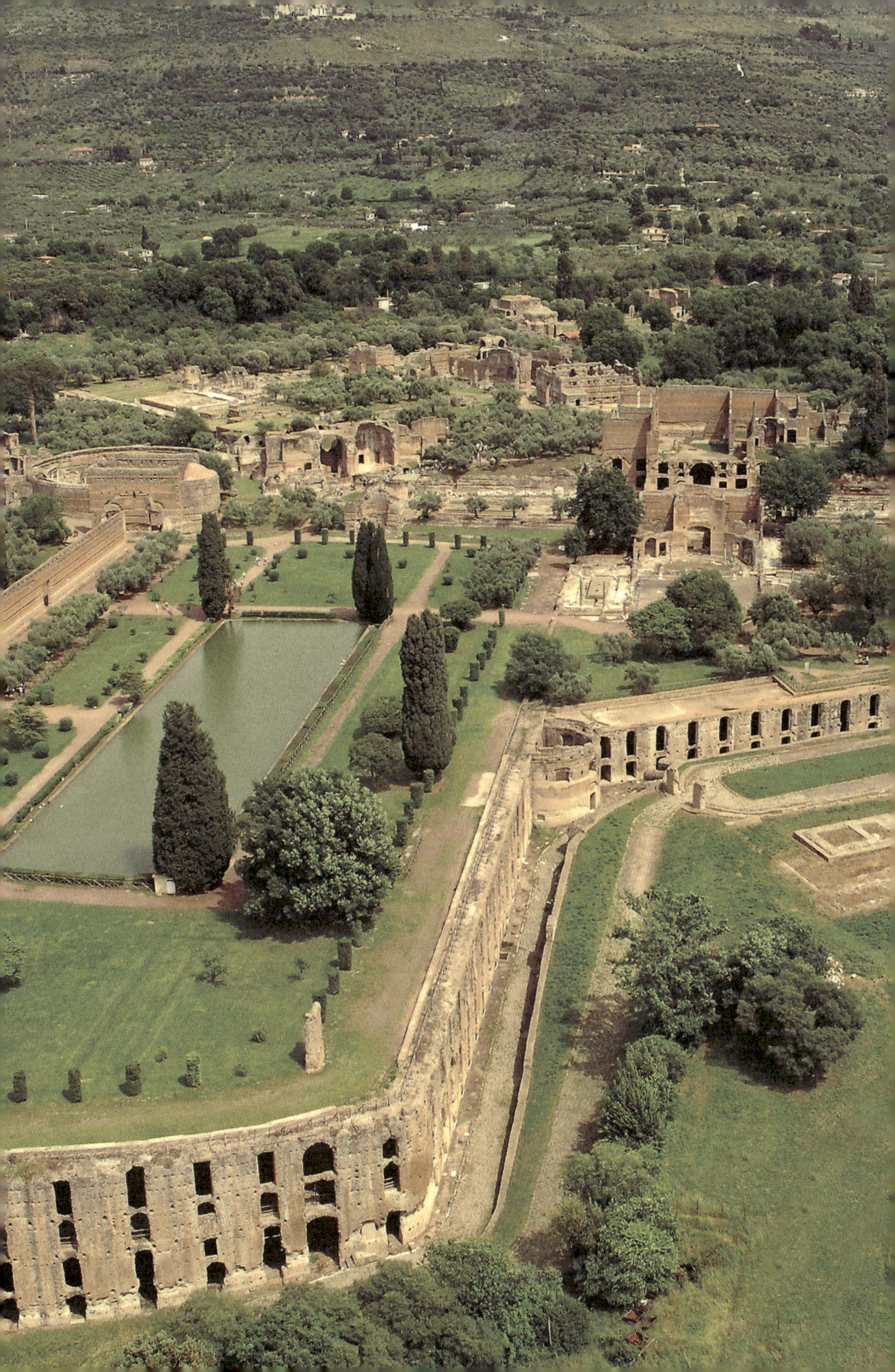

❶ 柱廊 佩奇勒花园建立在一个人工平台上，其西南侧有15米的高差。平台周围有一个7.3米宽的柱廊，共有110根柱子。

❷ 装饰 柱廊的墙壁被粉刷过，并绘有著名画家马库斯·卢迪乌斯（Marcus Ludius）的神话主题的壁画。

佩奇勒花园北侧的双柱廊中央有一道墙隔开，在宫廷医生的建议下，哈德良皇帝每天在这里散步。

花园中央的水池长100米，宽25米，是一个装饰性的水池，而非游泳池，因为游泳池总是与浴场相连。

❸ **百室基座（Cento Camerelle）** 这个建筑是佩奇勒花园平台的基座，内部的四层房间容纳了大约1500名在别墅内工作的侍从。旁边的一栋楼也是他们的住所。

百室基座的内部被用作仓库。

利在 1739 年至 1744 年发现的一组埃及人的塑像并不属于佩奇勒花园,而是属于位于百室基座脚下的安提诺乌斯神庙。其他出土的建筑部件和花园的家具部分被赠予帕西奥内(Passionei)枢机主教,部分被画家皮耶尔·莱昂内·盖齐(Pier Leone Ghezzi)收购。

水池及其周围的建筑

公元 125 年，哈德良第一次出访近东返回罗马后，负责设计哈德良别墅的宫廷建筑师阿波罗多罗斯去世，随之而去的还有他对皇帝的建筑梦的批评和限制。哈德良因此得以对最初的设计进行一些修改。他的灵感来源于他在罗马帝国东部亲自参观过的希腊化时代后期的奢华的宫殿群，如大希律王的皇宫。

哈德良建造水池时的建筑设计可能是对其中两座宫殿（杰里科的冬季宫殿或恺撒利亚的宫殿）中的水池的模仿。这个水池是在公元 125 年后增加的，这使得他对冬季宫殿（哈德良别墅的住宅区）的结构进行了部分调整。这是一个具有观赏功能的水池，在夏季还可以为周围的房间降温。在这个几乎占据了整个庭院的水池周围，有一条用马赛克铺成的走道，装饰着一系列雕像。其中的许多雕像被转移到了普拉蒂-迪-卡斯泰洛别墅（Villa de Prati di Castello）和位于罗马里佩塔街的宫殿中。这个宫殿属于阿尔托维蒂家族，他们在 17 世纪拥有哈德良别墅的土地。

在水池和走道外围，有一个科林斯式柱廊，表面铺设有大理石。柱廊下面是一个隐廊或地下通道，通过外墙上部的喇叭形窗户采光。柱廊的拱顶上有古董学家和建筑师的签名，他们在遗址尚未完全出土的时候就参观过这里，如 1771 年在此地留名的皮拉内西（Piranesi）。

冬季宫殿

一道双层墙将水池周围的建筑与冬季宫殿第三层的房间隔开。冬季宫殿是一个皇家宅邸，配备了暖气系统，居住在这里的皇室成员可以舒适地度过寒冷的冬日，而这种奢侈的做法给建筑设计带来了更大的挑战，建造费用也更加高昂。这座住宅基本上再现了希腊式住宅的布局，有中庭和柱廊，以及一个视野开阔的大厅，从大厅可以看到佩奇勒花园全景。此外，还有几间带私人厕所的卧室、数个冬季餐厅，以及一个会客室。房间的墙壁和地板上铺着各色大理石板，如今只剩下固定石板的

哈德良别墅

钉子留下的洞和水泥留下的痕迹。

只有负责保持炉子的火势、控制燃烧产生的热空气在炉膛内循环的仆人才可以进入宫殿西侧的低矮简陋的中层。皇室成员从宫殿北侧的楼梯上下楼。宫殿的底层比体育场高 25 米。从一个铺着大理石的入口进入宫殿，就可以看到一排六个供皇室成员的私人卫队使用的装饰华丽的房间。房间旁边有一个大殿，它与三半圆建筑的中央大厅在一条轴线上，体育场中心的一个浅水池将两者隔开。宫殿下层的六个房间通过大窗户采光，窗玻璃由宽约 20 厘米的铅网支撑，通风则通过较高处的带有木制百叶窗的小窗实现。

▶ 装饰水池周围的柱廊的大理石雕像曾遭到大规模掠夺，让人很难想象别墅的这个区域曾经的景象。

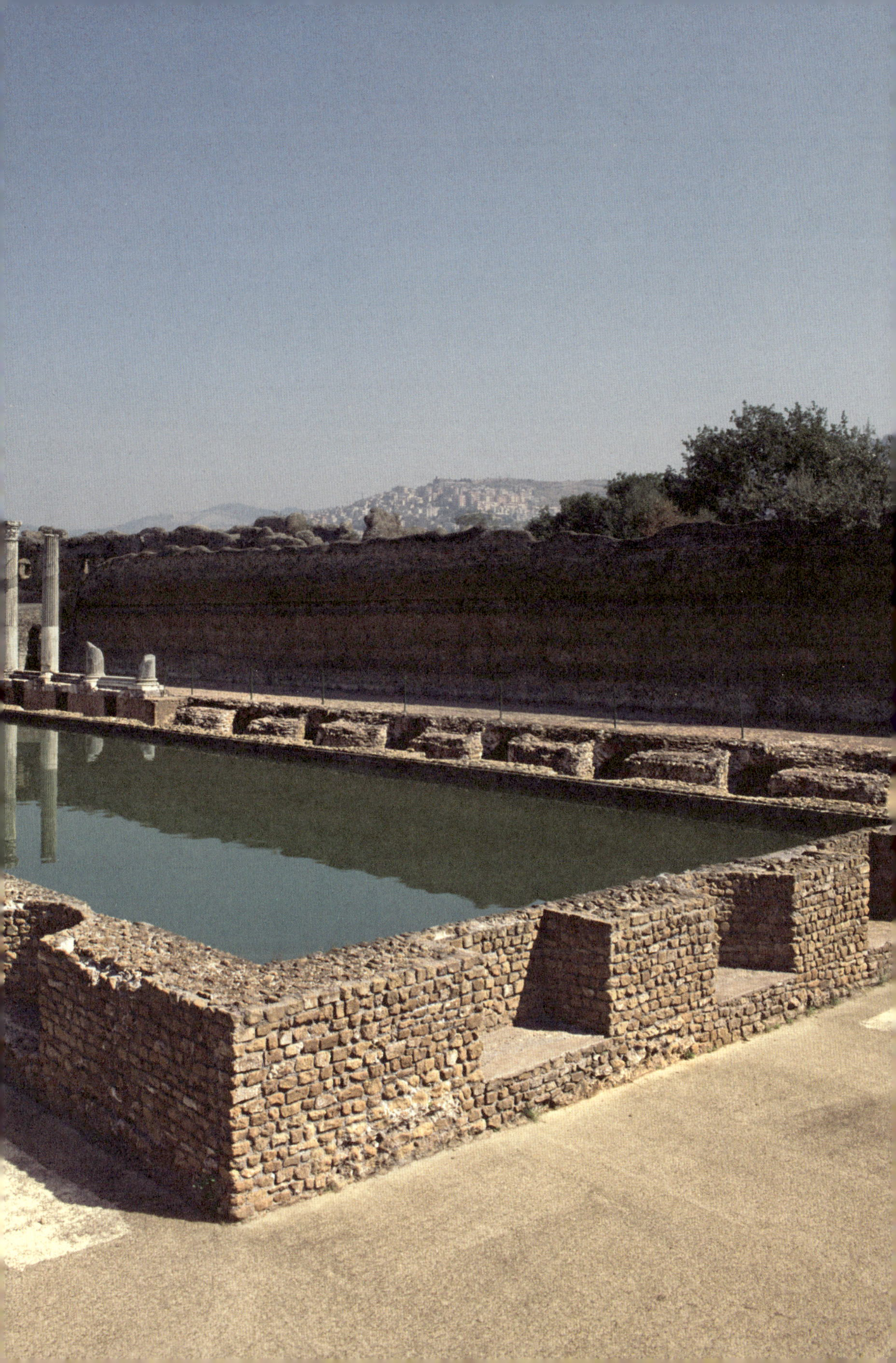

① **柱廊** 一个由40根科林斯式石柱组成的柱廊环绕着池塘，柱廊中铺着珍贵的彩色大理石。在春季或秋季，这个柱廊是散步的地方，而在更热的时候，柱廊下的部分被用作隐廊。

② **水池** 这个浅水池是纯粹的观赏性水池，柱廊的柱子和水池周边的雕像都在水面上投下了美丽的倒影。在最热的季节，水的蒸发有助于为冬季宫殿的会客室降温。

在北侧的柱廊处可以欣赏到宫殿的美丽景色。

隐廊的墙壁上还留有前来参观别墅的著名人物的签名，如皮拉内西的签名。

装饰水池的雕塑群没有留下任何遗迹，尽管它们很可能是阿尔托维蒂家族在普拉蒂-迪-卡斯泰洛别墅或在里佩塔街的宫殿中收藏的一部分。

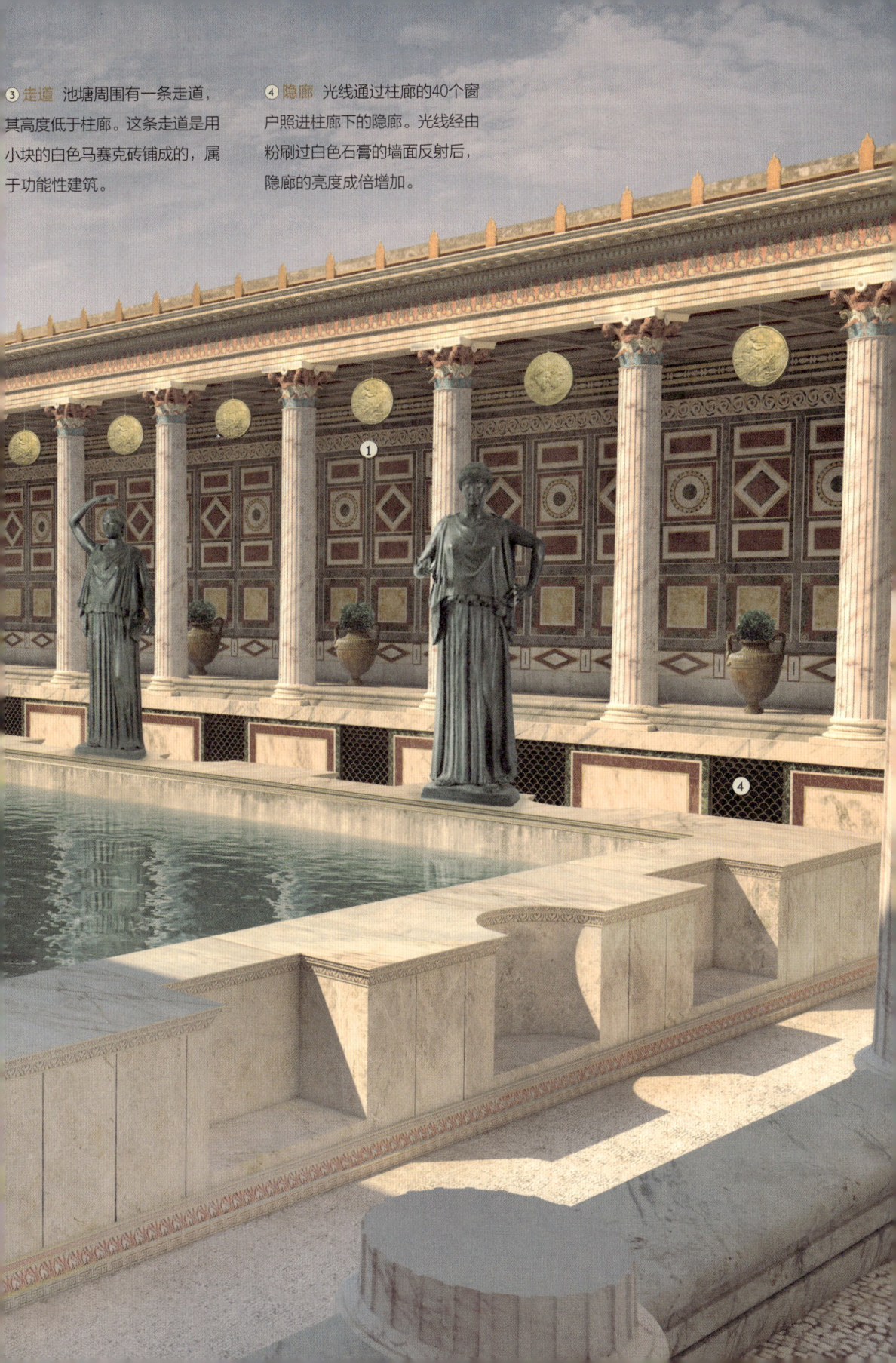

❸ **走道** 池塘周围有一条走道，其高度低于柱廊。这条走道是用小块的白色马赛克砖铺成的，属于功能性建筑。

❹ **隐廊** 光线通过柱廊的40个窗户照进柱廊下的隐廊。光线经由粉刷过白色石膏的墙面反射后，隐廊的亮度成倍增加。

皇帝的高雅品味

哈德良别墅之美主要是基于其创新性的建筑设计，以及从偏远地区进口的名贵建材。然而，如果没有上等的家具和精美装饰，这座别墅是不完整的。不幸的是，哈德良别墅曾在长达几个世纪内遭到抢劫和掠夺，今天的我们很难想象其精致程度。

哈德良别墅的精致程度从出土的雕塑中可见一斑。大部分雕塑是由加文·汉密尔顿（Gavin Hamilton）在别墅原址以外的潘塔内罗地区发现的，但最著名的雕塑于18世纪在别墅内的学院的一座阿波罗神庙中被发现。在装饰学院前庭的雕像中，有两个用紫色大理石雕刻的半人马雕像，上面有雕塑家阿里斯提亚斯（Aristeas）和帕皮亚斯（Papias）的签名。这两座雕像是在枢机主教亚历山德罗·富里耶蒂（Alejandro Furietti）资助的发掘工作中被发现的，是对不同年龄段的人的爱的激情的寓言：老半人马的双手被反绑，向象征爱情的厄洛斯（雕像中的厄洛斯已经遗失）祈求宽恕；后者骑在他的屁股上，拉着他的鬃毛，阻止他疲惫的脚步。年轻的半人马则欢乐而轻快地奔跑着，他的力量因爱的激情而加倍增强。

一年后，在这座阿波罗神庙里，一幅描绘鸽子的镶嵌画被取走了。这幅镶嵌画由成千上万片毫米级的马赛克砖组成，采用了着重突出主体轮廓的技术，轮廓处的马赛克砖的排列类似于虫子的形状。这幅镶嵌画在被发现后的几年里被大量复制，并被壮游的旅行者们大量购买，成为他们装饰家中的豪华多色大理石桌的基础款单品。

▲▲ 哈德良别墅的一些房间内装饰着精美的镶嵌画（如左边的鸽子镶嵌画）。
两幅画分别收藏于🏛卡比托利欧博物馆和梵蒂冈博物馆

▶ 年轻的半人马在1736年被枢机主教富里耶蒂发现。🏛现藏于卡比托利欧博物馆

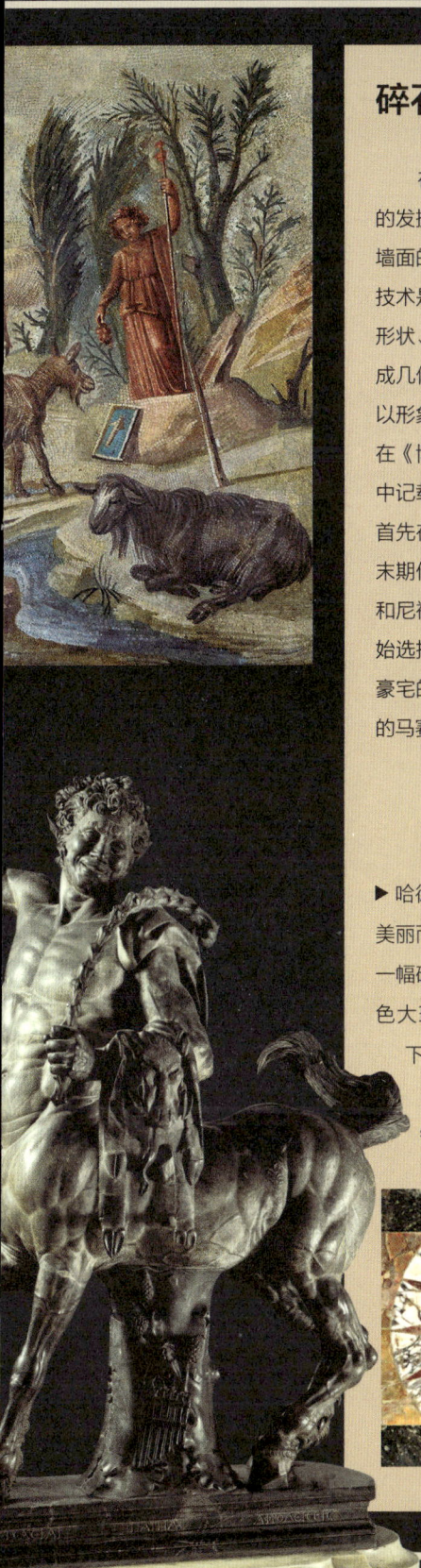

碎石镶嵌画

在哈德良别墅进行的每一次新的发掘都证实了别墅内部的地面和墙面的装饰之精致华美。最常用的技术是碎石镶嵌画技术，即将不同形状、大小和颜色的大理石板切割成几何图形或其他特别的形状，可以形象地描绘各种场景。老普林尼在《博物志》(Naturalis Historia)中记载道，这种技术起源于东方，首先在希腊传播，并在罗马共和国末期传入罗马。不过，直到克劳狄和尼禄统治时期，罗马的贵族才开始选择用碎石镶嵌画来装饰他们的豪宅的地板和墙壁，同时用毫米级的马赛克砖在其中镶嵌小图。

▶ 哈德良别墅的富丽堂皇也体现在美丽而精致的地面装饰上。上图是一幅碎石镶嵌画；右图是镶嵌有多色大理石的白色马赛克装饰画；下图分别是金色广场的围墙（左）和小浴池（右）的碎石镶嵌画。

NICVI·KARTHAG

奥斯提亚，古罗马的大型港口

在罗马西南约30公里外的台伯河口岸，每年都有来自帝国各地的商品，包括成千上万吨的小麦、大量的石油和葡萄酒、从遥远的地方进口的用于斗兽表演的野兽、异国织物和原材料……所有这些商品都是为了供应地中海地区最大的消费中心——罗马。供应罗马市场的复杂海上贸易的管理是在罗马附近的殖民地奥斯提亚（Ostia）进行的。这个港口是通往意大利中部的天然入口（在拉丁语中称为"ostium"），因此得名"奥斯提亚"。

奥斯提亚是罗马的一个附属港口，尽管从公元前63年起就拥有了司法和行政自主权，但商业事务仍归帝国下派的高级官员管理。这些官员负责管理商业交易以及与向罗马供应粮食的商人和船东签订协议。在这些官员中，粮务官（procuratorannonae）掌控每年超过20万吨的进口小麦。这些小麦主要来自西西里和埃及，其中8万吨被免费分配给最贫穷的家庭，从而确保罗马的政治和社会稳定。

奥斯提亚曾经是罗马的海军基地，在奥古斯都时代，海军基地被转移到米塞诺。为了保证将大量小麦运送到目的地，奥斯提亚港长期驻扎着一个三列桨座战船中队以及一支负责巡逻的警察部队，以确保港口的正常运作。

有许多获释奴隶和罗马骑士阶级的人物作为帝国官员在奥斯提亚工作，他们负责向不同的承包商付款、登记进出口货物，以及对进口产品征收关税。

克劳狄港与图拉真港

奥斯提亚的面积并不大（略微大于庞培城），在最辉煌的时期大约拥有6万居民。奥斯提亚常年充满了来往的车马和喧嚣的人潮，罗马的大部分贸易都经由此地。这座小城外围有一道罗马共和国内战时期建立的城墙，并被与河流平行的德库马努斯-马克西莫斯大路（Decumanus Maximus）分为两半，大路两边是重要建筑、神庙、浴场、巨大的粮仓和仓库以及各行会的总部。垂直于这条大路的道路通往高达五层的巨大建筑以及众多设置在住宅楼的柱廊里的作坊和商铺。

① 克劳狄港
② 图拉真港
③ 圣岛
④ 奥斯提亚大道陵园
⑤ 马车夫浴场
⑥ 尼普顿浴场
⑦ 消防站
⑧ 剧院
⑨ 商会广场
⑩ 阿普列尤斯之家
⑪ 四座共和国时期的神庙
⑫ 大型仓库
⑬ 西尔瓦努斯磨坊
⑭ 狄安娜大道的平民住宅区和热食店
⑮ 福尔图娜-安诺那之家
⑯ 神殿及广场
⑰ 浴场
⑱ 地母神殿
⑲ 埃帕加托斯仓库和埃帕弗罗迪托斯仓库
⑳ 爱与心灵之家
㉑ 密特拉浴场的密特拉神庙
㉒ 谷物计量员大厅及神庙
㉓ 塞拉比斯城区
㉔ 马车夫城区
㉕ 带花园的房屋
㉖ 犹太教堂

■ 奥斯提亚，古罗马的大型港口

克劳狄港与图拉真港

克劳狄一世在台伯河口建造安全的港口之前，转移商船运送的货物是在公海上进行的，这导致了货物的严重损失。最初，罗马小麦供应的一个重要部分（来自埃及的 13.5 万吨小麦，可保证罗马 4 个月的粮食供应）需要在坎帕尼亚港的波佐利城卸货并仓储，然后由停靠在福尔米亚港、泰拉奇纳港或安提乌姆港等小港口的小型船只运往奥斯提亚。坎帕尼亚港地处偏远，加之海岸线附近遭遇暴风的风险较大，这给帝国的稳定带来了潜在的不利影响，因为社会是否稳定取决于粮食供应是否充足，是否能够确保人民和军队的生存。

▶ 图拉真港的混凝土码头、船舶停靠点和周围的部分仓库都被保留下来，现在是托洛尼亚别墅的一部分。

◀◀ 代表迦太基（今突尼斯）船只的马赛克的细节，位于剧院的柱廊或商会广场处（224 页图）。

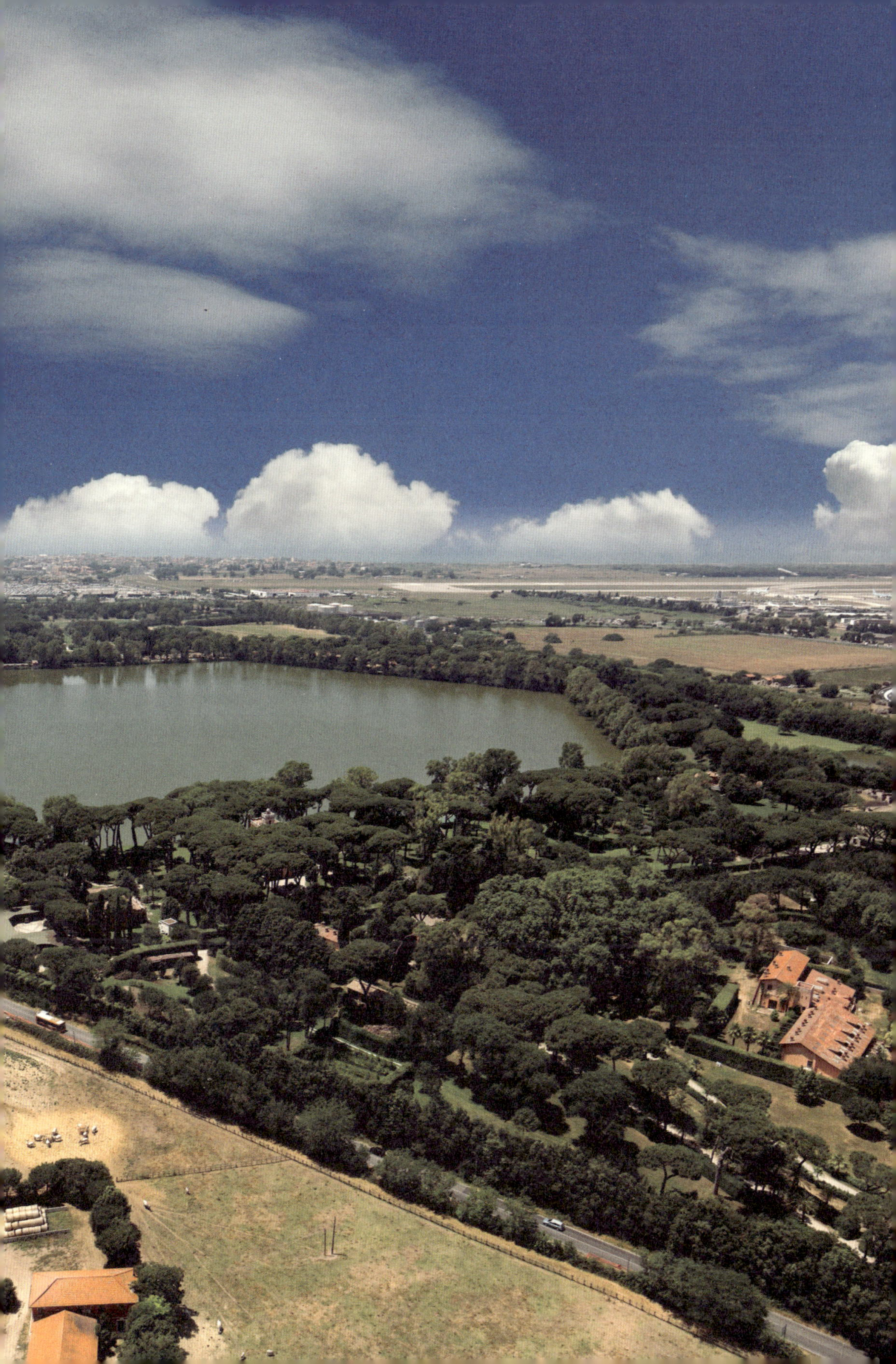

■ 奥斯提亚，古罗马的大型港口

在卡利古拉遇刺、克劳狄一世继承皇位时，罗马的小麦库存只剩下一周的供应量。于是，克劳狄一世不得不鼓励负责粮食运输的私人商贩，让他们在隆冬时节远航非洲海岸，并承诺在他们成功返航时给予他们高额的奖金。不过，如果他们遭遇危险、船只沉没，只能自己承担所有损失。为了避免出现粮食短缺的情况，克劳狄一世最终决定在拉蒂姆海岸建造一个港口。

克劳狄一世的设计

虽然恺撒曾计划在奥斯提亚附近建造一个港口，但他的计划因其遇刺身亡而被迫中断，直到公元41年克劳狄一世才再次着手进行这项建筑计划。建造港口的工程需要大量的投资，为精确计算建筑结构，还需要具备专业知识的人才。苏维托尼乌斯在《罗马十二帝王传》中记叙道："皇帝（克劳狄一世）建造了奥斯提亚港，他在左右两侧各建造了一个弯曲的长码头，并在深水区建造了另一个码头。为了更牢固地支撑码头，他把从埃及运送大方尖碑至罗马的大船凿沉，并在其上

波尔都斯城（Portus）

在公元2世纪至公元3世纪，克劳狄港和图拉真港附近的仓库、住宅和基础设施的数量成倍增加，以满足大量常住人口的需求。在那个时期，波尔都斯城被认为是奥斯提亚的一个郊区，但它的发展最终超越了奥斯提亚，并在君士坦丁大帝治下成为一个真正的都市。

① **灯塔** 灯塔由四个部分组成，与当时的钱币、镶嵌画和浮雕中的图像一致。

② **克劳狄港** 这个港口水深5米，是大型商船停泊的地点。不过，克劳狄港非常容易受到恶劣天气的影响。

③ **图拉真港** 这座港口呈完美的正六边形，边长358米，码头长达2公里，可以停靠200艘货船。

④ **皇家宫殿** 宫殿的面积约为3万平方米。宫殿的装饰非常豪华，人们据此推测，这里可能是高级官员甚或皇帝本人的住所。

⑤ **图拉真运河** 这条人工运河由图拉真建造，将两座港口与台伯河连接起来。前往罗马的商船都要经过台伯河。

⑥ **城墙** 波尔都斯的城墙不仅保护了仓库和办公室，还保护了奢华的宫殿、巨大的浴场、神庙、豪华的寓所和一座小型圆形竞技场。

竖立了多根柱子，撑起一座高塔。这座高塔像亚历山大港的灯塔一样，用火光为夜航的船只指引方向。"

　　这一描述与尼禄时期铸造的银币上的港口图案相吻合——正是尼禄为克劳狄港举行了落成典礼。港口左边的码头上建有一个柱廊，柱廊连接着仓库和一座神庙。灯塔的顶部矗立着两座雕像，一座是克劳狄一世或尼禄的巨大雕像，另一座则是台伯河的化身，保护着往来的船只。在罗马菲乌米奇诺机场建设期间进行的发掘工作使人们得以恢复码头的部分结构：码头呈圆角梯形，长1公里，占地面积90公顷。

一个受到重点保护的港口

　　公元62年，一场可怕的灾难表明克劳狄港并不绝对安全。因此，在公元100年，图拉真决定建造一个新的港口，由来自大马士革的著名建筑师阿波罗多罗斯设计。港口被设计为一个边长358米的正六边形，包围了33公顷的海域。穿过克劳狄港，再通过一条连接两个港口的运河（运河还可以在暴风雨时保护图拉真港不受海水侵袭），就进入了图拉真港。此外，图拉真还修建了一条连接内港和台伯河的运河（即图拉真运河），以防止内港的泥沙堆积。比商船吃水浅的船通过这条运河溯流而上，缓慢航行20公里后就可以到达罗马。

商会广场

奥斯提亚的第一座剧院是由奥古斯都的女婿兼得力助手阿格里帕出资建造的。这座剧院可以容纳约3000名观众，采用了著名的宫廷建筑师马库斯·维特鲁威（Marco Vitruvio）的设计。维特鲁威在他的著作《建筑十书》（De architectura）中论述道，每个剧院的舞台后面都应该有一个带柱廊的方形花园，作为幕间休息时观众的去处，以及雨天时观众的避雨之处。

奥斯提亚剧院的这个柱廊（或舞台背后的广场）非常特别，它是古罗马世界的一个独特的纪念碑。柱廊内铺设了一系列连续的双色镶嵌画，马赛克拼出的图案是地中海沿岸各地的商人和船主的行会的标志和与之有关的铭文，并根据地理区域或进口产品分类排列。

这些装饰图案以及由小麦计量员竖立的许多荣誉雕像主要是为了纪念管理国家小麦储备的官员或商业活动中的杰出人物。因此，人们在很长一段时间都认为这个广场是外商的代理人和调解人聚会的场所，他们负责推销商品并洽谈进出口的条款。柱廊分61个部分，由石柱分隔，并于公元2世纪末增加了隔墙。人们认为这些柱间空间是船东和商人协会在奥斯提亚的驻地或代表办公室。

商会的马赛克图案是在哈德良皇帝对剧院和柱廊进行全面翻修时镶嵌的，并在康茂德统治时期完成。在这个时期，柱廊最终定型：两个柱廊环绕着一个长方形的广场（107米×78米）。在图密善统治时期，广场中央曾建有一座神庙；而在哈德良改建之前，柱廊的位置上曾建有一条带顶走道，走道北面有11扇朝向河港的敞开的门。在克劳狄一世建造港口的同时，这些门在改建柱廊时被封堵。

▶ 我们今天参观的柱廊遗迹是经过改造后的柱廊遗迹，当时增加了隔墙，以分隔出独立的办公空间。

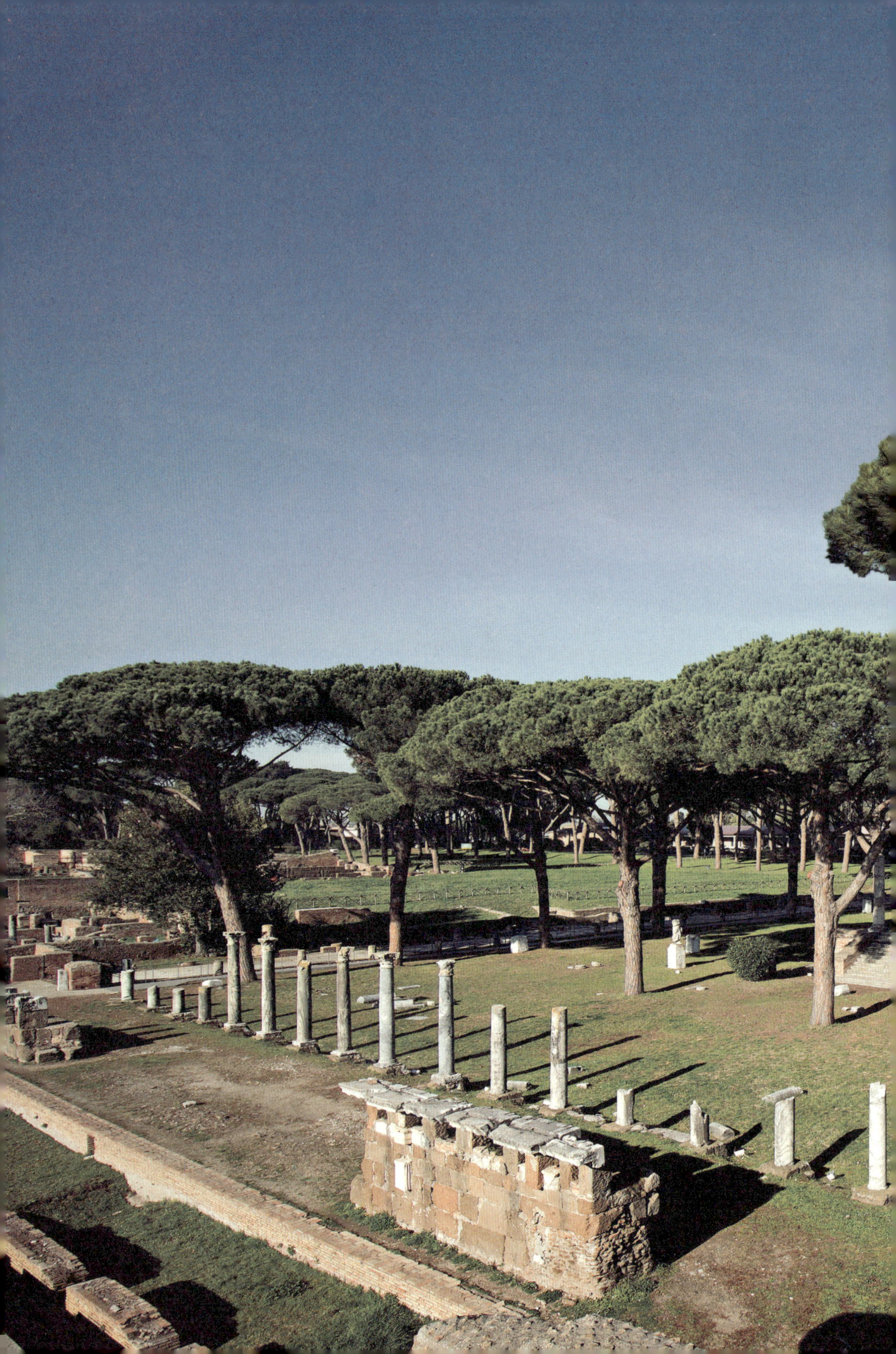

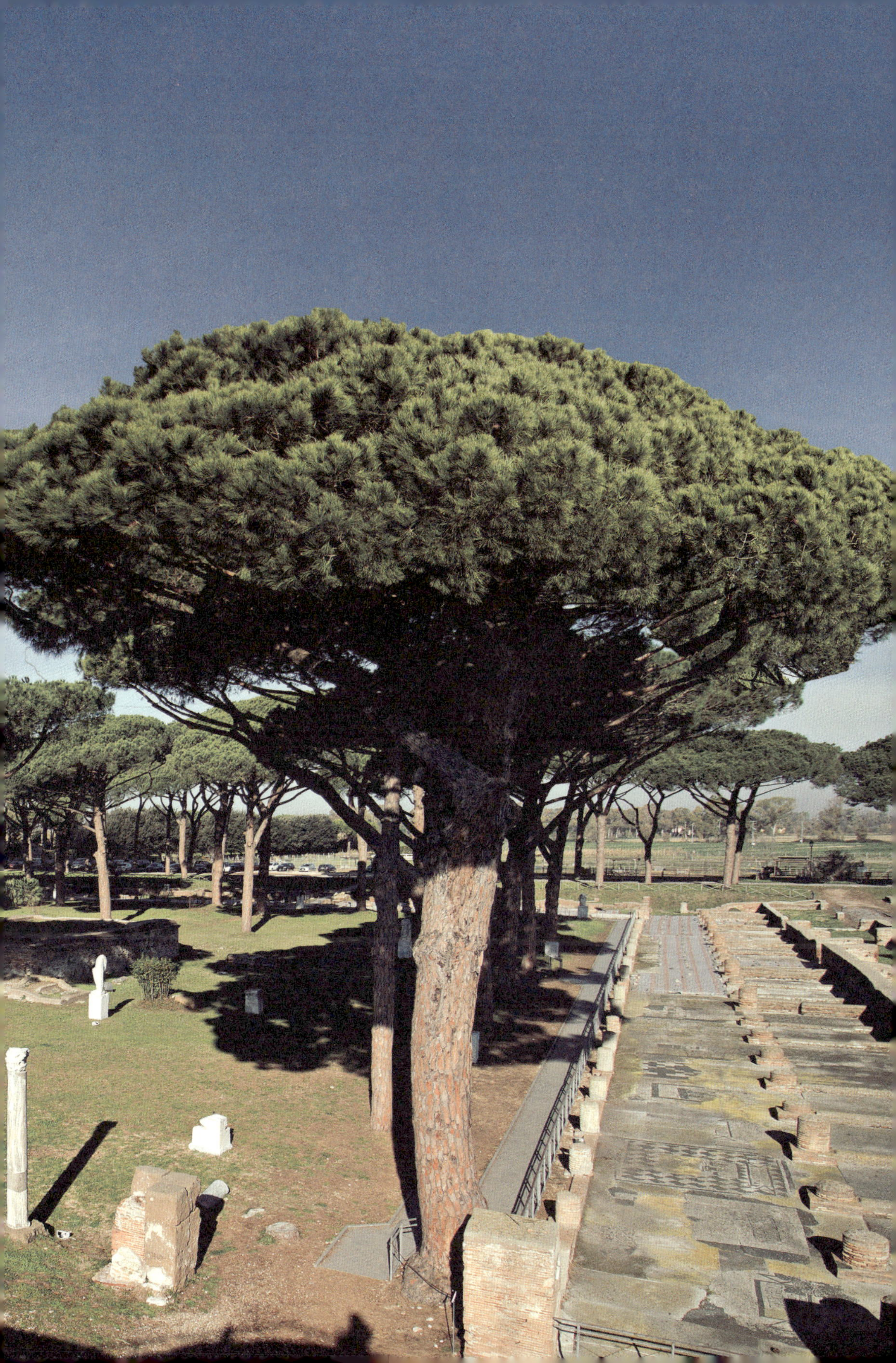

① 神庙 这座神庙是图密善下令在广场中心建立的,但没有任何文物可以证明它供奉的是哪位神灵。商人阶级在安敦尼王朝时期集资扩建了神庙。

传统上认为这座神庙是对某一个神祇(克瑞斯、密涅瓦甚或武尔坎努斯)的崇拜,但无法确定具体是哪一个神。一个流传甚广的传说认为,这座神庙是为了向统治罗马的嗜血的暴君图密善表示忠诚和奉献。

广场上有许多荣誉雕像,其中大部分是献给管理国家小麦储备的高级官员的雕像。

② **广场** 剧院背后的柱廊是观众在戏剧表演幕间休息期间的休闲场所。在公元1世纪，这个由柱廊环绕的长方形广场（107米×78米）通过一些通道与港区相连，但这些通道在翻修柱廊、镶嵌马赛克期间被关闭。

③ **马赛克镶嵌画** 柱廊上的马赛克图案和铭文描绘的是地中海沿岸各地的商人和船主的行会在奥斯提亚的办公室或代表机构。长期以来，人们认为这些办公室设立在柱廊内，但现在人们认为这些马赛克图案描绘的是那些出资翻修剧院的人。

④ **剧院** 这座剧院在公元前1世纪末由阿格里帕慷慨出资建造，他是奥古斯都的女婿和得力助手。剧院可以容纳大约3000名观众，他们在观众席中的座位依据其所属的社会阶层而定。在康茂德、塞维鲁和卡拉卡拉统治期间，人们扩大了剧院的容量，并用砖块将其重建。

贸易路线地图集

公元2世纪镶嵌在商会广场上的马赛克画是一个无与伦比的图像史料,我们可以据此再现罗马帝国鼎盛时期西地中海的贸易路线图,并想象在奥斯提亚登陆的商品和代理商。

东部柱廊的马赛克画代表的是阿非利加(罗马行省,包括现在的突尼斯和利比亚的黎波里塔尼亚地区)的出口中心。这些马赛克画上的铭文提到了塞卜拉泰(利比亚)的船主和商人的机构或驻地,他们出口象牙和竞技表演中使用的野生动物;此外,铭文还提到了各地的船主,包括西尔克图姆(现萨拉克塔)——突尼斯中部主要的橄榄油出口地之一——的船主,以及密苏阿港、希波-迪亚利图斯港、古密港和迦太基等地的船主,他们在马赛克中通过他们的船只表现出来。

北部和西部柱廊的马赛克画中有代表埃及商人的符号,他们是罗马的主要小麦供应商和重要的野兽出口商。马赛克画中还有一幅尼罗河的鸟瞰图。此外,马赛克画还描绘了其他来自纳博讷、高卢地区的小麦销售商;在没有保存下来的马赛克画中,也可能有来自伊比利亚半岛的橄榄油商人。除了外国船主和商人,一些奥斯提亚本地的商人,如绳索制造商、皮革商和木材商人,也出现在马赛克画中。

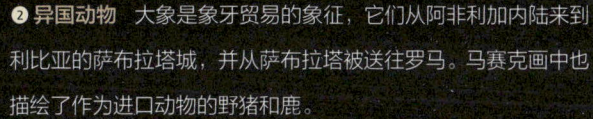

❶ **货物的转运** 在图拉真港建成之前，到达奥斯提亚的货物需要先在公海上进行转移，从做近海贸易的商船转移到能够在台伯河上航行的浅水船。

❷ **异国动物** 大象是象牙贸易的象征，它们从阿非利加内陆来到利比亚的萨布拉塔城，并从萨布拉塔被送往罗马。马赛克画中也描绘了作为进口动物的野猪和鹿。

❸ **谷物计量器皿** 容量为10莫迪乌斯（约88升）的圆柱形的小麦计量器以及计量板，象征着小麦贸易。

❹ **谷物计量员** 谷物计量员使用小铲子抹平小麦，以便精确计量谷物的数量。

❺ **阿非利加北部的酒和油** 鱼和海豚暗指大海，双耳瓶暗指运送来自恺撒毛里塔尼亚行省（今阿尔及利亚）的葡萄酒和橄榄油。

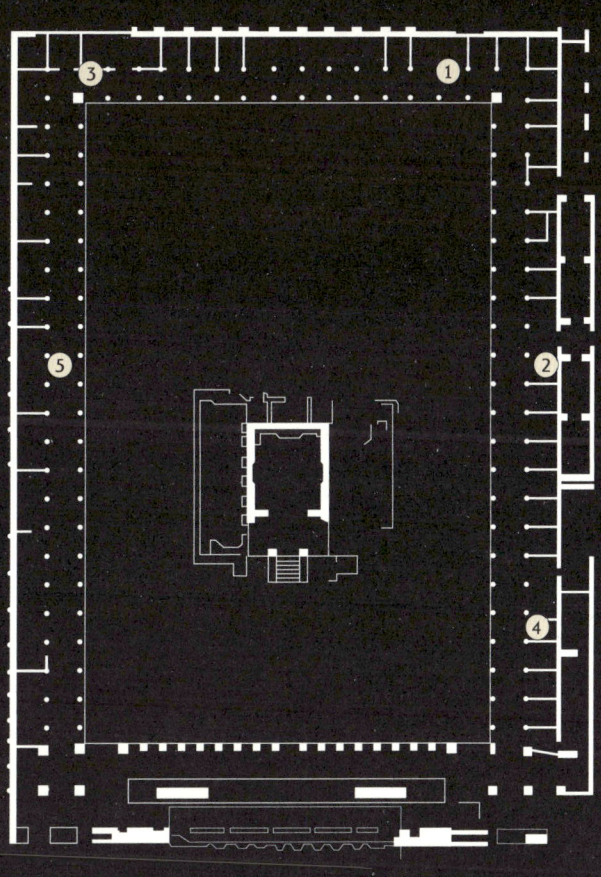

■ 奥斯提亚，古罗马的大型港口

▲ 在克劳狄一世统治时期建造、在尼禄统治时期扩建的大型仓库。根据丹麦教授古斯塔夫·赫尔曼森（Gustav Hermansen）的计算，这个大型粮仓的小麦容量为5660至6960吨，也就是说，它可以供应1.4万人一年所需的粮食。

仓库

在装卸工人或大型起重机（在拉丁语中称为"鹳"）卸下货物后，它们就会被装进麻袋、双耳瓶和陶罐运送到各个仓库。这些仓库大多位于靠近港口的奥斯提亚北部，或者在第五区中与港口相连的街道两侧。如果货物的目的地是罗马，它们就会被储存在较大的仓库中（这些仓库在公元2世纪中叶后成为公有仓库），而那些送往殖民地的货物则会被存放在较小的仓库，其中一些仓库为私人所有。

随着罗马人口和消费需求的增加，奥斯提亚和波尔都斯

的仓储设施数量大大增加,现有的仓库也被翻新和扩建。克劳狄港附近建起了霍顿修斯仓库和大型仓库,半个世纪后,在图拉真和哈德良统治时期,又增加了六个仓库,其中三个仓库位于广场的北部,这个地区在公元119年至公元120年实现了城市化。在安东尼·庇护统治时期建造的埃帕加托斯仓库和埃帕弗罗迪托斯仓库,分别属于两个富有的获释奴隶埃帕加托斯(Epagato)和埃帕弗罗迪托斯(Epafrodito),用于储存贵重的材料。

▲ 埃帕加托斯仓库和埃帕弗罗迪托斯仓库的入口,由乔瓦尼·贝卡蒂(Giovanni Becatti)于1941年重建。

▼ 装有双耳瓶的商船,在罗马普雷特斯塔图斯地下墓穴中发现的浮雕细节。

谷物计量员行会

谷物计量员负责检查在奥斯提亚港卸货的小麦的重量和质量，监督将小麦转移至城市的粮仓的工作，并记录小麦进出仓库的数量。大量的谷物计量员在骑士阶级的粮务官的直接监督下工作，两者之间的良好关系会带来丰厚的利润，因此剧院背后的广场上竖立着许多谷物计量员为纪念粮务官而出资打造的雕像。

与其他行会一样，谷物计量员行会成员在位于德森博卡杜拉路的总部开会。总部的建筑内有一座供奉谷物女神克瑞斯（Ceres）的小庙，以及分布在神庙周围的一系列服务室。行会无法为其成员维护劳动者权利，它实际上是表达对统治者的忠诚的渠道，以及调解工人与政府官员利益冲突的机构，为此政府官员会向最忠诚的谷物计量员提供福利。

这些行会是某一特定群体的"社会性总部"，行会成员由推荐产生。所有成员每月支付会费，用于定期举行宴会，这些宴会通常在皇室成员的生日、帝国的关键日期或行会的杰出成员或已故成员的纪念日举行。行会成员的姓名有时会被刻在自己的荣誉雕像的基座上。

▲ 谷物计量员大厅的双色马赛克画，在公元3世纪的改建后镶嵌在行会的总部。中心板块的尺寸为3.8米×2.7米。

▶ 伊希斯·吉米尼亚之船。这幅壁画描绘了计量小麦的场景。谷物计量员的助手将袋装的小麦倒进莫迪乌斯量具中进行计数，并记录在小块木板上。现藏于梵蒂冈博物馆

❶ **港口装卸工人** 装卸工人负责在船与船之间搬运一袋袋的小麦，或将其运到计量小麦的仓库。

❷ **年轻的奴隶** 这些年轻的奴隶负责记录卸货的轮次，并用一种穿着板条的绳子的工具（人物左手所持之物）进行计数。

❸ **谷物计量员** 谷物计量员用小铲子抹平圆柱形容器内的小麦。容器有不同的大小：有容量为2莫迪乌斯、3莫迪乌斯或10莫迪乌斯的容器。计量小麦时最常用容量为10莫迪乌斯的容器。1莫迪乌斯相当于8.754升。

❹ **粮务官** 粮务官是国家小麦储备管理机构的官员，该机构负责向罗马市民供应和分配小麦。

专用仓库

很难确定各个仓库具体储存哪种货物，但由于每座仓库的建筑特点不同，可以将粮仓和储存葡萄酒及橄榄油的仓库区分开来。在小麦仓库中，为了保持小麦凉爽干燥，防止其被虫子或老鼠吃掉，储藏室的地板由独立的砖柱支撑，在仓库的地面和储藏室之间形成一个气室。此外，为了承受谷物的重量和压力，仓库的墙壁建于厚实的墙垛上，由凝灰岩或砖头砌成。谷物粉尘可燃性高，导致了频繁的火灾（这也是消防站存在的主要原因之一），这意味着仓库需要得到长期的维护。储藏室围绕着一个中庭分布，通过一个朝北的小门进入，这道门并不宽，手推车无法进入，所以需要工人将货物装进麻袋运至仓库。

葡萄酒和橄榄油被保存在埋在酒库地板下的大陶罐中。保存在奥斯提亚的酒只用于供应城市，储存着用于在罗马免费分发的葡萄酒的仓库则位于波尔都斯。一个陶罐的酒可以倒满大约40个容量约26升的双耳瓶。阿耳忒弥斯仓库（Horrea de Artemis）是目前在奥斯提亚发现的最大的陶罐储存处，这里埋藏着大约一百个罐子。

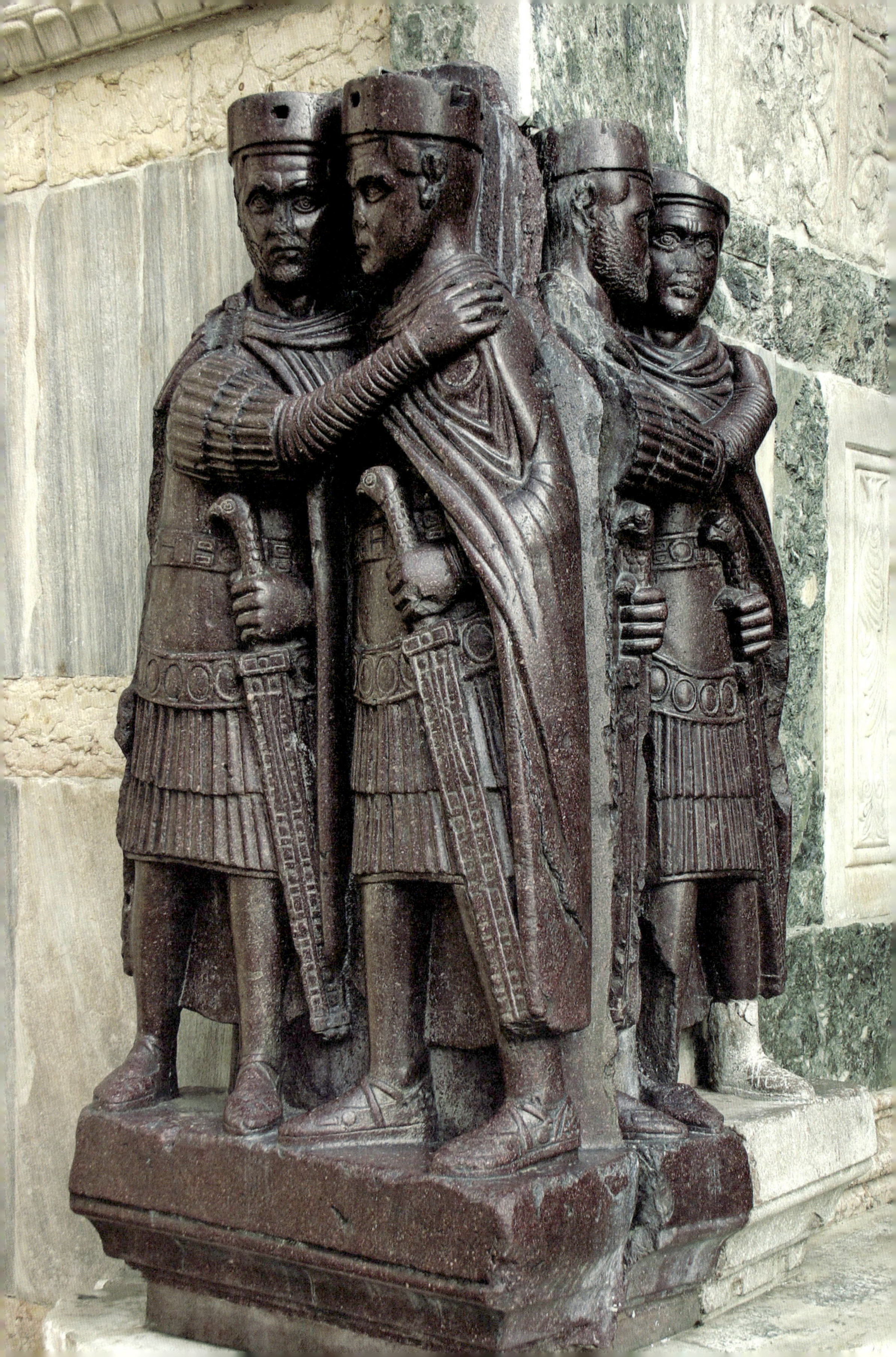

帝国的黄昏

公元 3 世纪下半叶至公元 4 世纪上半叶，在四帝共治时期与君士坦丁大帝统治时期之间，罗马见证了非基督教的宗教崇拜的消亡和世俗化的基督教的大力扩张，罗马帝国的公共和私人生活的各个方面也随之改变。

危机中的城市

历史学家阿米阿努斯·马尔切利努斯（Amiano Marcelino）在《历史》（Rerumgestarumlibri）中记述道，君士坦提乌斯一世（Constancio Cloro）在公元3世纪末访问罗马时，对罗马的建筑大感惊异，认为其壮丽恢宏无与伦比。这座容纳了70万居民的城市不久前刚经过扩建，城市外围修建了古代世界最长的七角星形状的城墙作为防御工事。面对野蛮人入侵的威胁，罗马进行了军事化改革，民众则在基督教教义中寻求慰藉。

1. 圣彼得大殿与梵蒂冈墓园
2. 塞维鲁凯旋门
3. 古罗马广场
4. 罗慕路斯神庙
5. 新巴西利卡
6. 提图斯凯旋门
7. 君士坦丁凯旋门
8. 拉特朗圣克莱孟圣殿
9. 马克西穆斯竞技场
10. 卡拉卡拉浴场
11. 阿庇亚大道
12. 圣卡利克斯图斯、多米蒂拉、普雷特斯塔图斯、圣塞巴斯蒂安地下墓穴
13. 马克森提乌斯宫及竞技场
14. 拉特朗圣约翰大殿及洗礼堂
15. 奥勒良城墙
16. 卡普特伦斯圆形竞技场
17. 塞索里安宫
18. 斯佩乌埃特里斯庄园
19. 圣海伦纳陵墓
20. 密涅瓦医神庙
21. 利奇尼奥庄园
22. 拉米亚庄园
23. 禁卫军兵营
24. 戴克里先浴场
25. 撒路斯提乌斯庄园
26. 普利西拉地下墓穴
27. 君士坦丁娜陵墓

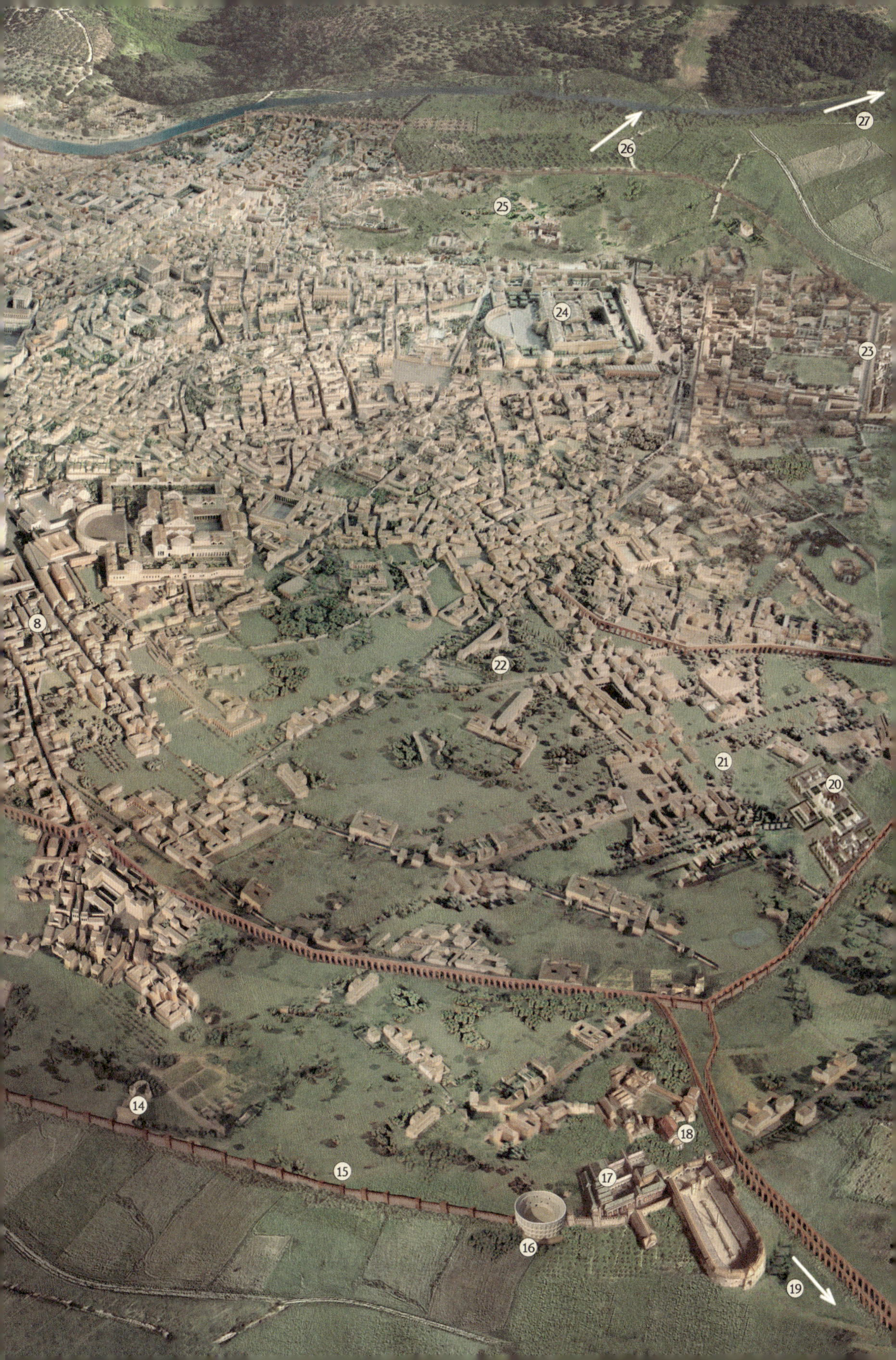

8
14
15
16
17
18
19
20
21
22
23
24
25
26
27

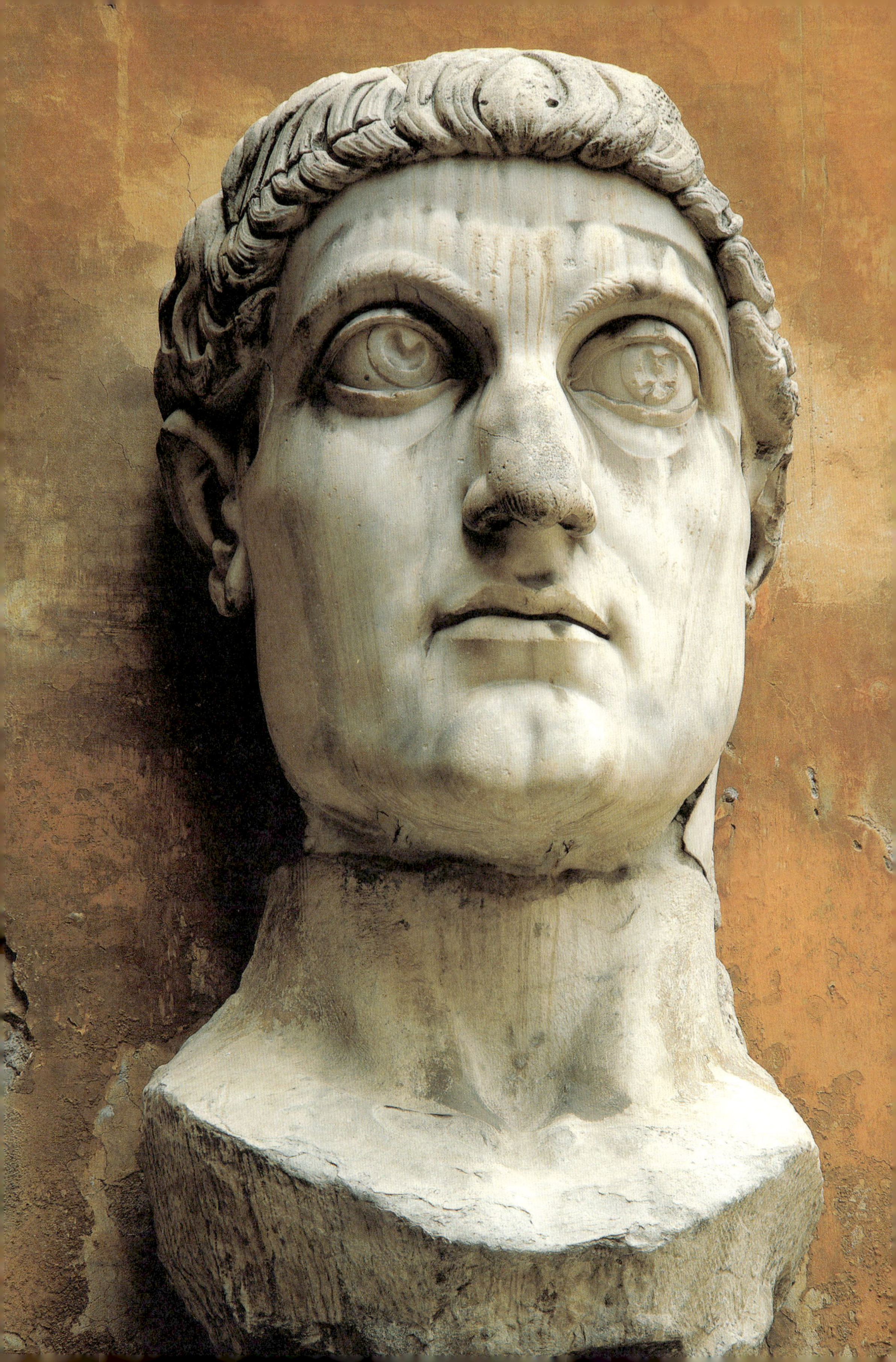

权力的炫耀

自公元前 1 世纪末建立元首制以来，人们一直默认这样一种政治假象："第一公民"（即皇帝）不过是"平等中的第一人"（primus inter pares）。然而，事实上只有元老阶级的成员才能被算作与皇帝平等的人。在公元 3 世纪罗马确立君主制后，这种虚假的平等也揭下了伪装的面具——罗马皇帝不再被称为"第一公民"，而是获得了帝国的"主人"（dominus）的称号。

伴随着政体的改变，罗马在名义上和事实上都成为一个君主制国家，宫廷仪式也发生了一系列的变化，以显示对皇权的服从。在前几个世纪中，表现对当政者的忠诚和服从的行为都是自发的，后来则必须遵从严格的等级制度，每个被允许觐见皇帝的人都要向其行跪拜礼，捧起他的紫袍的边缘并亲吻它。

这种被称为"紫色崇拜"（adoratiopurpurae）的仪式可能始于公元 270 年，但它直到四帝共治时期才最终实现制度化。也是在这个时期，罗马经历了最后一次公共建筑的建造大潮，罗马统治者致力于在传统上与权力有关的地方（议事堂、广场、宫殿和巴西利卡大殿）留下深刻的印记。从公元 3 世纪末到公元 312 年，在戴克里先和马克森提乌斯（Majencio）的统治时期，统治者在罗马城中心修复、重建并新建了许多纪念性建筑。广场采用了新的建筑设计；一个新的演讲台被建立起来，许多荣誉柱也纷纷竖立；尤利乌斯议事堂、尤利乌斯巴西利卡和恺撒广场也被重建。马克森提乌斯在位期间开始了新巴西利卡（Basílica Nova）的建造，这座大殿在君士坦丁大帝统治时期建成。同时，位于奎里纳莱山上的君士坦丁浴场（Termas de Constantino）也被建立起来，这个浴场比此前马克西米安皇帝（Maximiano）在公元 298 年至公元 306 年为戴克里先而建的浴场更加简陋。

■ 权力的炫耀

古罗马广场

在共和国时期的几个世纪里，罗马中央的广场是罗马的宗教、政治和商业活动场所。在元首制时期，广场变成了权力斗争的舞台和政治宣传的理想场所，并在权贵精英们的宣传需求之下进行调整和改造。自公元前 1 世纪末以来，建有神庙和大殿的广场的为数不多的空地上逐渐建立起了纪念性或荣誉性的建筑，这些建筑意在宣扬皇室成员的军事功绩和公民美德，并使他们的王位继承权合法化。

继提比略就任以来，在新建筑增加的同时，广场的形式和建筑外观并没有发生大的变化。从公元 79 年至公元 87 年韦斯巴芗神庙（Templo de Vespasiano）的建造、公元 141 年福斯蒂娜神庙（Templo de Faustina）的建造，到马克森提乌斯

▶ 从罗马国家档案馆俯瞰古罗马广场全景。前景中的建筑分别是塞维鲁凯旋门（左）和韦斯巴芗神庙及农神庙（右）。

◀◀ 君士坦丁大帝的头像，这个头像是位于新巴西利卡的巨型雕像的一部分。

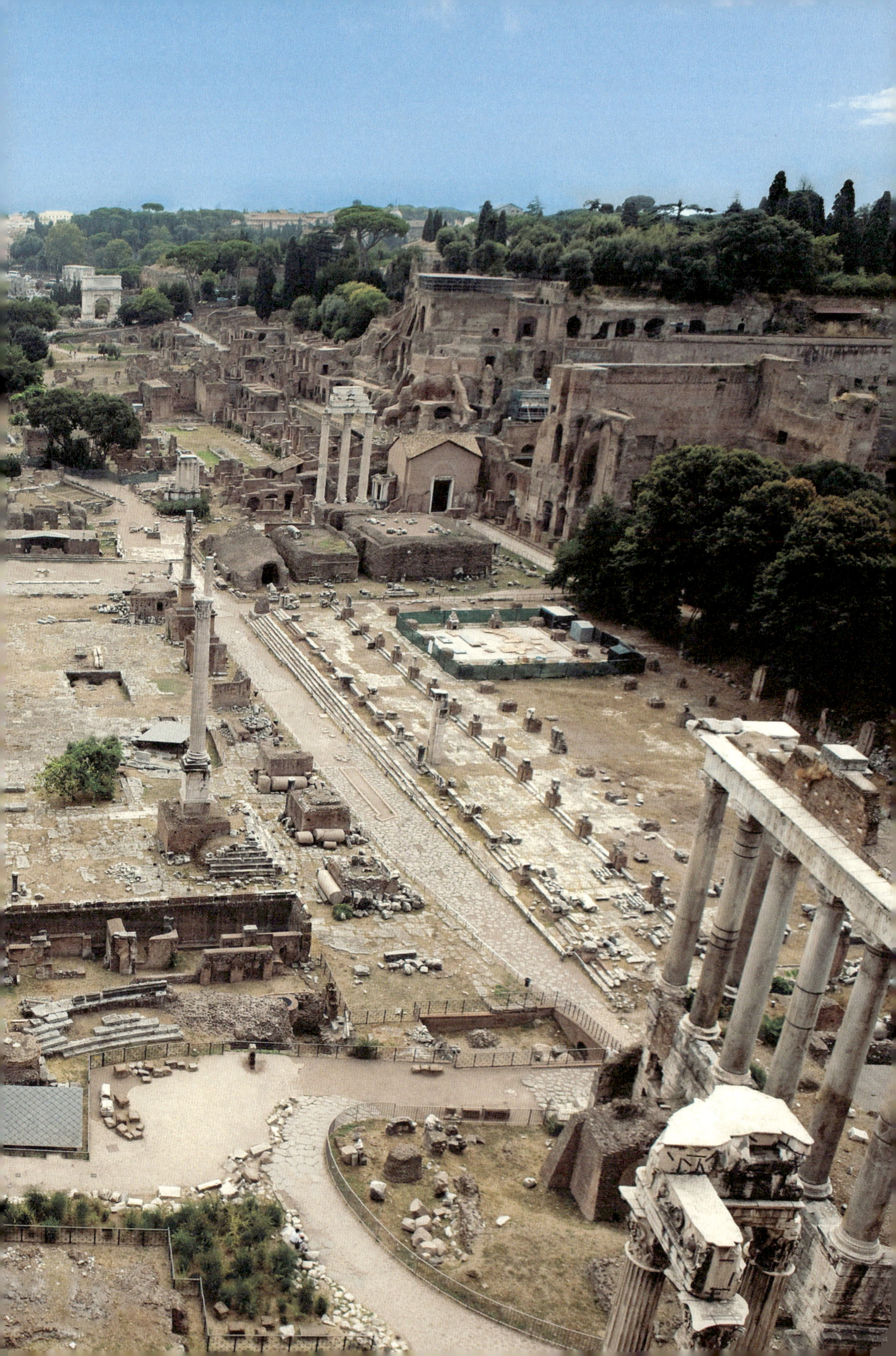

■ 权力的炫耀

时期新巴西利卡的建造的两百多年，人们仅对旧有建筑进行了修复工作，并根据当时的政治要求改变其雕塑装饰。

公元185年的大火

公元185年，一场大火摧毁了古罗马广场上的大部分纪念性建筑。大火蔓延至罗马的神圣顶峰卡比托利欧山，并吞噬了广场西北部的大部分地方。于是，塞维鲁王朝的统治者们借机修复和重建了罗马政治历史上最具象征意义的建筑，并自称为历史的延续者。除了修复韦斯巴芗神庙和供奉国家粮食的守护者农神萨图尔努斯（Saturno）的农神庙外，塞普蒂米乌斯·塞维鲁还修复了广场上的演讲台——在葬礼仪式上，人们在这里宣读尊贵的死者的葬礼悼词；在凯旋仪式上，胜利的将军也在这里发表演说——并在它旁边增加了一尊自己的骑马雕像。

公元204年，元老院选择在这个演讲台北侧的重建后的区域建立凯旋门，以纪念塞普蒂米乌斯·塞维鲁统治十周年以及对帕提亚人的胜利。凯旋门上的浅浮雕通过神话寓

① **新巴西利卡** 这座大殿始建于马克森提乌斯统治时期，并由君士坦丁大帝完成建造。这是当时已知的最大的世俗大殿，建于广场受公元283年大火波及的区域。

② **罗慕路斯神庙** 在安东尼努和福斯蒂娜神庙与新巴西利卡间的地带，马克森提乌斯重原来的朱庇特－斯塔特神庙，并其用于纪念他的儿子罗慕路斯

塞维鲁凯旋门上的浮雕描绘了塞维鲁皇帝战胜帕提亚人的功绩。

在凯旋游行中游行队伍穿过中央门下的圣道，向卡托利欧山进发。

③ **提图斯凯旋门** 提图斯凯旋门建于维纳斯和罗马神庙旁,由图密善在其兄长提图斯于公元81年去世后不久建造。

④ **塞维鲁凯旋门** 这座凯旋门是为了纪念君士坦丁大帝在米尔维安大桥战役中战胜马克森提乌斯而建造的,拱门上装饰的浮雕大部分取自早期的纪念碑。

⑤ **荣誉石柱** 古罗马广场也是颂扬伟大政治人物的场所。在四帝共治时代,广场的南侧竖起了多根荣誉石柱,石柱上有戴克里先、马克西米安、伽列里乌斯(Galerio)和君士坦提乌斯一世这四位君主的雕像。

塞维鲁凯旋门顶部有一尊令人印象深刻的驷马车雕塑,雕塑中的人物有塞维鲁皇帝以及他的儿子卡拉卡拉和盖塔。

世界之脐是一座圆形纪念碑,是罗马中心的象征。

■ 权力的炫耀

权力的形象

在公元3世纪中叶以前，皇帝的雕像通常采取充满悲怆和张力的现实主义表现方式，强调皇帝面部的活力和表现力。在公元3世纪中叶以后，出现了一种新的表现方式，雕像中的皇帝不苟言笑，表现出超人的品质。公元310年，在登基五周年之际，君士坦丁大帝改变了以前的雕像传统，创造了一种以不带胡须为特征的帝王肖像（在前几个世纪中，雕像中的皇帝都留着大胡子），人物的发型则是带有几撮松散卷发的波浪形短发。在雕像中，君士坦丁大帝年轻、平静、严肃的脸庞足以传达出一个"因神明的恩典"而掌管帝国的高不可攀的帝王的魅力。因此，君士坦丁大帝的雕像成为从古典时代晚期到中世纪的帝王雕像的典范。皇权以及在社会阶级金字塔中至高无上的地位使帝王们享有为自己创作巨像（高2.5米至5米）的特权，这些雕像被安置在公共生活中最重要的场所。

其他达官贵人的雕像模仿了帝王雕像的形象，具有相似的面部特征和同样失焦的目光，避免了与观众的任何视线接触。通过这种方式，他们向同胞表明，与此前几个世纪的情况不同，他们有权以雕像的形式面向世人并不是因为他们身为公民的一员，而是因为他们是政府高官、是最高权力的代表。

▶ 君士坦丁大帝的巨型铜像的头部，高1.25米。整座雕像高约9米，比新巴西利卡的大理石巨像稍低。
🏛 现藏于卡比托利欧博物馆

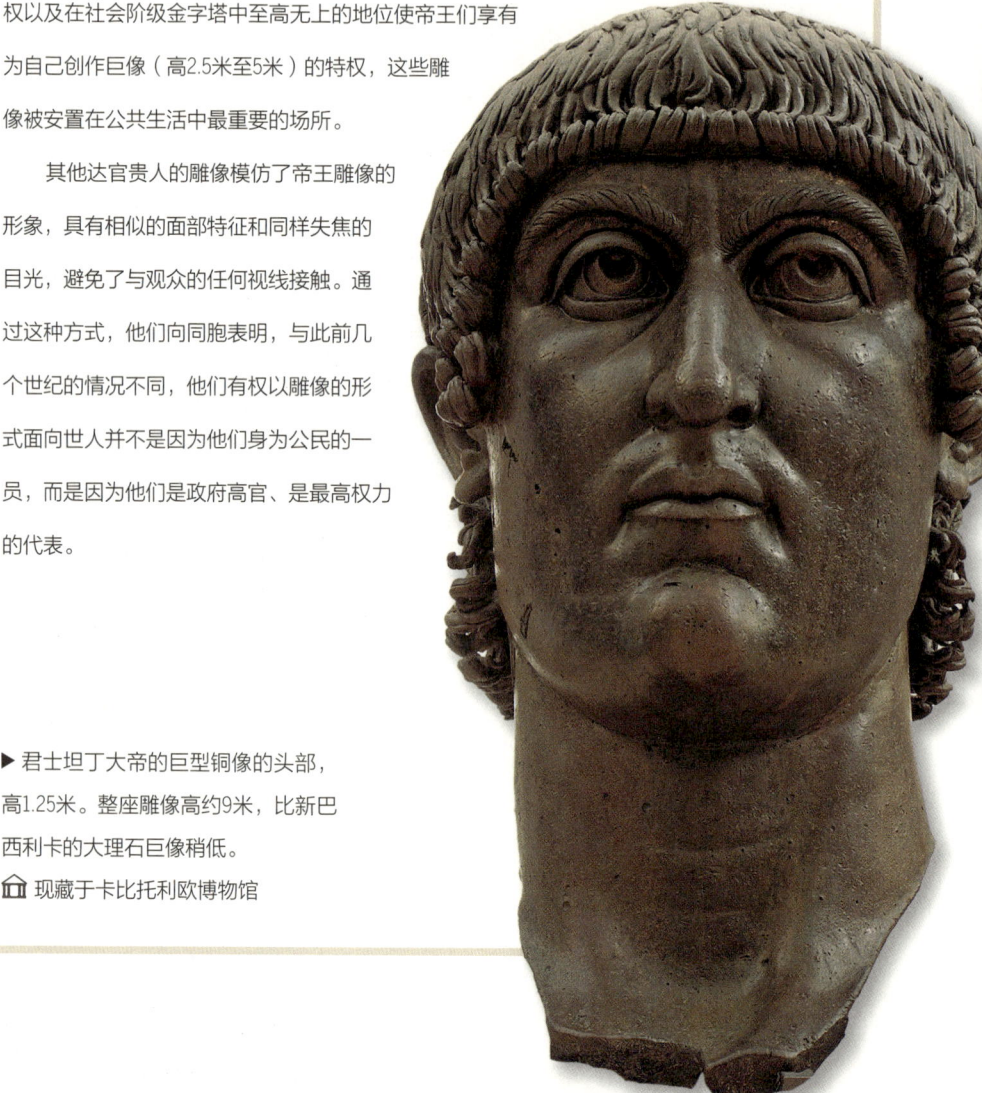

言和历史再现的方式叙述了这位胜利的将军最杰出的功绩。这个浅浮雕是皇帝从东方送来、在凯旋游行期间向人们展示的画作的石刻副本。

在演讲台和凯旋门之间，塞普蒂米乌斯·塞维鲁建造了"世界之脐"。这是一个圆形的纪念碑，是罗马中心的象征，它与演讲台另一侧的金色里程碑平行，后者由奥古斯都下令建造，是帝国所有道路的起点。

古罗马广场的西南部在公元192年的一场火灾中遭到破坏，塞维鲁王朝的统治者们对这片区域中包括灶神庙（罗马最古老的神庙之一）及维斯塔贞女之家在内的建筑群进行了扩建和修复。

四帝共治时期的广场

在塞维鲁王朝覆灭后的50年中，罗马帝国政局动荡，因此罗马的建筑计划不再是统治者的第一要务。零星竖立在古罗马广场上的一些雕像以及其他雕像的拆除向罗马人民宣告了罗马皇帝在军事行动中的胜利或失败。

在戴克里先建立了四帝共治制后，古罗马广场经历了最后一次也是最彻底的改造。除了对尤利乌斯议事堂、尤利乌斯巴西利卡和恺撒广场（广场上建有一个审判元老院成员的法庭）等建筑进行全面修复外，皇帝们的兴趣还集中在对演讲台的装饰的改造上，将象征其权力的元素融入装饰中。这些装饰作为政治演说和赞美演说的背景出现，可以增加演说的说服力。

因此，在四位皇帝举行在位十周年庆典和二十周年庆典时，他们在演讲台的脚下竖起了5根荣誉柱，其中最大的石柱顶上有一座朱庇特的雕像，而另外4根石柱上分别是四位皇帝（戴克里先、马克西米安、伽列里乌斯和君士坦提乌斯一世）的雕像。此外，广场上还竖立起了另外7根柱子，更是增强了皇帝们的存在感和崇高地位。这7根石柱建在一个大基座上，可能是献给皇帝们的后裔的。其中，马克西米安的儿子马克森提乌斯在公元306年10月28日成为皇帝，他承担了广场上最宏伟的建筑——新巴西利卡——的建造工作。这座大殿由君士坦丁大帝完成并主持落成典礼。

■ 权力的炫耀

▲ 献给马克森提乌斯之子的罗慕路斯神庙，后来由君士坦丁献给维护者朱庇特。神庙的圆形主体建筑在公元6世纪与韦斯巴芗广场上的圣科斯马和达米安教堂相连。

新巴西利卡长100米，宽65米，建于维利亚山上，迫使原来建于此地、经塞普蒂米乌斯·塞维鲁修复的弗拉维王朝时期的香料市场迁至邻近的韦斯巴芗广场。同时，献给于公元309年早逝的马克森提乌斯之子瓦莱里乌斯·罗慕路斯（Valerio Rómulo）的神庙建立在一座供奉佩纳提斯神的神庙的原址之上。后来，君士坦丁大帝将这座神庙改称朱庇特-斯塔特神庙，以供奉"维持者朱庇特"。

罗慕路斯神庙

罗慕路斯神庙是为数不多的异教建筑遗迹之一，它奇迹般地从掠夺和缺乏维护的情况下保存下来，罗马大多数经历过这些的古建筑都变成了废墟。由于缺乏维护和控制，异教的神庙大多沦为建筑石料的来源地，只有少数被改造成基督教教堂的神庙才能幸免于难。罗慕路斯神庙就是如此，它在6世纪被改造为韦斯巴芗广场上的圣科斯马和达米安教堂（Iglesia de lossantos Cosme y Damián）的前庭，并通过一条新建的通道与教堂相连。

同样的命运也降临到广场上的其他异教建筑之上。从6世纪开始，这些建筑也经历了基督教化改造：尤利乌斯议事堂被改造为圣阿德里安教堂（Iglesia de San Adrián al Foro），而邻近的监狱则被改建为一座供奉圣彼得的教堂，以纪念这位杰出的使徒被囚一事，监狱的功能则被转移到欧利托里奥广场上的一座神庙中。安东尼努斯和福斯蒂娜神庙的内殿和部分前廊被改造成米兰达的圣洛伦佐教堂（Iglesia de San Lorenzo en Miranda），而神庙的其余部分在几个世纪后被用于建造拉特朗宫（Palacio de Letrán）和圣彼得大殿。在哈德良时期的维纳斯和罗马神庙的原址上，一边建造了供奉圣徒彼得和保罗的教堂，另一边建造了古圣母教堂（Iglesia de Santa María Antigua）。正如歌德在他的《意大利游记》（Italienische Reise）中所写的那样，"在罗马城的发展中，问题不仅在于新城建在旧城之后。问题实际在于，旧城和新城的发展，在不同的时期，先后次序有所不同"。[21]

---

[21] 此处参考周正安、吴晔所译《意大利游记》（湖南文艺出版社2006年版）。——译者注

凯旋庆典

凯旋庆典是罗马人民公共生活的主要活动之一，包括庆祝凯旋的游行、将部分战利品投资城市的建设等一系列活动。在这些活动中，统治者致力于在翘首以盼的公众面前展示权力，并唤起人们对统治者——国家和平与稳定的唯一保障者——的恐惧、尊重和钦佩。在罗马实行元首制的初期，只有皇室成员才有资格举办凯旋庆典，这些在战争胜利时举行的庆祝活动也因此成为事实上的统治阶级盛宴，其主要目的是获得公众的认可，并宣扬帝国的伟大和荣光。

凯旋庆典分两个部分进行：一是凯旋游行，二是在卡比托利欧山的朱庇特神庙的祭坛上献祭一头白牛，这个献祭仪式是将军在出征前对神的承诺，在凯旋后的庆典上完成。庆典以胜利者举办大规模宴会结束。

在从弗拉米尼乌斯竞技场向卡比托利欧山顶进发的凯旋游行队伍中，战俘、驾着由四匹白色骏马牵引的金色战车（右图）的胜利将军，以及高唱爱国歌曲、胜利赞歌和胜利者颂歌的获胜军团的士兵们，在几十支大喇叭的震耳欲聋的乐声中，从围观的群众面前走过。在这支令人震撼的游行队伍中，有人抬着放有部分战利品的架子、展出描绘战争中重要场景的叙事画，这些画后来被用作凯旋门的雕饰模型。

凯旋队伍从战神广场西部进入市区，在屋大薇柱廊旁的阿波罗神庙和贝罗那神庙前的喷泉中洗净身上的血迹。弗拉米尼乌斯竞技场和马切罗剧院

罗马的凯旋门

▲ **提图斯凯旋门** 按照图密善的意愿，在提图斯逝世后，元老院建立了一座凯旋门，以纪念提图斯在公元71年战胜犹太人以及提图斯的神圣化。

▲ **塞维鲁凯旋门** 这座拱门建于公元203年，意在纪念塞维鲁战胜帕提亚人的功绩。它位于尤利乌斯议事堂和古罗马广场的演讲台之间，与其他纪念这次胜利的建筑相联系。

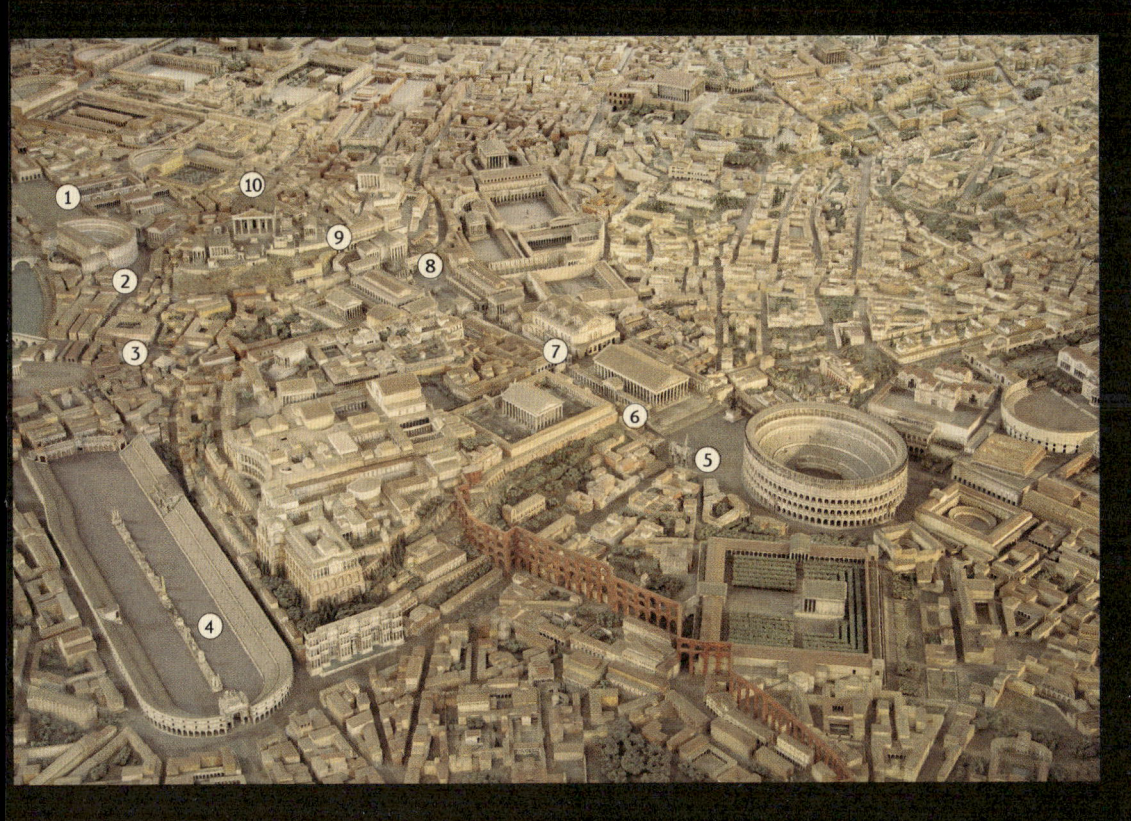

中搭起了看台，民众可以站在看台上观看游行队伍穿过欧利托里奥广场旁的凯旋门。然后，游行队伍从环绕卡比托利欧山的尤加里乌斯路（Vicus Iugarius）走过，穿过马克西穆斯竞技场，到达君士坦丁凯旋门处的广场。紧接着，游行队伍行经圣道，穿过提图斯凯旋门和塞维鲁凯旋门，然后取道卡比托利欧山道（Clivus Capitolinus），并最后到达卡比托利欧山的朱庇特神庙。

君士坦丁凯旋门 君士坦丁大帝在登基十周年之际为君士坦丁凯旋门举行了落成典礼。这座凯旋门意在纪念他于公元312年10月28日在米尔维安大桥战役中战胜马克森提乌斯。安东尼王朝时期的一些纪念碑碎片被用于建造这座拱门。

❶ 弗拉米尼乌斯竞技场　　❻ 圣道
❷ 欧利托里奥广场　　　　❼ 提图斯凯旋门
❸ 尤加里乌斯路　　　　　❽ 塞维鲁凯旋门
❹ 马克西穆斯竞技场　　　❾ 卡比托利欧山道
❺ 君士坦丁凯旋门　　　　❿ 卡比托利欧山的朱庇特神庙

■ 权力的炫耀

新巴西利卡

在统治罗马的 6 年中，马克森提乌斯推动了一项宏大的建筑计划，目的是修复共和国时期和帝国时期最重要的纪念性建筑，并启动新的建筑工程，其规模和壮观程度能够使见者皆感惊讶和敬佩。

在所有这些工程中，建立在古罗马广场东端、维利亚山顶的新巴西利卡无疑是当时所有工程中最宏伟的建筑。从类型上看，它再现了共和国时期的巴西利卡的建筑模式：这是一座带屋顶的建筑，内有三个相通的纵向大殿，其中中央的大殿高度最高，其上方高出来的部分开有大窗，光线从窗户透进，照亮建筑内部的巨大空间。这个中央大殿重塑了浴场的中央大厅的建筑模式。

虽然巴西利卡类建筑在罗马非常常见——古罗马广场上就有奥皮米亚巴西利卡、波西亚巴西利卡、埃米利乌斯巴西利卡和尤利乌斯巴西

▶ 中殿北侧是新巴西利卡唯一保留下来的部分。

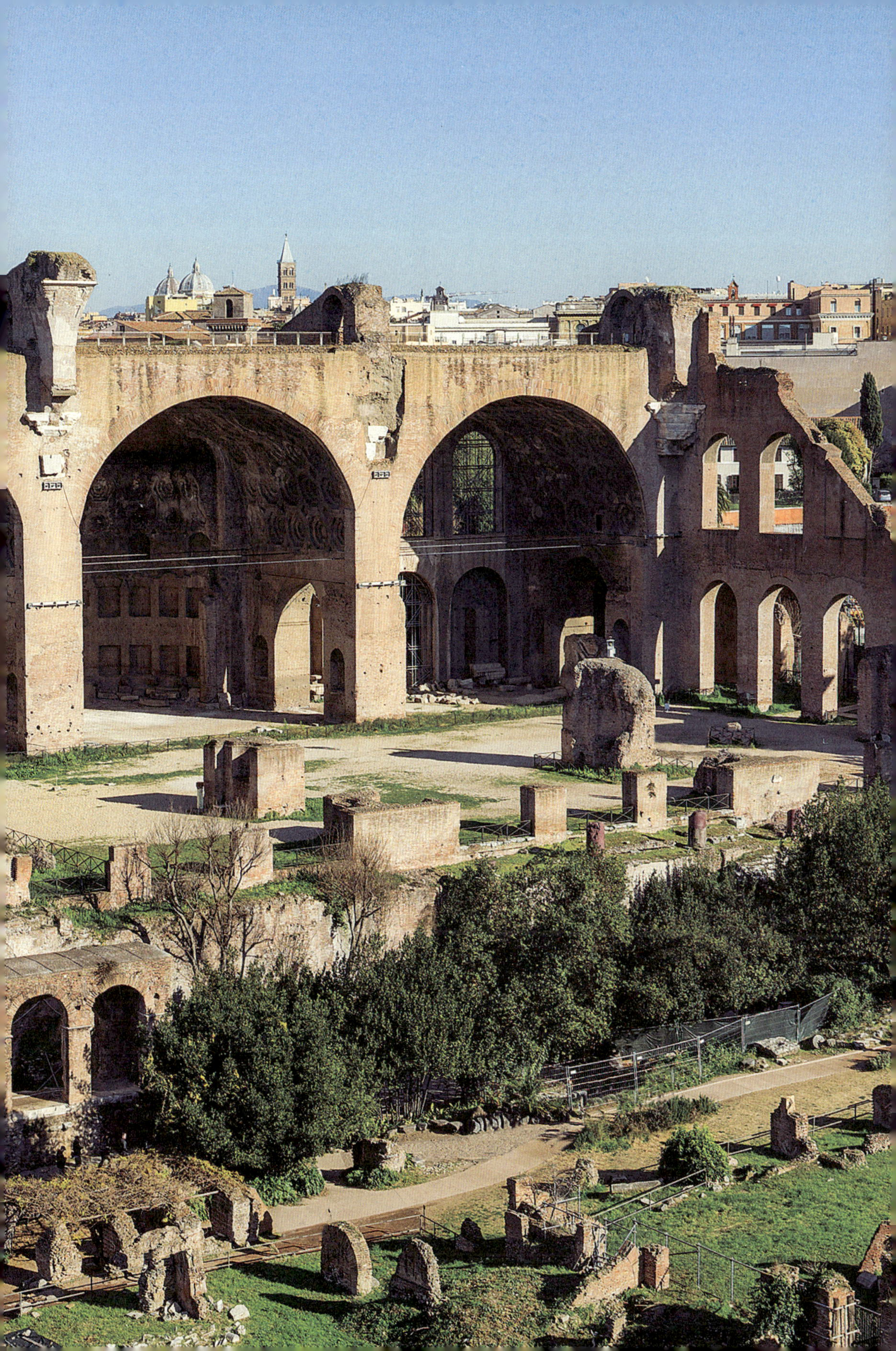

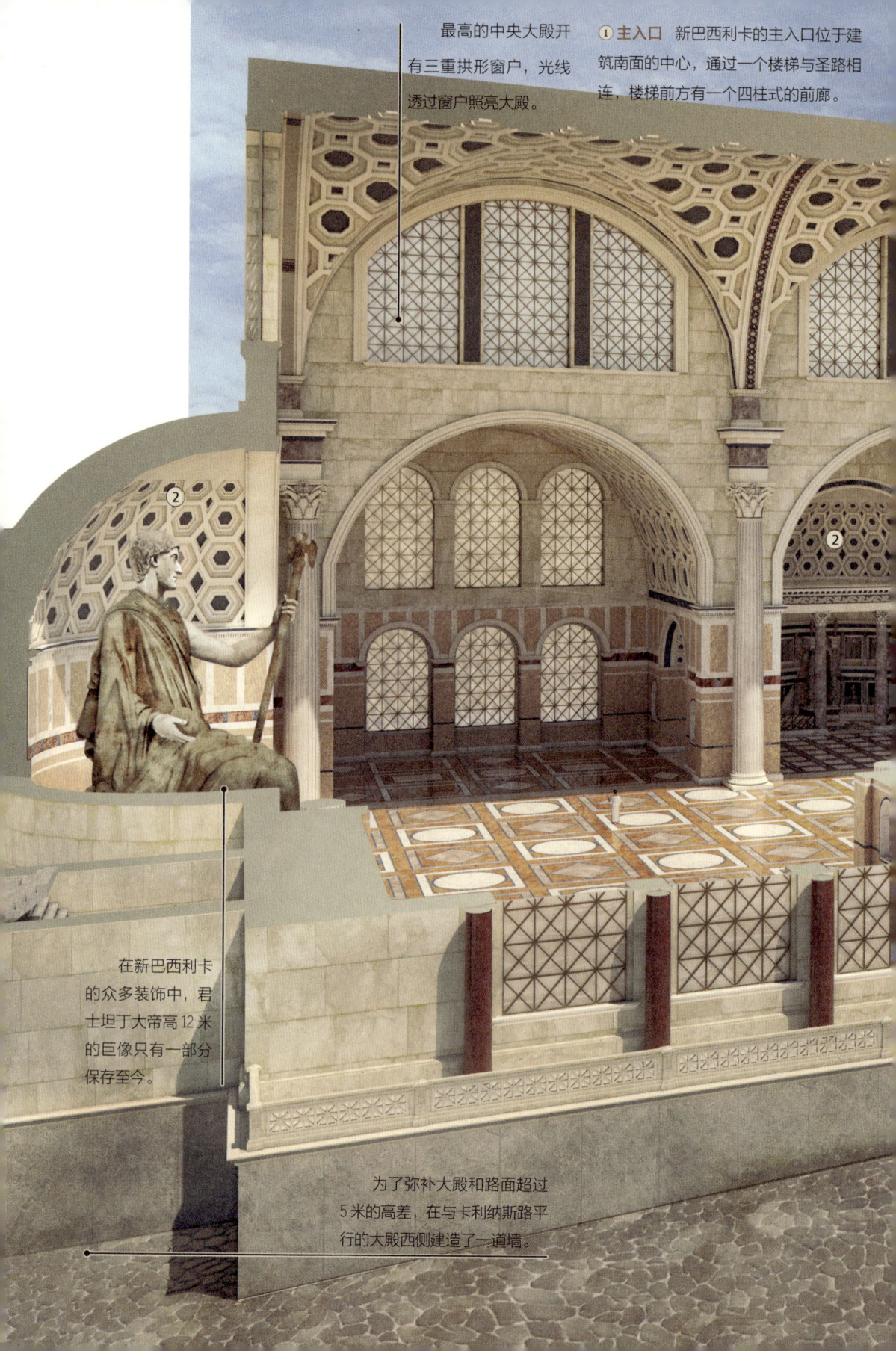

最高的中央大殿开有三重拱形窗户,光线透过窗户照亮大殿。

① **主入口** 新巴西利卡的主入口位于建筑南面的中心,通过一个楼梯与圣路相连,楼梯前方有一个四柱式的前廊。

在新巴西利卡的众多装饰中,君士坦丁大帝高12米的巨像只有一部分保存至今。

为了弥补大殿和路面超过5米的高差,在与卡利纳斯路平行的大殿西侧建造了一道墙。

② **半圆形后殿** 在新巴西利卡的两个入口的对面、建筑的主轴线和次轴线的另一端，有两个大的半圆形后殿，是法庭的所在地。

③ **肋架拱顶** 宽大的肋架拱顶覆盖了82米×25米的巨大空间，拱顶高度达35米。罗马混凝土的使用使拱顶的建造成为可能。

承受中央大殿的肋架拱顶的重量的并不是8根白色大理石柱，而是带有宽大的承重拱的墙壁，这些承重拱同时支撑着侧殿的拱形穹顶。

在将新巴西利卡东侧的窗户开辟为一系列连续的入口前，几乎没有人注意到建筑东侧的侧门。

利卡，以及图拉真广场上的规模更大的乌尔比亚巴西利卡——但马克森提乌斯的新巴西利卡建造工程对罗马的建筑工艺来说是一个真正的挑战，因为此前人们从未尝试过在占地面积近 6000 平方米的建筑上建造一个复杂的拱顶结构。仅中央大殿的尺寸就达 82 米 ×25 米，远远超过了君士坦丁建造的奥古斯塔-特雷维罗伦巴西利卡（Basílica de Augusta Treverorum）的主殿的面积（57 米 ×27.5 米）。

出于重新开发受公元 283 年火灾严重影响的维利亚地区的需要，新巴西利卡选址于此。这个地区在弗拉维王朝时期曾建有和平广场和香料市场。

新巴西利卡建立在一个人工平台上，这个平台则搭建在弗拉维时代的仓库的遗迹之上。新巴西利卡与圣道之间则存在巨大高度差。为了弥补这一高度差，新巴西利卡南面的中心位置建造了一个大楼梯，楼梯前有一个由四根斑岩石柱支撑的雄伟的柱廊。除了主入口外，还有一个面向维纳斯和罗马神庙及罗马大角斗场的侧门。

壮观的建筑内部

游客穿过新巴西利卡的任何一道门，都可以进入一个令人印象深刻的奢华内部空间。中央拱顶的宏伟程度无与伦比，它高达 35 米，由三个巨大的肋架拱顶组成，支撑在 8 根高 14.5 米的普罗科尼西亚大理石柱上。

两个半圆形后殿分别位于新巴西利卡的两条主轴线的一端，殿内是法庭和一些皇帝的雕像，这些雕像突出了皇帝作为公正的保障者的角色。按照早期基督教宗教建筑的标准，君士坦丁大帝在西侧的半圆形后殿里安放了一尊巨大的雕像，雕像的头部和四肢用石头雕刻，木制的躯干部分则披上了繁复的衣物。

从"世界之都"到意大利首都

"当一座新城在奎里纳莱山、维米那勒山和埃斯奎利诺山上建起时,旧城也在我们孜孜不倦的努力之下从灰烬中重生了。"意大利考古学家鲁道夫·兰恰尼(Rodolfo Lanciani)在1880年如是强调了罗马公共考古委员会所进行的保护考古遗迹的工作。

1870年,在经过11年的斗争后,意大利实现了统一,罗马成为意大利王国的首都。此后,大量人口涌入罗马,这使得新住宅区的建设成为必要。罗马开始向埃斯奎利诺山扩张,铁路也向这个方向延伸。这里是古罗马人口密度较大的地区之一,因此遍布着不同时代的遗迹。

由于地下出现了大量的考古遗迹,罗马市议会在与负责城市扩建的两家公司签订的协议中制定了一项条款。该条款明确,"所有大理石、青铜或陶瓦的艺术品,以及所有具有重要价值的艺术品,……都是市政府的专有财产,在发现后必须立即通知市政府"。

为了确保这一条款得到遵守,政府在各建设区域派驻了许多监管人员,他们详细记录了每一个发现,并向文物监察长和公共考古委员会的成员报告——这个委员会是为保护罗马的考古遗迹而设立的。据兰恰尼的年轻秘书所说,兰恰尼在几年内,"发掘出土了405件青铜器、590件陶器、711件宝石和宝石浮雕、152件浅浮雕、192件保存良好的大理石雕像、266件半身像和头像、54幅镶嵌画、47件金器、39件银器和36679枚钱币"。

一个激动人心的发现

新街道和广场的建设将城市的中枢(民族街、威尼斯广场、银塔广场和加富尔路)连接起来,同时也让古典文学中提及的古代建筑重见天日,其中包括著名的奎里纳莱山附近的君士坦丁浴场,古罗马保存下来的最漂亮的铜像之一就是从那里奇迹般地出土的。与这一神话般的发现同时出土的还有另一尊希腊化时代的王子的镀金铜像。鲁道夫·兰恰尼在1888年出版的著作《古罗马》(Ancient Rome)中说道:"在我漫长的考古生涯中,我见证了一个又一个的发现,有时我意外地发现了真正的艺术作品,但只有在见证这座雕像出土时,我的内心才产生一种前所未有的感觉。这个健壮的半野蛮人的巨大雕像从地下慢慢浮现,仿佛在英勇的战斗后从漫长的睡眠中苏醒。"

在这个时期,罗马还进行了去潮、拓宽台伯河河道以及修建堤坝的防洪工作,这使得更多遗迹重见天日,其中包括1879年发现的法尔内西纳别墅。同时,对古罗马广场最后的清理工作也得到开展,正如1882年《雅典娜》(Athenaeum)杂志中的文章所说,广场看起来"像一个战场:广场上满是倒塌的房屋和墙基,数百人在来回走动"。

鲁道夫·兰恰尼

　　鲁道夫·兰恰尼曾学习数学和工程学专业。1872年，兰恰尼在27岁时被任命为罗马市公共考古委员会的秘书，开始从事考古工作。他因此见证了19世纪下半叶罗马的建筑热潮中产生的无数考古发现。除了是众多发掘工作的领军人，他还是一位罗马考古学的研究者。他通过对保存在欧洲各地档案馆中的数百份文件的详尽研究，重新构建了罗马考古学的历史。

▶ 兰恰尼也是著名的古罗马考古地图《罗马城市地图》（1893—1901年版）的作者。

◀ 拳斗士的雕像是流传下来的最不可思议的青铜雕塑之一。它于1885年在奎里纳莱山上被发现。
现藏于罗马国家博物馆马西莫宫

▼ 古罗马广场在1889年被改造成一个考古公园。当时，经过两个世纪的密集考古工作，广场上的建筑完全出土。

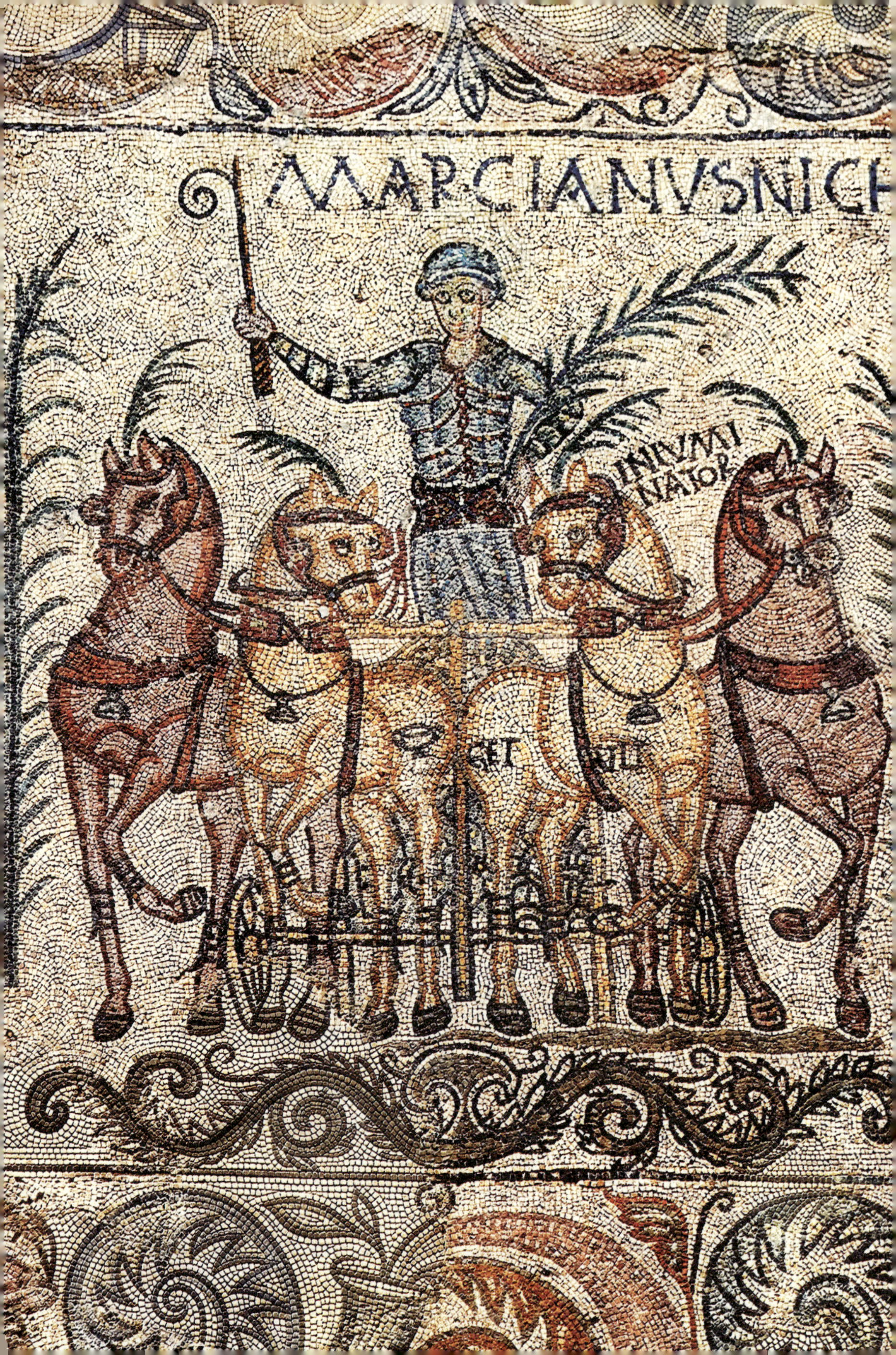
MARCIANVSNICH
INLVMI
NATOR

公共娱乐和私人奢侈品

庆祝军事胜利，纪念皇室成员的生辰和冥寿，皇帝登基十周年、十五周年和二十周年纪念日，以及皇帝的出访……这些都能成为人民举办盛大的节庆活动的完美理由，使人们感受到皇权在社会生活中无处不在的事实。

在富丽堂皇的皇家别墅中举行的公共表演（戏剧表演、赛马、角斗士比赛和狩猎表演）以及炫耀性的私人聚会是皇室家族成员向社会各阶层展示其慷慨大方的契机。作为国家之父的皇帝通过分发金钱和礼物、举办宴会、免费开放御用浴场显示其权力的伟大，同时取悦人民、赢得人民的尊敬和支持。罗马是唯一一个由皇帝直接向民众提供粮食和娱乐场所的地方。

罗马的神圣日历中标记的每一个节庆活动都以一连串的赞美开始，公众齐声高呼，祝愿皇帝和皇室成员长命百岁。这种仪式甚至在皇帝本人并未出席活动时也要进行（从公元3世纪开始，这种情况变得很常见），因为皇帝的宝座或他作为皇室成员的身份足以象征他本人。根据寓言家菲德鲁斯（Fedro）的记述，在戏剧表演开始时，合唱团会随着笛子的乐声颂唱圣歌，圣歌的第一句是："欢呼吧，如果皇帝安全无恙，罗马也将免受伤害。"（laetate, incolumis Roma, salvo príncipe）公众恭敬的掌声赋予了皇权合理性。

在公元4世纪，罗马每年有177个节庆日。这个数字在随后的几个世纪里有所减少，因为所有周日的庆祝活动和献给异教神灵的庆祝活动都被废除了（这些节日加起来约有69天）。

■ 公共娱乐和私人奢侈品

马克西穆斯竞技场

几位古典时期的作家一致认为，罗马的民众是一个无所事事、饱食终日、好凑热闹的群体。因此，马克西穆斯竞技场能成为这座城市较具象征意义的地方之一，就完全不足为奇。马克西穆斯竞技场是罗马在卢迪节[22]期间用于组织战车比赛的最大、最古老的建筑，也因此成为古地中海地区其他竞技场的建筑典范。

这座竞技场建于公元前6世纪，本是一个临时的木制建筑，建于帕拉蒂尼山和阿文提诺山之间。几年后，

▶ 公元4世纪初，竞技场与（照片背景中的）帕拉蒂尼山相连，因此皇帝可以在不穿越公共空间的情况下进入竞技场。

◀◀ 这幅作于公元4世纪的镶嵌画中，一个胜利的战车手驾驶着一辆战车。

🏠 现藏于国家罗马艺术博物馆

---

[22] 卢迪节（Los ludi）是为罗马民众的利益和娱乐举办的公共节庆活动，是古罗马部分宗教节日的一部分。其主要形式包括竞技、战车比赛、角斗比赛、戏剧表演等。——译者注

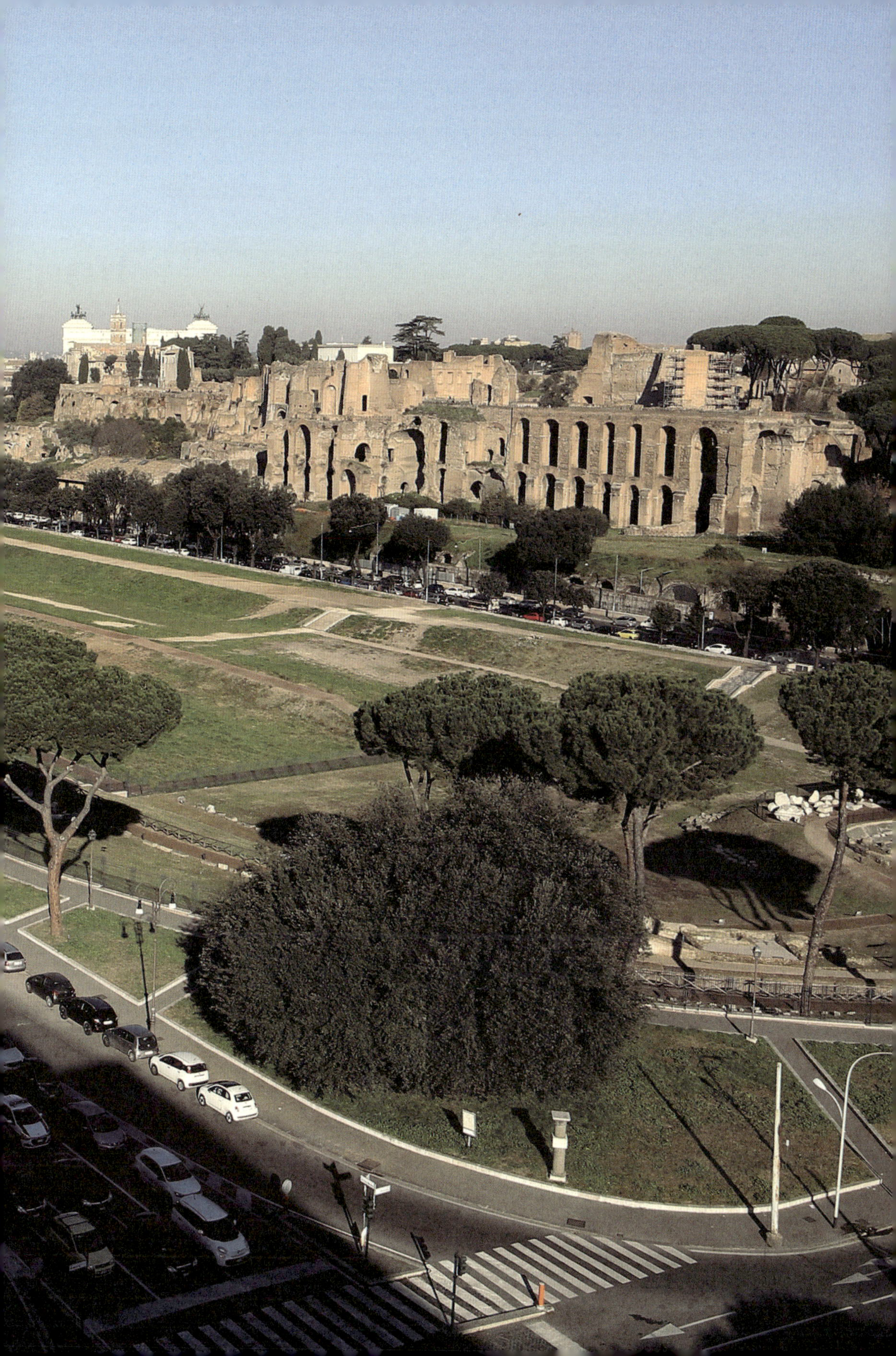

比赛开始前，马匹和战车手在12扇闸门后等待。这些闸门排列在竞技场正门的两侧。

罗马君主塔奎尼乌斯·布里斯库斯（Tarquinio Prisco）下令将其改为石制建筑。从那时起直到罗马帝国灭亡，这座建筑经历了数次重建和扩建。虽然其特有的形状（一个600米×140米的长方形，其中一个短边为弧形）在几个世纪中基本保持不变，但其装饰设计和看台规模却随各个时期的需要和各个朝代政治宣传的不同而改变。因此，竞技场的容量从公元前1世纪末的15万人增加到公元4世纪的38.5万人。

竞技爱好者们有时会在竞技场的看台上待上一整天，且一直守在自己的座位上，因为观众人数众多，离开一会儿就有可能失去座位。由

❶ **分界墙** 分界墙将竞技场纵向分割，上方装饰有喷泉、小庙、石柱、方尖碑、雕像以及祭祀康苏斯（Consus）和穆尔基亚（Murvia）的祭坛。

❷ **看台** 看台可以容纳38.5万名观众，是今天最大的体育场馆容量的近4倍。

❸ **观礼台** 观礼台为皇室成员和他们的客人保留，它与皇帝官邸所在的帕拉蒂尼山相通。

❹ **胜利之柱（metae）** 胜利之柱指的是分界墙两端的三个圆锥体，旁边放着七只石蛋和七个海豚石雕，向战车手和观众提示距离比赛结束还剩下的圈数。

❺ **方尖碑** 公元357年，君士坦提乌斯二世（Constancio Ⅱ）将一块来自卡纳克神庙的方尖碑安放在分界墙的中心位置，这块方尖碑是有史以来被带到罗马的最大的方尖碑。

皇宫坐落在高地上，俯瞰着竞技场。市民们可以在竞技场内瞻仰宏伟壮观的皇宫。

由于需要长时间坐在石制或木制的看台上，罗马人会在观看比赛时带上塞满稻草或羊毛的垫子。

④

女性与男性并不分坐，因此奥维德等作家认为竞技场的看台是一个发展浪漫关系的理想空间。

竞技场的面积为 6.6 万平方米。一次最多可以有 12 辆战车参加比赛。在比赛中，战车绕竞技场中央的分界墙奔跑，最多可以跑 7 圈。

在竞技场的弧形短边中央有一座凯旋门，胜利的战车从这里通过。

赛前游行

在战车比赛开始前，会进行类似凯旋游行的庄严游行，这与其宗教渊源有关。这个习俗是模仿每年9月举行的迎接胜利之师凯旋罗马的节日的开幕式游行。在这个游行中，游行队伍带领胜利的将军们从卡比托利欧山来到竞技场，参加感谢神明恩典的庆祝活动。

在看台上观众的掌声和欢呼声中，游行队伍从正门进入竞技场。管乐的轰鸣声烘托了热烈的节庆气氛，将比赛变成了一场名副其实的感谢皇帝的盛宴。

负责主持比赛的政务官或皇帝站在一辆由白马牵引的战车上，其身着紫色托加长袍，右手拿着一把象牙权杖，权杖上有一只鹰，一名奴隶将一顶金叶冠高举过其头顶。他的周围有一大群身穿白色托加长袍的宾客，后面是几队步行或骑马的年轻人。紧接着是骑兵、战车手、角斗士和舞者……每个群体都带有乐队，以激发群众的热情。游行队伍的后面是不同宗教团体的祭司，他们带着香炉和圣物，引导架着沉重的神像的抬架以及罗马富家子弟驾驶的载着珍贵祭品的马车。已故皇帝、皇后和其他皇室成员的塑像被抬上骡车、马车甚至大象拉的车，跟在最后。

游行队伍从卡比托利欧山出发，穿过城市的中心地带（古罗马广场、图斯库斯路、屠牛广场和维拉布罗谷地），绕过竞技场，在神像座前停下，向诸神献上相应的祭品。由于这种仪式具有异教性质，君士坦丁大帝将其取消了。

▼ 在游行队伍中，朱尼奥·安尼奥·巴索（Junio Annio Basso）驾驶一辆战车前进，他的后面跟着四位参赛选手。装饰在埃斯奎利诺山上的巴索大殿墙上的一幅碎石镶嵌画描绘了这一场景。
🏛 现藏于罗马国家博物馆马西莫宫

❶ **铭文** 双联画的顶部刻有"(La)mpadioru(m)"的字样，表明这幅双联画归属于兰帕迪家族（los Lampadi）。

❷ **竞技场的观礼台** 观礼台包括一个带有栏杆的阳台和四根石柱。

❸ **三个人物** 三个身着执政官礼袍的人在观礼台上观看比赛。中间的是主持卢迪节的政务官，他的左手拿着权杖，上面有阿卡狄乌斯皇帝（Arcadio）和霍诺留皇帝（Honorio）的雕像，右手拿着用来示意比赛开始的手帕。

❹ **四辆驷马战车** 这四辆战车分别属于四支队伍，围绕着竞技场的分界墙行驶。战车手和马匹都有自己的名字，并被标记在马匹的后肢上。

❺ **分界墙** 双联画中的分界墙装饰着一个刻有难以解读的埃及象形文字的方尖碑。方尖碑的两侧摆放着战利品，包括甲胄、头盔、圆盾、剑（或长矛）和一对留着胡子的囚犯。分界墙两端的胜利之柱是三个圆锥体的组合体。

◀ 归属于兰帕迪家族的双联画的局部。兰帕迪家族的成员在公元4世纪下半叶担任罗马的高级官员。一些学者认为，这幅双联画与执政官无关，而是具有私人属性，是兰帕迪家族和鲁菲亚家族联姻的信物。据了解，西马克家族和尼科姆家族也拥有类似的双联画。在中世纪，书籍的书封采取双联画的形式。
🏛 现藏于布雷西亚圣荣莉亚城市博物馆

于这里人流量大，无数小贩、占卜师、杂耍演员、舞者和妓女都集中在竞技场的柱廊下寻找生意，因此，这里成为罗马最热闹和最不光彩的地方。

虽然大部分比赛由皇室出资，但法律要求来自世家大族的政务官组织和赞助这些活动，并保证每一届活动都比以前的活动更加盛大而热烈，因为卢迪节是一个公开展示财富的场合。

充满活力的场面

在节庆日到来时，负责组织比赛的人在带领开幕式游行队伍入场后，登上正门上方、车辆入口一侧的观礼台，接受人们的赞美和掌声，作为他慷慨出资的回报。然后，组织者挥舞白色的手帕示意比赛开始，12 扇闸门同时打开，战车手驾驶着二驾马车或四驾马车飞驰而出。

每场比赛有四辆战车参赛（图密善统治时期增加到六辆），分别属于四支队伍，以战车手的衣服颜色（白色、绿色、红色和蓝色）来区分。公元 3 世纪后，白队和红队分别成为从属于绿队和蓝队的副队。战车比赛的赢家是率先环绕竞技场七圈并冲过终点线的队伍，可以赢得一笔非常可观的奖金，诗人尤维纳利斯称，奖金的金额超过一百名辩护人的工资。除了物质奖励，获胜的马匹和战车手还将获得永恒的名誉，他们的名字会被写进帝国的官方文书，并出现在数百幅镶嵌画和各种日常用品上，这些都表明了罗马人对竞技比赛的热忱。

卡斯特伦斯圆形竞技场

在罗马，每年有60多天举行战车比赛，有100天举行戏剧表演。与之相比，每年只有12月的10天被留给角斗士比赛和狩猎表演。这些活动由罗马的行政长官在每年12月5日上任后组织。角斗士比赛并不频繁，因为其成本很高，也因为基督教和其他宗教的道德家对血腥的角斗士比赛提出了批评，民众对这种比赛的兴奋使他们感到震惊。

君士坦丁大帝和霍诺留皇帝统治时期曾尝试废除角斗士比赛，但都以失败告终。在公元404年被禁止前，角斗士比赛在罗马唯一的圆形竞技场——罗马大角斗场——举行，而狩猎表演则一直持续到公元523年。罗马的另外两个圆形竞技场，即位于战神广场的斯塔提利乌斯·陶洛斯圆形竞技场和位于切利奥山和埃斯奎利诺山之间、靠近拉特朗地区的卡斯特伦斯圆形竞技场（Anfiteatro Castrense），在当时都已成为废墟。前者在尼禄统治时期的一场大火中被烧毁，后者则在建成几十年后被改造为奥勒良皇帝（Aureliano）在公元270年至公元275年建造的城墙的一部分。

与作为公共竞技场的罗马大角斗场和斯塔提利乌斯·陶洛斯圆形竞技场不同，卡斯特伦斯圆形竞技场为私人所有，是埃拉伽巴路斯皇帝（Heliogábalo）的官邸瓦里亚尼庄园（Horti Variani）[23]的一部分，是为朝臣及被邀请参加旨在展现权力的某种宫廷仪式的宾客保留的娱乐场所。

斯佩乌埃特里斯庄园

卡拉卡拉和埃拉伽巴路斯对塞普蒂米乌斯·塞维鲁在公元3世纪初建造的被称为"斯佩乌埃特里斯庄园"的郊区别墅进行了扩建和改造。他们增加了一系列供宫廷休闲的建筑，如浴场、瓦里亚努斯竞技场（Circo Variano）和卡斯特伦斯圆形竞

---

[23] 即斯佩乌埃特里斯庄园（Horti Spei Veteris）。——译者注

公共娱乐和私人奢侈品

技场。卡斯特伦斯圆形竞技场靠近塞维鲁建造的新骑兵营房，这也是其名称的来由[24]。

庄园的其余部分是一众独立的大厅，通过花园、喷泉和走道相连接，仿效了哈德良别墅的建筑模式。一条长300余米、宽14.5米的宏伟的带顶走道将瓦里亚努斯竞技场、卡斯特伦斯圆形竞技场和一个大型公共中庭连接起来。这个中庭在公元4世纪被改造成耶路撒冷圣十字圣殿（Basílica de la Santa Cruz en Jerusalén）。

在奥勒良城墙建设期间，由于需要尽可能地降低成本、缩短工期，罗马的许多建筑都被纳入了这个防御工事。卡斯特伦斯圆形竞技场是受影响的建筑之一，其外侧的拱廊被堵塞封闭、上层墙体被加高，三分之二的面积归于城墙内，其余部分则在墙外。同时，城墙在瓦里亚努斯竞技场的三分之一处穿过，斯佩乌埃特里斯庄园里的一些建筑也被完

▶ 在公元270年至公元275年，卡斯特伦斯圆形竞技场被改造为奥勒良城墙的一部分。

---

[24]"castrense"意为"军队的，军事的"，音译为"卡斯特伦斯"。——译者注

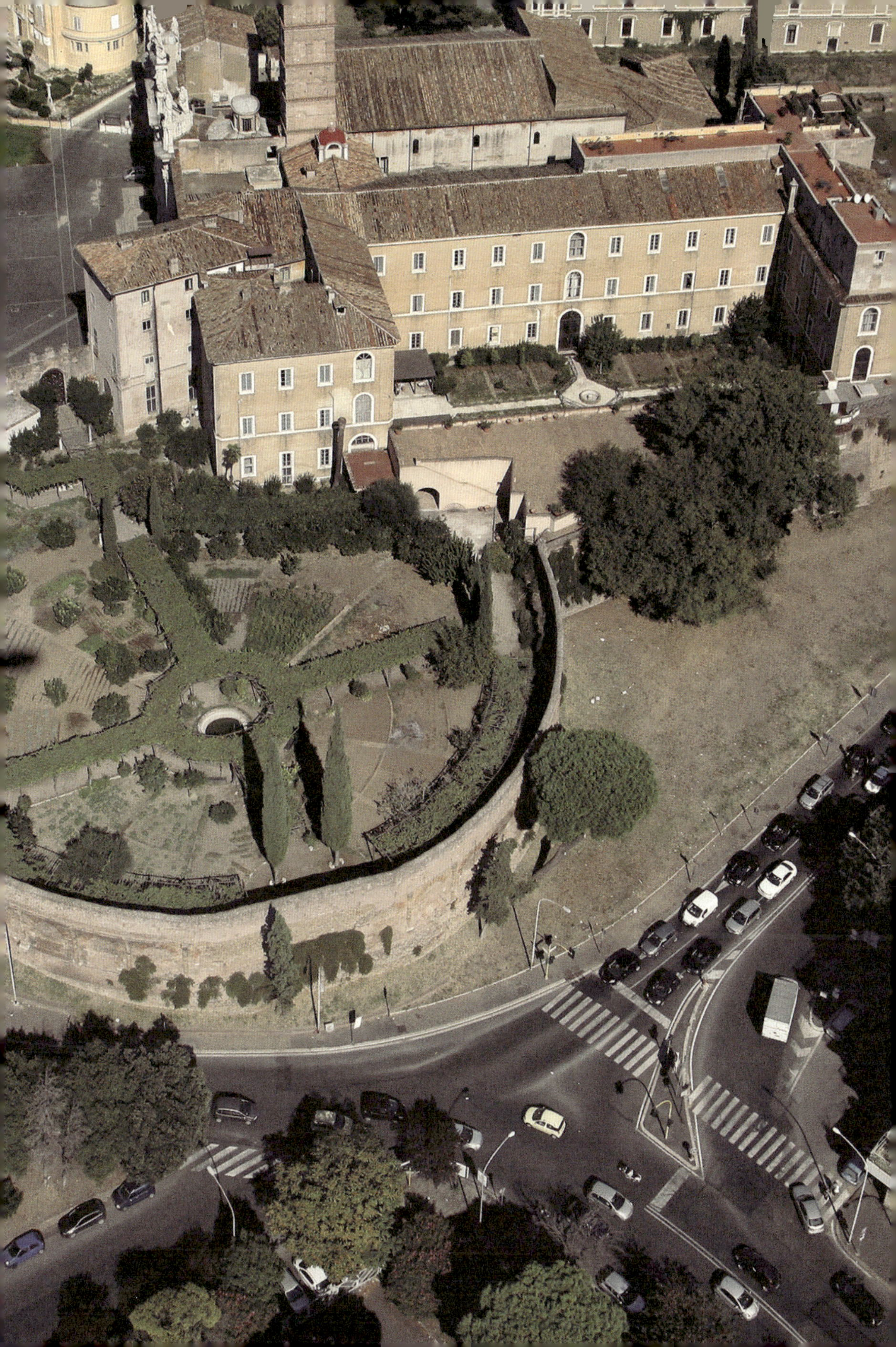

▍公共娱乐和私人奢侈品

全摧毁。从那时起,这座庄园就被后来的皇帝抛弃了,他们更喜欢选择拉米亚庄园(Horti Lamiani)或撒路斯提乌斯庄园(Horti Sallustiani)作为他们在城外的居所。

塞索里安宫

在经历了长期的荒废之后,公元4世纪初,斯佩乌埃特里斯庄园再次有人居住。当时,君士坦丁大帝的母亲圣海伦纳(Santa Elena)选择在拉特朗地区定居。因此,人们建立了塞索里安宫(Palacio Sesoriano),并开始对古老的斯佩乌埃特里斯庄园进行一系列大规模的改造。在大约122500平方米的土地上,人们建造了耶路撒冷圣十字圣殿以供奉圣海伦纳从圣地带到罗马的圣十字架,以及一座供圣海伦纳参加私密的神圣仪式的宫廷小教堂、一座宫廷住宅区和私人皇家宅邸。此外,宫殿中还有一个公共区域,建有一座用于召开国务会议的世俗大殿。

私人竞技场

这座圆形竞技场被称为卡斯特伦斯竞技场,是因为它靠近塞普蒂米乌斯·塞维鲁统治时期建造的新骑兵营。在被纳入奥勒良城墙之后,圆形竞技场的功能发生了变化。人们认为,在君士坦丁大帝时代,它可能被用来训练野兽的战斗力,也可能是帝国卫队的要塞。

奥勒良城墙的十分之一是由不同时期的坚固的建筑组成的,将这些建筑改造为城墙的一部分可以降低建筑成本,保证工程在5年内完成(奥勒良城墙建于公元270年至公元275年)。

卡斯特伦斯圆形竞技场最初有三种柱式：两种科林斯柱，第一层是半圆状的壁柱，壁柱之间有拱门；第二层是莱塞尼柱（类似于壁柱，但没有底座和柱头）；第三层是没有拱门的墙，带有支撑遮阳篷的托座。

❶ 圆形竞技场 这座略呈椭圆形（88米×75.8米）的竞技场可容纳约3500名观众。这是一座相当简朴的建筑，完全由砖砌成，用石灰华大理石装饰。

❷ 奥勒良城墙 奥勒良建造的城墙长19千米，高度在6米到8米之间，厚度为3.3米。每隔30米就有一座塔楼，整道城墙共有381座塔楼、18个主门、7020个垛口、116个厕所和2066个窗户。

❸ 大型中庭 这个中庭属于斯佩乌埃特里斯庄园（长36.5米，宽21.8米，高约22米），它被改造成了一个圣殿，用来存放君士坦丁大帝的母亲圣海伦纳从耶路撒冷带到罗马的圣十字架。

■ 公共娱乐和私人奢侈品

马克森提乌斯宫及竞技场

君士坦丁大帝在罗马短暂居住期间（公元312年冬天、公元315年和公元316年的夏天以及公元326年7月），至少有三座宫殿可供其使用：帕拉蒂尼宫、位于阿庇亚大道的马克森提乌斯宫以及位于埃斯奎利诺区的塞索里安宫（原斯佩乌埃特里斯庄园）。皇帝最喜欢的宫殿可能是塞索里安宫，因为前两座宫殿与罗马的政治和宗教历史密切相关，而塞索里安宫则在经过改造后成为他的母亲圣海伦纳的住所，并且与拉特朗地区相距极近——这个地区是罗马新的宗教中心。

在其他两座宫殿中，帕拉蒂尼宫承载着与罗马所代表的权力及其异教历史有关的象征意义。它位于罗

▶ 1825年，应亚历山德罗·托隆尼亚（Alessandro Torlonia）的要求，建筑师安东尼奥·尼比首次对马克森提乌斯宫和竞技场进行了考古发掘。自20世纪六七十年代以来，人们对这个区域进行定期的挖掘和修复。

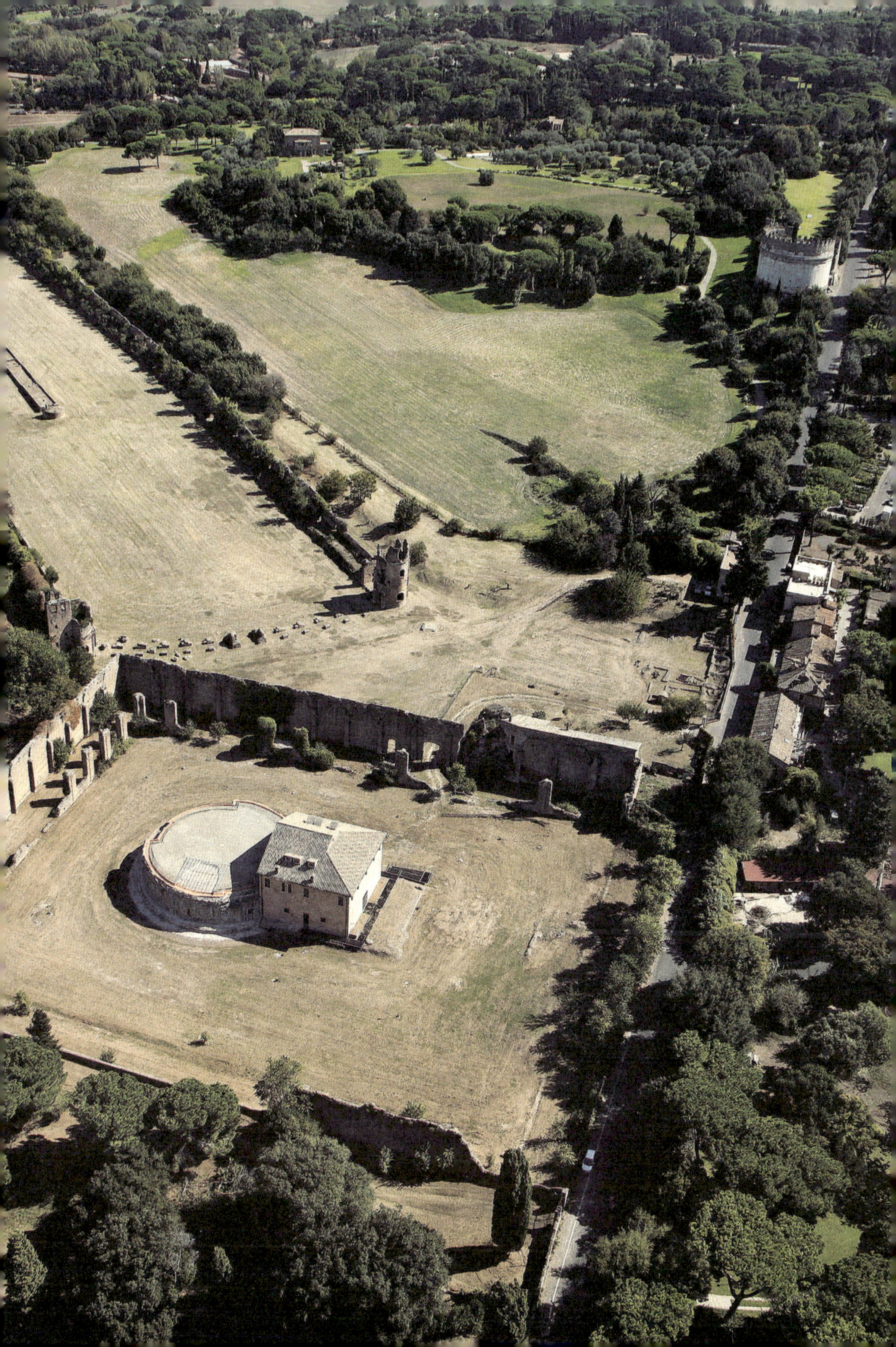

公共娱乐和私人奢侈品

马中心，紧邻卡比托利欧山——君士坦丁大帝对这座圣山的宗教活动和宗教仪式不屑一顾，这导致了信仰罗马众神的民众和统治阶层对皇帝的不信任。然而，后世的皇帝在访问罗马时都喜欢在帕拉蒂尼宫下榻。公元455年，帕拉蒂尼宫遭到汪达尔人洗劫，被严重破坏。公元500年，狄奥多里克大帝（Teodorico）对这座巨大的宫殿进行了最后一次大修。

对君士坦丁大帝而言，马克森提乌斯宫象征着他的政治对手马克森提乌斯的短暂统治。马克森提乌斯是马克西米安（他与戴克里先共同执政）的儿子，因此是马克西米安在四帝共治制中的头衔的合法继承人。尽管罗马的平民阶级（而非元老院）承认马克森提乌斯的世袭权利，并在公元306年10月28日拥戴他为皇帝，但时任皇帝并不接受。即便如此，马克森提乌斯还是掌握了皇权，并统治了罗马6年，直到公元312年10月28日在米尔维安大桥战役中被打败。根据基督教史学家恺撒利亚的优西比乌（Eusebio de Cesarea）的说法，在战争中，君士坦丁大帝在天空中看到一个十

这座中庭的大殿是宫廷集会和马克森提乌斯接见民众的场所。

① **宫殿** 宫殿建筑群是由一幢建于公元前1世纪的乡村别墅改造而成的。后来，在公元2世纪，出生于雅典的罗马元老院成员和执政官赫罗狄斯·阿提库斯对其进行了改造和扩建，并最后由马克森提乌斯改建为皇宫。

② **竞技场** 竞技场长520米，可以容纳近1万名观众。显赫的宫廷成员坐在御用看台对面的一长排看台上。

③ **陵墓** 赫库里乌斯皇陵建于公元306至309年。主体建筑被设计成一个带有神庙的圆形陵墓，周围有一个柱廊。只有在公元309年去世的年轻的瓦莱里乌斯·罗慕路斯被埋葬在此。

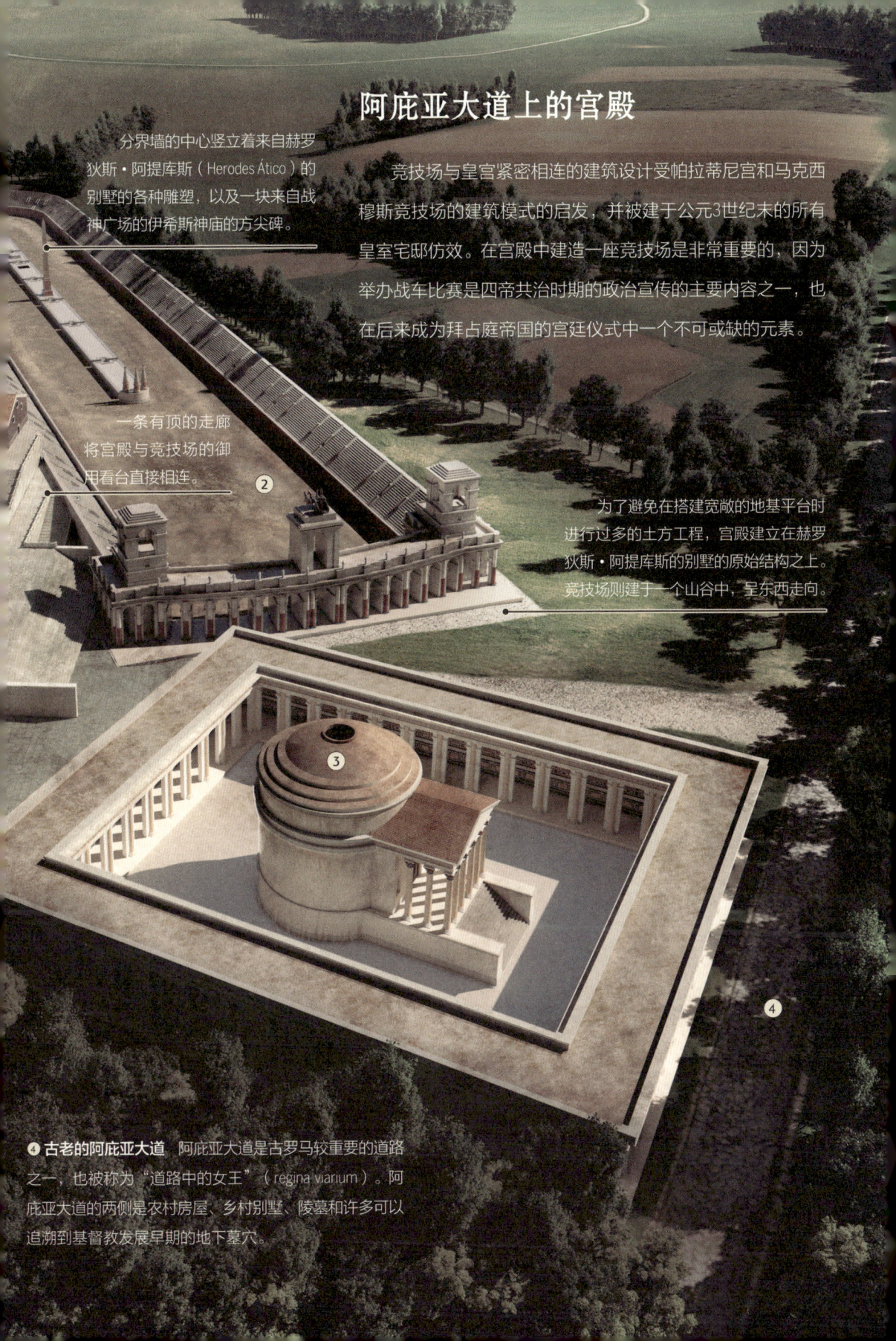

阿庇亚大道上的宫殿

分界墙的中心竖立着来自赫罗狄斯·阿提库斯（Herodes Ático）的别墅的各种雕塑，以及一块来自战神广场的伊希斯神庙的方尖碑。

竞技场与皇宫紧密相连的建筑设计受帕拉蒂尼宫和马克西穆斯竞技场的建筑模式的启发，并被建于公元3世纪末的所有皇室宅邸仿效。在宫殿中建造一座竞技场是非常重要的，因为举办战车比赛是四帝共治时期的政治宣传的主要内容之一，也在后来成为拜占庭帝国的宫廷仪式中一个不可或缺的元素。

一条有顶的走廊将宫殿与竞技场的御用看台直接相连。

为了避免在搭建宽敞的地基平台时进行过多的土方工程，宫殿建立在赫罗狄斯·阿提库斯的别墅的原始结构之上。竞技场则建于一个山谷中，呈东西走向。

❹ **古老的阿庇亚大道** 阿庇亚大道是古罗马较重要的道路之一，也被称为"道路中的女王"（regina viarium）。阿庇亚大道的两侧是农村房屋、乡村别墅、陵墓和许多可以追溯到基督教发展早期的地下墓穴。

字架，上面写着"神迹显现，汝将征服此人"（in hoc signo vinces）。

在统治期间，马克森提乌斯推动了一项深入的城市建筑改造计划，并优先关注具有重大政治、宗教意义和象征意义的地方：他修复了哈德良的维纳斯和罗马神庙、克劳狄水渠、新阿尼尼水渠（Aniene Nuevo）以及奥勒良城墙，并资助建造了一些宏伟的建筑，如古罗马广场上的新巴西利卡，因为他意识到，通过建筑延续一个永恒而强大的罗马形象至关重要。

宫殿建筑群

马克森提乌斯的建筑计划包括在阿庇亚大道第二和第三罗马里之间建造一座大型皇宫，以替代帕拉蒂尼宫。新的宫殿建于原来哈德良朝中著名哲学家和演说家赫罗狄斯·阿提库斯的豪华郊区别墅的原址之上。这座新的宫殿与一个大型竞技场和赫库里乌斯家族[25]的皇陵相连，采用了公元3世纪末为举行宫廷仪式而设计的宫殿布局。这种宫殿布局也为四帝共治时期在新首都修建的皇家官邸所采用，如位于奥古斯塔–特雷维罗伦（今特里尔）、尼科米底亚、安塔基亚、西米乌姆、梅迪奥拉努姆（今米兰）、塞萨洛尼基和君士坦丁堡的皇宫。

马克森提乌斯宫中最有代表性的建筑无疑是位于阿庇亚大道（罗马的卓越的墓道）一侧的气势恢宏的英雄祠（作为陵墓和神庙的建筑）。这座陵墓于公元309年落成，用于安葬马克森提乌斯早逝的儿子瓦莱里乌斯·罗慕路斯。不过，陵墓中仅安葬了罗慕路斯一人，因为后来君士坦丁大帝打败了马克森提乌斯，打破了其建立赫库里乌斯王朝的梦想。马克森提乌斯竞技场可能用于举办纪念罗慕路斯的活动。在罗慕路斯被神化之后，人们在古罗马广场上为他建了一座神庙。

[25] 马克森提乌斯的父亲马克西米安别称"赫库里乌斯"。——译者注

密涅瓦医神庙

埃斯奎利诺山的地形特点使得古代贵族别墅的遗迹几乎完全消失——在几个世纪里，这些别墅被巨大的土堆掩埋。然而，埃斯奎利诺区作为住宅区的功能一直被延续了下来。在文艺复兴时期，卢多维西家族、内格罗尼-蒙塔尔托家族等著名家族都在这里建造了别墅，他们使用挖掘地基时发现的古代建筑材料来建造墙壁。然而，直到19世纪末罗马成为意大利王国的首都、开始向东南方向扩张时，人们才发现埃斯奎利诺山，并对其进行了考古研究。

在建于埃斯奎利诺郊区的所有建筑中，只有两座位于山顶的建筑被保留下来。一座是亚历山大·塞维鲁皇帝（Alejandro Severo）修建的被称为"马里奥的战利品"的巨大喷泉（现在位于维托里奥·埃马努埃莱二世广场）。它实际上是一个水塔，为克劳狄水渠分配水源。另一座建筑在传统上被称为"密涅瓦医神庙"（Templode Minerva Médica）。这是一座独特的十边形建筑，建在斯佩乌埃特里斯庄园和拉米亚庄园的交会处、卡斯特伦斯圆形竞技场以北约600米处、圣比比亚娜教堂（Basílica de Santa Bibiana）附近。

虽然密涅瓦医神庙的装饰（地板和墙壁上的珍贵大理石，设计独特的历史题材浮雕和各式雕塑）都已不复存在，但其建筑设计的复杂性一直吸引着各个时代的建筑师和绘图师的注意。最引人注目的是有十个边（其中九个边是弯曲的）、直径为25米的主体建筑，开着细长的窗户，顶部是由十个径向拱形结构组成的穹顶。建筑内部铺着上等彩色大理石，拱顶基上开了一系列窗户。在建筑外围，位于南北向横轴上的四座半圆形建筑通向两个带园景的半圆形大厅。主体建筑的入口位于唯一没有被半圆形建筑包围的一边，入口两侧是两个带有地下供暖系统的半圆形房间。

关于建筑功能的争议

密涅瓦医神庙的形状让人联想到哈德良别墅的金色广场附近的豪华大殿。而在建筑功能方面，密涅瓦医神庙其实并不是真正的神庙，这个名称是对地区名录册

公共娱乐和私人奢侈品

的误读。地区名录册显示，在古代罗马的第五区，20世纪的埃斯奎利诺山上、面向拉比卡纳大道（Vía Labicana）的位置有一座供奉医神密涅瓦的神庙——当时人们在那里发现了丰富的善款，并据此推断这是一座神庙。这一理论曾经得到了认可，不过，现在人们认为，更为合理的解释是，这座建筑是一个独立的宴会厅和待客室。

近年来，人们发现了一幅描绘狩猎场景的精美镶嵌画，基本证实了这座建筑属于一个建于公元4世纪的宏伟建筑群。然而，目前还不清楚它是属于伽利埃努斯皇帝（Publio Licinio Egnacio Galieno）在公元3世纪后半叶居住的利奇尼奥庄园（Horti Liciniani），还是属于帕拉蒂亚尼庄园（Horti Pallantiani）——这个庄园在君士坦丁时代被纳入塞索里安宫。

▶ 在特米尼火车站附近可以看到密涅瓦医神庙的废墟。1828年，神庙的部分圆顶倒塌；第二年，神庙的建筑结构遭雷电的进一步破坏。18世纪的许多水彩画和雕刻作品都描绘了该神庙的结构。

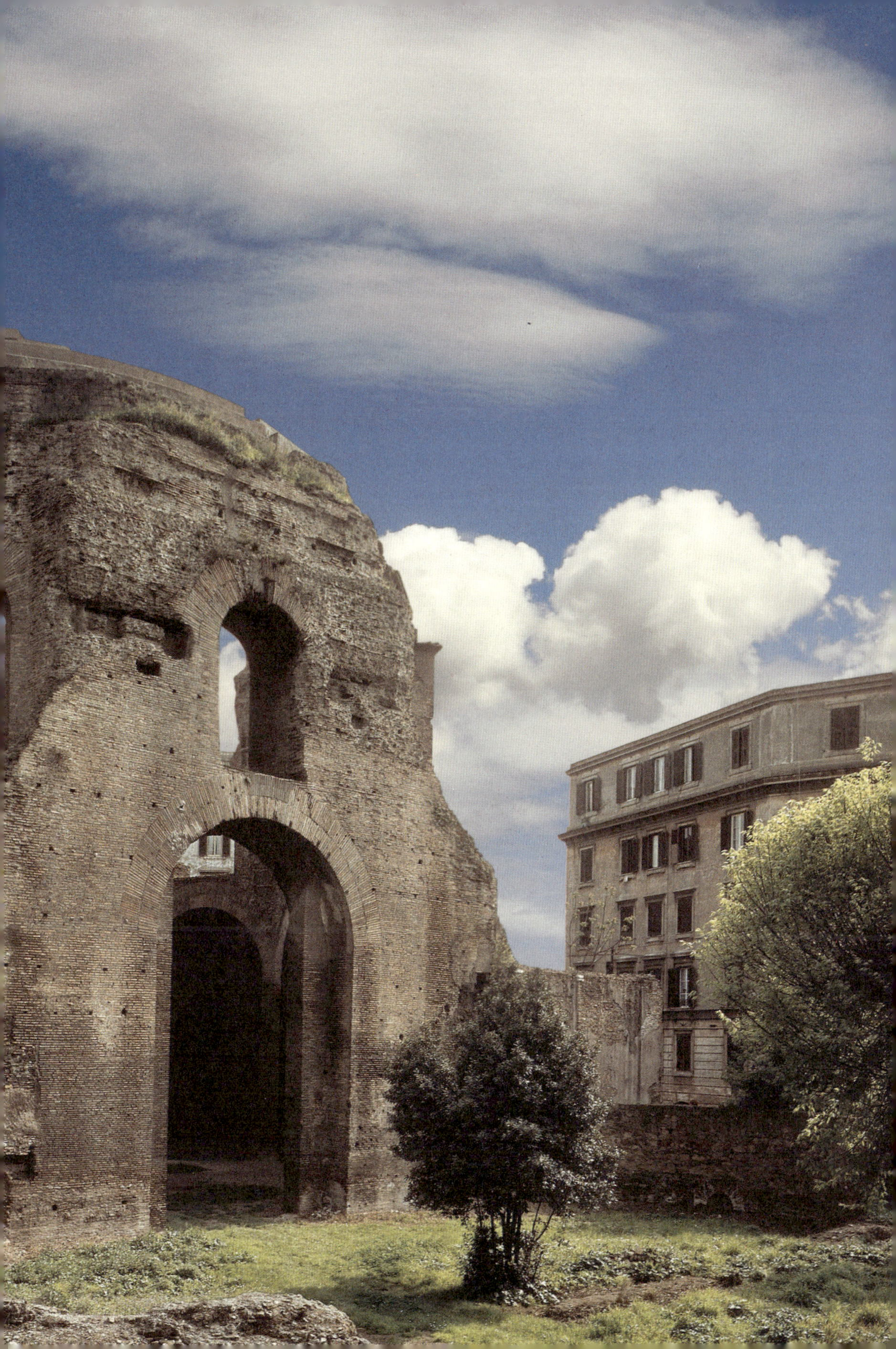

穹顶直径25米、高32米，铺有彩色马赛克砖。

1879年，在神庙附近发现的雕像中，有一尊狄俄尼索斯和豹子的雕像，一尊跳舞的萨提尔的雕像和一尊坐着的年轻女子的雕像。

待客大厅

这个独特的建筑位于埃斯奎利诺区的城市景观的边缘,因此很难证实其最初的功能。虽然传统上被称为密涅瓦医神庙,但这座建筑可能是一座宅邸的一部分,是一个装饰有喷泉的宏伟的大殿,用于接待客人和举行宴会。

外围的半圆形建筑、前厅和主建筑后面的护墙是在第一期建筑之后至少20年才建成的。

十角形的大殿和入口两侧的两个房间都配备了暖气系统。

四个主要半圆形后殿的开口处竖立着黄色努米底亚大理石柱。

在公元4世纪,碎石镶嵌画(最精美的彩色大理石的组合)是最常见的墙面和地面的装饰物。

利奇尼奥庄园

利奇尼奥庄园是伽利埃努斯皇帝（公元253—268年在位）的住所，至今仍无法确定其确切位置。学界推测，这座庄园位于埃斯奎利诺区，在密涅瓦医神庙所在的区域。这个推测基于《罗马帝王纪》中两段不准确的引文以及中世纪早期的资料，这些资料将利奇尼奥庄园与圣比比亚娜教堂联系起来。

19世纪末在圣比比亚娜教堂附近进行的挖掘工作取得了惊人的成果，我们因此有可能还原密涅瓦医神庙所属的豪华庄园的部分装饰。和埃斯奎利诺区的许多地方一样，1878年至1879年从庄园中发现的装饰元素和雕像似乎是在被切割后，在古典时代晚期或中世纪早期重新作为建筑材料，用于建造建筑的基础墙。

复原的雕像与典型的贵族宅邸的柱廊装饰具有相同的特征，其灵感来自与酒神狄俄尼索斯有关的神话故事。发现的雕像中有一尊狄俄尼索斯与豹子的雕像、萨提尔[26]的雕像和一尊美丽的女性雕像。此外，两座公元4世纪末的男性雕像非常引人注目，他们身穿托加长袍，右手拿着用于示意战车比赛开始的手帕。古物学家弗拉米尼奥·瓦卡（Flaminio Vacca）在16世纪末发现的皇室成员的青铜和大理石雕像也值得一提。

▶ 沉思状的坐式年轻女子雕像。这座雕像于1878年在密涅瓦医神庙附近的一堵中世纪早期的墙内被发现。
🏛 现藏于卡比托利欧博物馆蒙特马蒂尼中心

---
[26] 萨提尔（Sátiro）是一个男性精灵，是狄俄尼索斯的随从，以热爱酒、音乐、舞蹈和女人而闻名。——译者注

埃斯奎利诺区的别墅

在罗马共和国时期，埃斯奎利诺山被墓地和地所占据。从公元前1世纪末开始，这个地区成一个特权区，元老院贵族中最显贵的家族选在这里建造豪华的住宅，宅邸外围是巨大的设计精巧的花园。两个世纪后，庞大的庄和私有建筑为皇室家族所有，成为与帕蒂尼宫同等的宫殿建筑群，不仅可以容众多朝臣，原来用最名贵的材料建造建筑也成为精致奢侈的私人娱乐场所从公元4世纪开始，在经历了一场可的火灾后，加上奥勒良城墙修建的响，皇室将埃斯奎利诺的大部分地分割并出售给元老院的成员。后来这个地区建造的住宅重新利用了原的建筑材料，并用最珍贵的雕像碎建造墙壁。

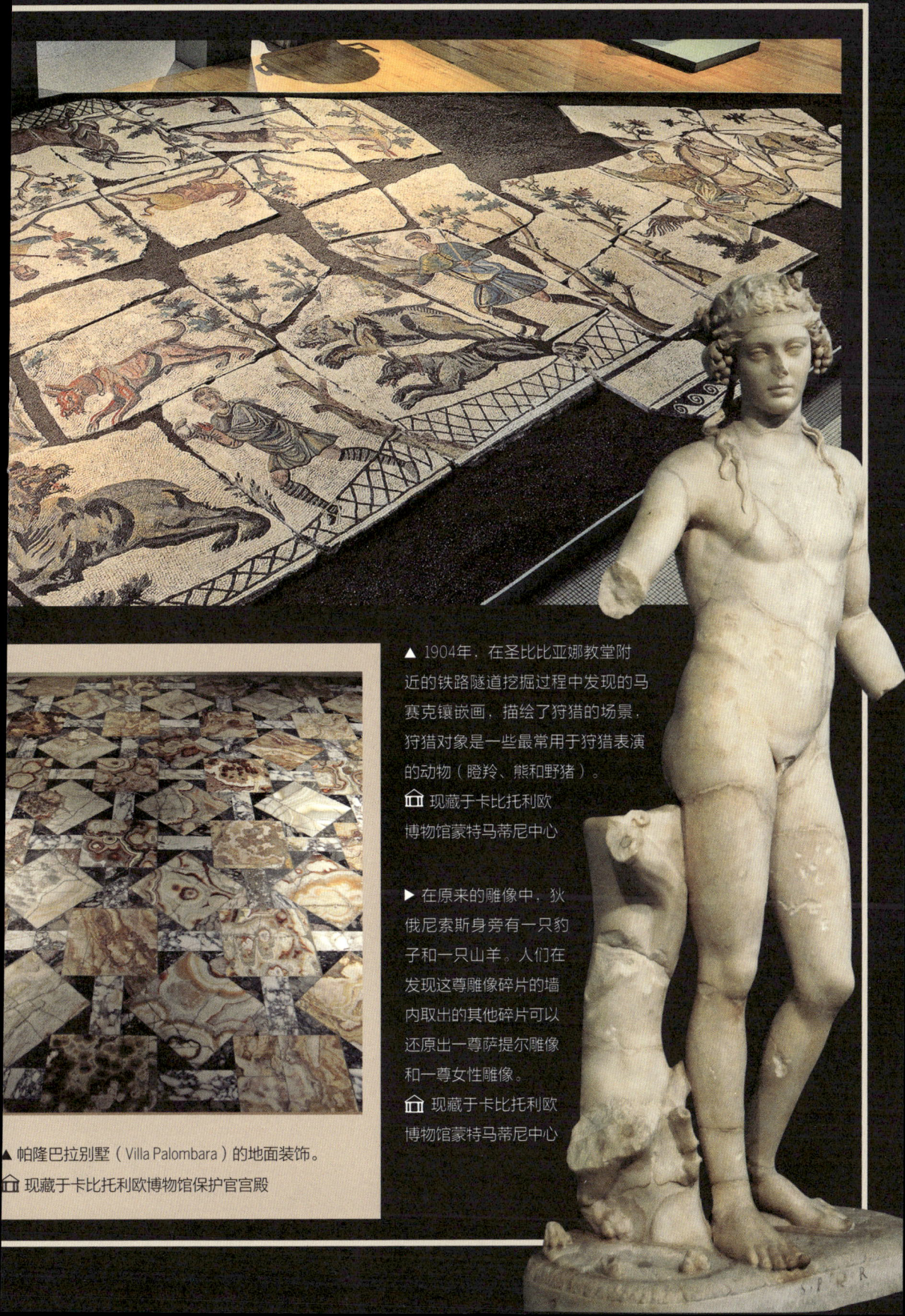

▲ 1904年,在圣比比亚娜教堂附近的铁路隧道挖掘过程中发现的马赛克镶嵌画,描绘了狩猎的场景,狩猎对象是一些最常用于狩猎表演的动物(瞪羚、熊和野猪)。
🏛 现藏于卡比托利欧博物馆蒙特马蒂尼中心

▶ 在原来的雕像中,狄俄尼索斯身旁有一只豹子和一只山羊。人们在发现这尊雕像碎片的墙内取出的其他碎片可以还原出一尊萨提尔雕像和一尊女性雕像。
🏛 现藏于卡比托利欧博物馆蒙特马蒂尼中心

▲ 帕隆巴拉别墅(Villa Palombara)的地面装饰。
🏛 现藏于卡比托利欧博物馆保护官宫殿

丰富的家居用品

在公元3世纪至公元5世纪，大宅的主人把一些银器宝物藏匿起来，以防止它们被入侵罗马的野蛮人掠夺。1793年，人们在埃斯奎利诺区的圣露西亚教堂（Santa Lucia in Selci）意外发现了这些宝藏。

埃斯奎利诺区的宝藏和在罗马帝国其他地区（恺撒奥格斯特、米尔登霍尔、塞索或马孔）发现的公元4世纪的银器宝藏一样，由一系列银器组成，包括银质酒杯、银质餐具（包括用于倒洗手水的水罐、枝形烛台、装饰桌面的小雕像）以及银质洗浴用具，即三类罗马富裕家庭的家用银器。同时发现的还有一些家庭陈设的装饰品和马具。

银箱

这只小银箱有一个圆顶形的盖子，连接在箱体上的3条链子可以撑起盖子。箱体和箱盖的表面分为16块交替的平面和凹面，8块平面上刻有花卉图案，8块凹面上各刻有一位缪斯女神，箱盖顶部刻着第九位缪斯女神。箱子里面衬着一块铜板，保存着4个用来装香水和软膏的容器。

🏛 现藏于大英博物馆

一件家具的银质贴花

这些宝藏包括一套四件小型的饰有幸运女神堤喀（Tique）形象的装饰品，分别代表公元4世纪罗马世界最重要的四个城市：罗马、亚历山大、君士坦丁堡和安塔基亚。正如公元4世纪的象牙双联画上所描绘的那样，它们通常是罗马执政官座位上的装饰品，因此人们认为这套藏品的主人是罗马的文职或军职官员。

🏠 现藏于大英博物馆

装饰品

这两只紧握权杖的手臂高约33厘米，是埃斯奎利诺宝藏所属房屋中的一把座椅上的贴花。

🏠 现藏于大英博物馆

洗脸盆

这个洗脸盆直径56.2厘米，由24块板块组成，凹面板块和平面板块相互交替。盆底是一个圆形的平面板，带有叶子、花瓣和心形图案的装饰。

🏠 现藏于大英博物馆

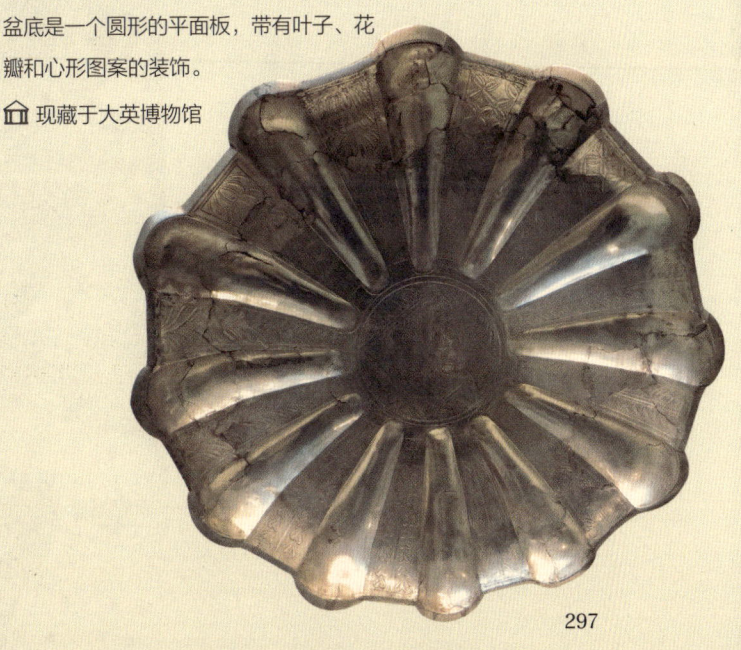

普罗耶克塔梳妆匣

这只梳妆匣的每一面（包括盖子和盒身）都刻有浮雕。梳妆匣的盖子上方刻着一对夫妇的半身像，被丘比特捧着的花环围绕在中间。这对夫妇是普罗耶克塔•图尔奇（Projecta Turci）和图尔奇乌斯•塞昆德斯（Turcius Secundus），他们是这只梳妆匣的主人。盖子前方的板块描绘了维纳斯在她的女仆陪同下沐浴的场景。匣身有四块描绘洗浴场景的板块，主人身穿宽大的长衫，由女仆们陪同。

🏠 现藏于大英博物馆

■ 公共娱乐和私人奢侈品

戴克里先浴场

罗马的洗浴文化在公元3世纪达到了发展的高峰期——洗浴不仅为了卫生和健康，也与体育运动和智力发展有关。塞普蒂米乌斯·塞维鲁、德西乌斯（Decio）、奥勒良、卡拉卡拉和戴克里先修复了前朝建造的浴场（战神广场上的尼禄浴场和奥皮欧山上的图拉真浴场），也建造了新的浴场，这些新浴场在建筑和装饰设计上达到了前所未有的新高度。为了确保其正常使用，新浴场内增加了供水基础设施，拓宽了现有的水渠，并建造了新的水渠，如塞维鲁水渠和亚历山大水渠。

戴克里先浴场在规模、容量和豪华程度上都超过了以前所有的浴场。据历史学家底比斯的奥林匹奥

▶ 戴克里先浴场的宏伟壮观在俯瞰浴场时依然可以感受到。在16世纪，天使之后圣殿（Basílica de Santa María de los Ángeles）建在浴场的冷水浴室之上，与之相邻的浴场遗迹在1889年被改建为罗马国家考古博物馆（Museo Arqueológico Nacional de Roma）。

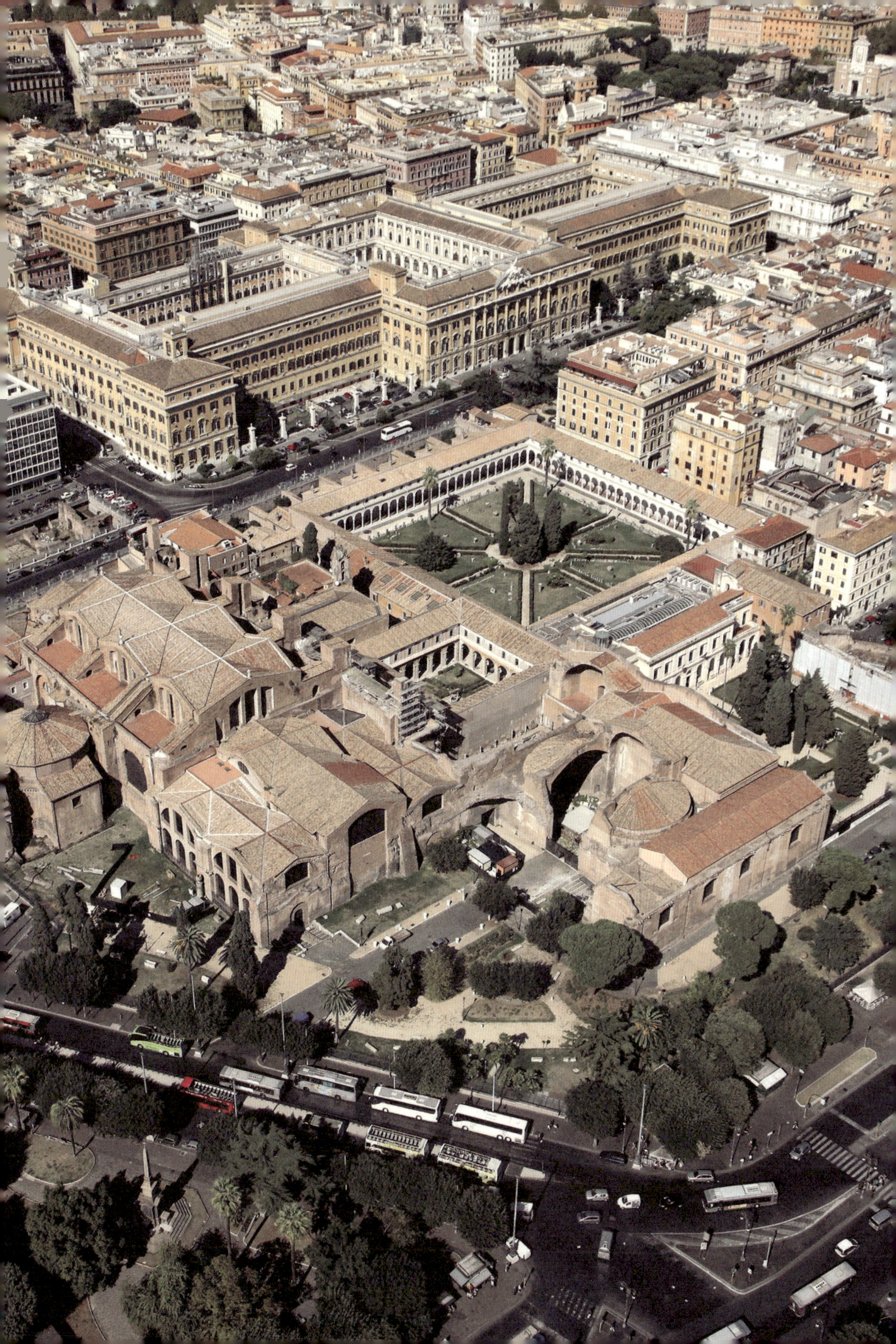

❶ **中央的大型半圆形建筑（礼堂）** 这座建筑可能是一个剧院，两侧的两个相邻的房间是图书馆。这里就是今天罗马的共和国广场。

❷ **体育场** 这是为体育训练保留的场地。

❸ **热水浴室** 这是一个有热水池的房间。

❹ **温水浴室** 这个房间的浴池温度适中，位于热水浴室和冷水浴室之间。

❺ **冷水浴室** 冷水浴室里有一个水槽和一个冷水池。

⑥ **游泳池** 游泳池占地面积近4000平方米，深度超过1米。游泳池的外墙铺着彩色大理石和马赛克砖，类似于剧院的舞台前部，那里有方形和半圆形的壁龛，壁龛里面有巨大的雕像。

⑦ **大殿** 在浴场的短轴线——冷水浴室、温水浴室和热水浴室沿着短轴线排开——的两侧，有一系列不同用途的大殿，所有大殿都建有宽大的肋架拱顶。

⑧ **更衣室** 客人将衣物存放在衣柜内和架子上，由奴隶们看管，因为偷窃行为经常发生。

⑨ **角斗学校** 这里用于体育锻炼，特别是徒手搏斗的训练。

⑩ **图书馆** 这是学习的场所，里面有演讲堂、会议厅和文学朗诵会的房间。

公共娱乐和私人奢侈品

多鲁斯（Olimpiodoro de Tebas）考证，戴克里先浴场的客容量是卡拉卡拉浴场的两倍，每班可以容纳 1600 名洗浴者，每天的客容量可达 6000 人至 8000 人。戴克里先浴场建在奎里纳莱山与维米那勒山交会处的高原上，占地面积 13 公顷。为了建造这座浴场，许多以前的建筑被拆除，如维米那勒山一侧的一片拥有众多作坊的住宅区，以及奎里纳莱山一侧的许多公共纪念性建筑。

从戴克里先浴场内多处展示的纪念碑文中可以得知，这座壮观宏伟的浴场只用了 7 年的时间就建成了。根据从一些现存的石碑碎片和一位来自艾恩西德尔恩的匿名游客（他在公元 750 年至公元 850 年曾访问罗马）保存的副本拼凑出的一段文字，马克西米安皇帝在公元 298 年从阿非利加返回罗马后决定建造这座浴场，并在公元 306 年 7 月 25 日君士坦提乌斯一世去世前不久将其献给戴克里先。

除了浴场本身，人们还建造了一个大型地下蓄水池，以储存来自马西亚水渠的浴场用水。在东哥特王国国王维蒂吉斯（Vitiges）围攻罗马时，马西亚水渠的供应中断，导致浴场和蓄水池被彻底废弃。浴场的遗迹一直保存到 1876 年，后被完全拆除，以建造现在的特米尼火车站。

浴场的内部设计

戴克里先浴场的设计受到了大马士革的建筑师阿波罗多罗斯设计的图拉真浴场的启发，它与图拉真浴场一样，在浴场外围建有一个大型半圆形大厅（卡拉卡拉浴场则没有）和带有半圆形壁龛的长方形热水浴室，取代了更传统的圆形热水浴室。除此之外，其他的浴室都采用了传统的房间设计。人们可以沿着浴场的短轴线，从热水浴室开始，穿过不同温度的浴池，最后到达最冷的池子（游泳池或露天池）。年轻人进行搏击训练的两个角斗学校位于浴场长轴线的两侧。

精致奢华的浴场里有专门用于保持身体卫生的房间，也有用于智力培养的地方：沿着浴场的外墙分布有图书馆和用于阅读、背诵诗歌与哲学作品的房间。其中最大的房间是一个半圆形的大厅，现在已经成为繁忙的共和国广场（Plaza de la República）。

尽管浴场的中央建筑已经破败不堪，但人们仍然可以从剩下的部分感受到整个建筑群的宏伟，因为米开朗琪罗和建筑师贾科莫·德尔·杜卡（Giacomo del Duca）将这部分建筑改造成了天使之后圣殿和加尔都西会修士的修道院。

SC̄S
CORE

宗教的熔炉

马克森提乌斯在米尔维安大桥战役中的失败不仅结束了他篡位统治罗马帝国的皇帝生涯，也使他面临着记录被抹杀之刑——他的名字本应出现在他推动建造的众多公共建筑上，但被君士坦丁大帝取而代之。也是君士坦丁大帝将罗马变成了基督教世界的首都，他在公元313年颁布的《米兰敕令》（*Edictum Mediolanensis*）赋予罗马帝国人民信仰基督教的自由，这促使了大量建筑工程的产生，人们以此纪念几个世纪以来基督教信众秘密聚集的地方。

在这个时期，罗马城内出现了一座基督教大教堂（拉特朗圣约翰大殿），教皇在此主持礼拜仪式。与此同时，罗马城外也建立了许多大教堂，人们在教堂中敬拜最受尊敬的圣人和殉道者。这些教堂通常位于他们的私人陵墓附近，或者位于他们被埋葬的地下墓穴和墓地附近。此外，人们还在教堂中举办葬礼宴会来纪念他们的祭日，并以弥撒将纪念活动推向高潮。

《教皇之书》（*Libro de los papas*）中提到了梵蒂冈的圣彼得大殿、奥斯提亚大道上的城外圣保罗大殿（Basílica de Santa Pablo Extramuros）、诺门塔纳大道上的城外圣阿格尼斯圣殿（Basílica de Santa Inés Extramuros）、提布提纳大道上的城外圣洛伦佐圣殿（Basílica de San Lorenzo Extramuros），以及位于拉比卡纳大道的纪念圣玛策林及圣彼得的圣殿。另外，建于塞索里安宫内的耶路撒冷圣十字圣殿旨在供奉圣海伦纳从圣地返回时带到罗马的圣十字架。

然而，非基督教的其他宗教崇拜并没有迅速消亡，因为帝国通过崇敬神灵而得以存续的想法在罗马人民的思想中根深蒂固。公元415年，霍诺留皇帝和狄奥多西二世（Teodosio II）颁布了一项法律，勒令关闭异教的神庙。不过，许多传统的宗教仪式仍然延续了几个世纪，并最终被纳入基督教的日历中。

■ 宗教的熔炉

拉特朗圣约翰大殿

拉特朗圣约翰大殿（Basílica de San Juan de Letrán）所在的拉特朗地区位于罗马东南的切利奥山上，与塞索里安宫毗邻。拉特朗圣约翰大殿建在帝国骑兵营的遗迹上——君士坦丁大帝为惩罚忠于马克森提乌斯的骑兵队而将骑兵营摧毁。大殿旁边是罗马的主教驻地，建在塞普蒂米乌斯·塞维鲁赠予塞克斯提乌斯·马吉乌斯·拉特朗努斯（Sexto Magio Laterano）的宏伟住宅原址之上。拉特朗努斯来自罗马较负盛名的执政官家族之一，他参加了第一次帕提亚战争，并担任公元197年的执政官。罗马的拉特朗地区就是以他的名字命名的。

▶ 建筑师博罗米尼（Francesco Borromini）在1646年至1649年对拉特朗圣约翰大殿的五个中殿进行了改造。

◀◀ 卢奇那墓室的壁画中的圣徒哥尼流和西普里亚诺。卢奇那墓室是圣卡利克斯图斯地下墓穴的一部分。

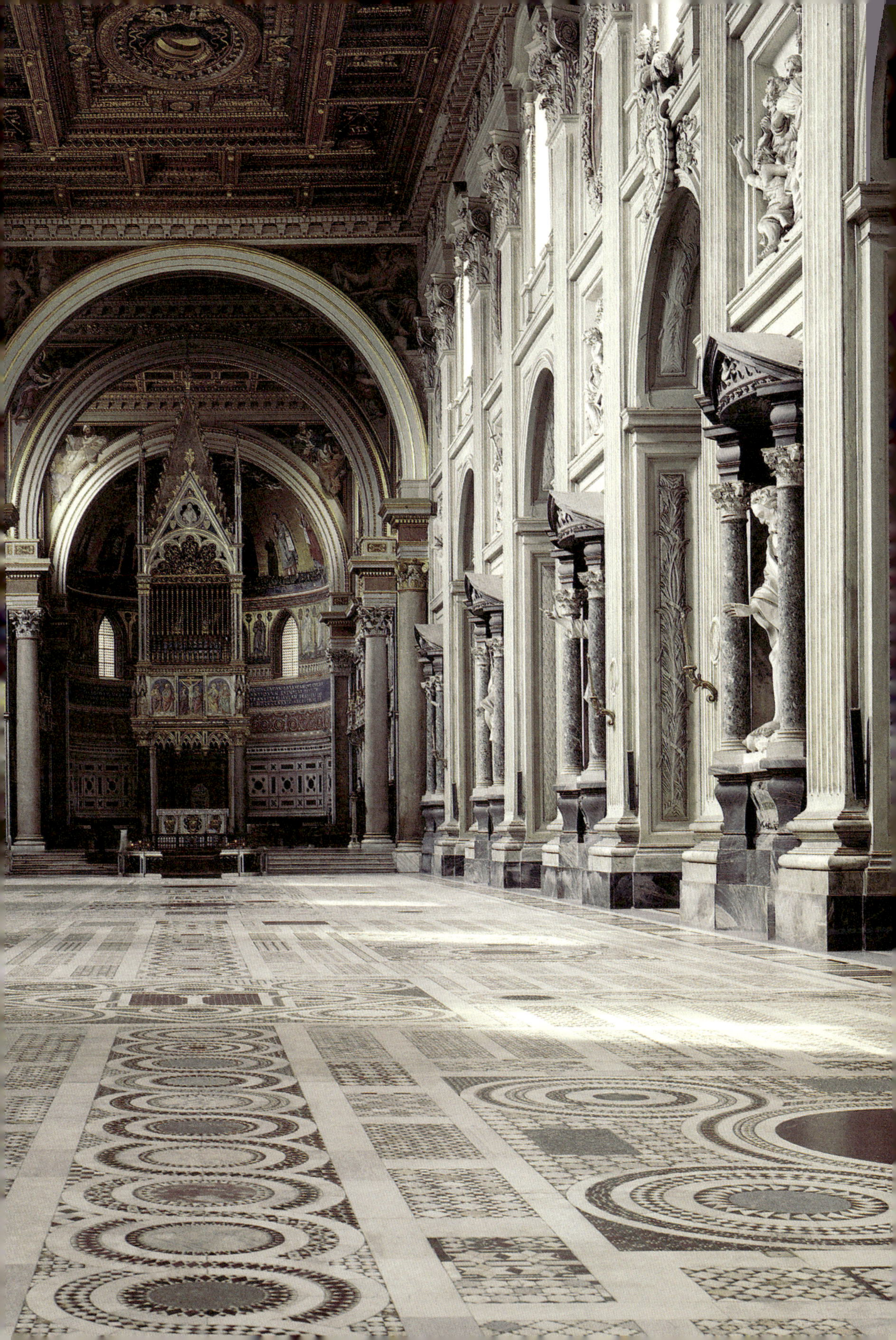

■ 宗教的熔炉

在公元 4 世纪之前，基督教信众没有用以开展宗教仪式的公共建筑，因此有必要通过拉特朗圣约翰大殿开创一个基督教宗教建筑的形制。拉特朗圣约翰大殿的设计灵感并非来源于希腊和罗马的异教神庙，而是来源于世俗的巴西利卡大殿，其建筑功能丰富，且有足够的空间来容纳众多信徒。尽管基督教大教堂与早期的世俗大殿有明显的相似之处，但其建筑内部的通道设计并不相同。教堂的纵向轴线占主导地位，连接教堂东侧的主入口和教堂另一端的半圆形后殿内的祭坛。

建筑模板

拉特朗圣约翰大殿的建造确立了基督教大教堂的形制（教堂呈长方形而非十字形，分为五个中殿），许多教堂采取了这种形制，并在尺寸和细节上各有不同。不过，这并不是基督教主教座堂和教堂采取的唯一形制。君士坦丁大帝本人在安塔基亚城建造了八角形教堂，这是一个集中式的教堂，它启发了建于公元 546 年至公元 548 年的拉文纳的新圣亚坡理纳圣殿（Basílica de

三角楣的顶部有一系列真人大小的银质雕像，描绘的是传统基督教的著名人物。拉特朗圣约翰大殿的装饰非常奢华，因此也被称为"黄金大殿"。

拉特朗圣约翰大殿有五个中殿。中央中殿最宽，其顶部开有大窗。两侧的四个殿堂较低且较窄。五个中殿由长排柱子隔开。

半圆形后殿的拱顶铺着多色马赛克镶嵌画，描绘了威严的基督以及使徒和天使长。

支撑三角楣的柱子（及其柱头）是现存最大的古罗马青铜器之一。柱身的高度略微超过7米（24古罗马英尺），爱奥尼克式的柱头高99厘米（3.5古罗马英尺）。

祭坛和主教座席被放置在中央中殿的半圆形后殿里，与大殿的纵轴位于同一条线上。

两侧的大理石座的唯一功能是划定主教行至祭坛的走道的边界。

地面最初的铺面没有保存下来，但可以根据受其影响的建于公元5世纪的大殿的地面装饰将其再现。

San Apolinar el Nuevo）、公元 537 年至公元 562 年在查士丁尼一世统治期间建于君士坦丁堡的圣索菲亚大教堂（Santa Sofía）等基督教教堂。

新建的教堂希望通过华丽的内部装饰为教皇主持的神圣礼拜仪式创造一个恢宏、庄严而奢华的环境。所有的装饰元素都受到了异教的皇宫装饰的影响。主教座席被打造成一个真正的宝座，位于大殿的半圆形后殿里，其位置类似于世俗的巴西利卡大殿中法庭的位置。主教座席前的祭坛是整个教堂的焦点，它与中央中殿的纵轴在一条直线上。中央中殿两侧的大理石座划定了主教带领随从行至祭坛的走道的边界，这让人想起皇帝出行时的随从队列。

主教座席和祭坛的外围有一座设计巧妙的建筑，它由四根镀金的青铜柱（包括柱头在内高 8 米）与其支撑的一个三角楣组成，三角楣上有基督、天使长和使徒的银质雕像。教堂的地面、墙壁和拱顶都铺着珍贵的大理石和彩色的马赛克砖，使整座建筑的装饰更为完整。

洗礼堂

拉特朗圣约翰大殿外有一座独立的八角形洗礼堂，建在一座住宅的私人浴场的遗迹上。每年复活节时，主教在洗礼堂内为信徒进行洗礼，洗礼仪式取代了前君士坦丁时代的浸泡在水池中进行净化的仪式。洗礼堂的外围有 8 根斑岩柱子，洗礼池位于洗礼堂的中心。洗礼堂的拱顶上铺着植物图案的蓝色马赛克镶嵌画，其色彩和美感与朴素的洗礼堂外墙形成了鲜明的对比。

建在使徒墓上的圣殿

梵蒂冈的圣彼得大殿建于公元324年前后，为纪念十二门徒之首彼得而建。彼得葬于科内利亚大道（Vía Cornelia）的异教墓地，那里成了信徒们的朝圣之地。建于16世纪文艺复兴时期的大殿建立在初代大殿上方3米处，并改变了原来的建筑结构。

在 教皇西尔维斯特一世（Silvestre I）的鼓励下，君士坦丁大帝在罗马城外修建了10座专门用于祭祀殉道者的大殿，其中建于公元324年前后的供奉使徒之首彼得的大殿最具代表性。圣彼得大殿的面积比拉特朗圣约翰大殿更大，并改变了后者创立的教堂形制，在中央中殿和半圆形后殿之间增加了一个耳堂，作为朝圣者围绕彼得之墓走动的空间。

此外，作为纪念殉道者的大殿，圣彼得大殿也是信仰基督教的特权阶级的墓地。他们要求埋葬在圣人的坟墓附近，以求升入天堂。

君士坦丁时期的初代圣彼得大殿中只有被称为"主教石窟"或"梵蒂冈石窟"的部分地面保存了下来，它们位于多纳托·伯拉孟特（Donato Bramante）设计的16世纪的圣彼得大殿底下3米处。事实上，为了使新大殿的平面设计更加接近经典的设计，文艺复兴时期的建筑师和后来的小安东尼奥·达·桑加罗（Antonio da Sangallo el Joven）从1520年开始在初代大殿的拱顶（拱顶下埋藏着初代大殿的遗迹）之上建造了新的大殿。

通过1597年发现的朱尼奥·安尼奥·巴索的石棺上的浮雕，人们得以重现君士坦丁时期的圣彼得大殿的一些建筑和装饰细节。巴索的石棺正面刻着带有采摘葡萄图案的柱子。这些柱子的原型是围绕在大殿的祭坛周围的柱子，根据《教皇之书》所述，它们是君士坦丁大帝从东方带到罗马的。石棺上的基督图像的灵感则来源于大殿中两幅镶嵌画：一幅镶嵌画位于分隔中央中殿和耳堂的凯旋门上方，描绘的是基督坐在代表世界的球体上；另一幅镶嵌画位于半圆形后殿上方，展示了基督向使徒彼得和保罗递交法律、传递福音信息的场景。

圣彼得大殿的地基

在教皇庇护十二世的任期内,人们在梵蒂冈石窟的土层之下,即君士坦丁时期的圣彼得大殿的地基处,进行了两次考古发掘(时间分别为1940年至1949年、1953年至1957年)。发掘工作开始不久,人们就发现了几个罗马人的坟墓,它们属于一个异教墓园,位于通向梵蒂冈山上的卡利古拉竞技场(Circo de Calígula)的科内利亚大道两侧。

在祭坛正下方的区域,经过极其复杂的考古工作,人们发现了一座纪念碑,被认为是竖立在神圣的使徒彼得之墓上的纪念碑。这个判断有两个依据:一是基督教史学家恺撒利亚的优西比乌对这块石碑的描述;二是公元2世纪末的一位名为盖乌斯的牧师的理论,他认为彼得之墓位于梵蒂冈,而非弗里吉亚。这座被称为"盖乌斯的战利品"的纪念碑在君士坦丁时代被用以纪念神圣的使徒彼得。彼得的遗骨被包裹在金色刺绣的紫布中,应该被埋葬在梵蒂冈石窟内。

■ 卡利古拉竞技场(1世纪)   ■ 君士坦丁时期的圣彼得大殿(4世纪)
■ 异教墓园(2—4世纪)   ■ 新圣彼得大殿(16世纪)

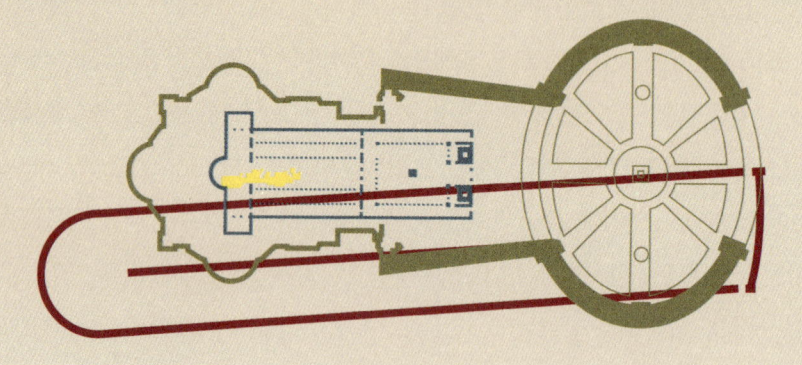

从墓穴到大殿

安葬使徒彼得遗骨的墓穴与"盖乌斯的战利品"纪念碑相连,墓穴上满是虔诚的涂鸦。墓穴的位置决定了圣彼得大殿的特殊朝向。大殿建在一个人工平台上,将异教墓园和部分卡利古拉竞技场掩埋在底下。

公元64—67年

圣彼得之死 使徒彼得死于罗马,但他下葬的地点并不确定。在公元3世纪中叶,人们在6月29日举行纪念圣彼得的节日,但活动地点不在梵蒂冈,而是在圣塞巴斯蒂安地下墓穴。

公元161年前后

"盖乌斯的战利品" 根据恺撒利亚的优西比乌的说法,"盖乌斯的战利品"是一座与使徒彼得的坟墓有关的纪念碑,它建在梵蒂冈。他还提到了盖乌斯牧师。

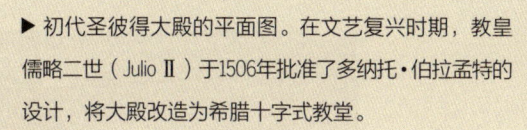

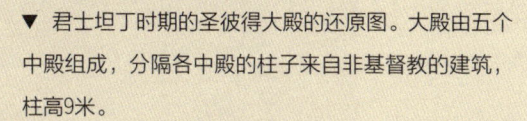

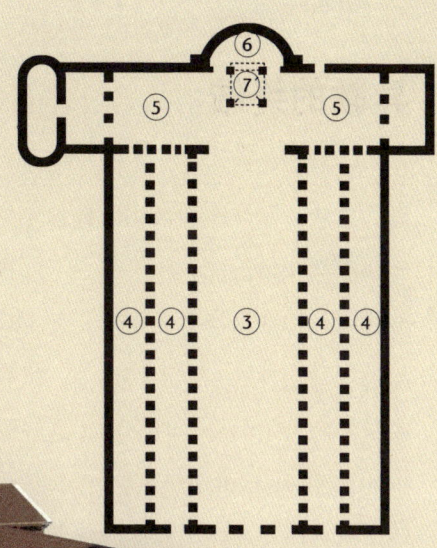

▶ 初代圣彼得大殿的平面图。在文艺复兴时期，教皇儒略二世（Julio Ⅱ）于1506年批准了多纳托·伯拉孟特的设计，将大殿改造为希腊十字式教堂。

▼ 君士坦丁时期的圣彼得大殿的还原图。大殿由五个中殿组成，分隔各中殿的柱子来自非基督教的建筑，柱高9米。

① 中庭
② 前廊
③ 中央中殿
④ 侧殿
⑤ 耳堂
⑥ 半圆形后殿
⑦ 祭坛

公元324年前后
初代圣彼得大殿 教皇西尔维斯特一世说服君士坦丁大帝，在梵蒂冈山上的使徒彼得的墓地处建造一座大殿。

公元1520年
文艺复兴时期的圣彼得大殿 小安东尼奥·达·桑加罗接手了多纳托·伯拉孟特的工作，修改了最初的建筑设计，将新大殿建在初代大殿的拱顶上。

公元1602—1629年
平面结构的改变 建筑师卡洛·马代尔诺（Carlo Maderno）改变了大殿的平面结构，将其调整为拉丁十字式教堂的形制。

公元1940—1949年
异教墓园 在考古发掘梵蒂冈石窟的工作中，人们发现了科内利亚大道上的异教墓园内的几座坟墓。

宗教的熔炉

异教的终结

尽管基督教从公元4世纪起成为拥有最多信徒的宗教，但其他神祇和宗教，尤其是那些从公元3世纪开始传播、源于东方、宣扬死后灵魂得救的宗教在罗马拥有大量信徒。罗马的公共生活与对罗马众神的崇拜密切相关，宗教节日庆典与最重要的祭祀活动同时举行，这些活动旨在维护神的和平（paxdeorum）。由于罗马民众认为这些节日可以"补充"他们的信仰并积极参与，这些活动一直持续到公元5世纪。

由于人们坚定地相信罗马的存续依赖于对传统的严格遵循，一些最重要的异教节日在古典时代晚期的罗马历中得以保留，直到后来一些基督教节日选择在前者的同一日期举行，以削弱其重要性。因此，一个生活于公元4世纪的信奉基督教的

◀ 朱庇特·多立克努斯打扮成罗马将军的样子，但他穿戴着弗里吉亚人的帽子和鞋子。朱庇特·多立克努斯被认为是其追随者的健康和帝国权威的保护神。
🏛 现藏于卡比托利欧博物馆

罗马公民参加罗马的传统宗教节日并不奇怪，比如，每年 2 月 15 日的古老的牧神节，在这个节日里，牧神卢波库斯（Lupercus）的祭司们几乎是赤身裸体地在帕拉蒂尼山上奔跑，以带有强烈性意味的方式鞭打在场的人；他也可能会参加每年 3 月 27 日护送地母神像从帕拉蒂尼山到阿尔蒙河的游行——游行在血祭仪式三天后举行，在血祭仪式中，地母神的追随者们模仿阿提斯，公开阉割自己。

▲ 圣埃斯特万密特拉寺（Mitreo de San Esteban）中的浮雕，描绘了屠牛仪式中的伊朗的神祇密特拉。这个仪式被认为可以保持生育能力。密特拉的周围有象征宇宙和黄道带的符号，如蛇、狗和蝎子，以及随从考泰斯与考托佩斯（Cautes y Cautópates）。
现藏于罗马国家博物馆

拉特朗圣克莱孟圣殿，从密特拉寺到基督教大教堂

献给教皇克莱孟一世（Clemente Ⅰ）的建于中世纪的拉特朗圣克莱孟圣殿（San Clemente de Letrán）是罗马不同时期的建筑叠建的最重要的例子之一。拉特朗圣克莱孟圣殿建在一座公元4世纪的巴西利卡大殿之上，大殿下面是建于公元2世纪中叶的属于提图斯·弗拉维乌斯·克莱孟图斯（Tito Flavio Clemente）的大宅的遗迹。克莱孟图斯是一位皈依基督教的元老院成员，他将自己的房子提供给该地区的基督教社区，并将其改造成基督教信众的聚会所。这座宅邸本身又建筑在公元1世纪末或2世纪初的一些仓库的底层，仓库的中央庭院和带拱顶的房间对称地分布在建筑的四面，在建成一个世纪后被遗弃和埋葬。

1912年至1913年，在为圣殿修建地下排水渠的过程中，人们发现了位于切利奥山和埃斯奎利诺山之间的山谷中（拉特朗圣克莱孟圣殿正是位于此地）的更为古老的建筑遗迹，主要是一些建于罗马共和国时期和罗马帝国初期的公共建筑，其中大部分毁于公元64年的大火，还有一幢弗拉维王朝时期的双层住宅，一条狭窄的小巷将其与上述的仓库分隔开。这座住宅有一个半地下的中央大厅，被用作夏季餐厅，其周围有一个隐廊和一些房间。在公元2世纪末，住宅的半地下部分被改造成一座密特拉寺，有典型的密特拉岩洞。在用于进行新教徒的入教仪式的房间中，有一个装饰有神话场景的图画的前庭和一个密特拉学校，信徒们在那里通过各种测试象征性地完成七个阶段的净化过程。到公元4世纪末，密特拉寺中的密特拉祭坛被暴力破坏，寺庙的大部分被掩埋，只有几个与住宅上部相连的房间幸免于难。

❶ **今天的拉特朗圣克莱孟圣殿**
1084年初代大殿被诺曼人烧毁后，枢机主教阿纳斯塔修斯（Anastasius）在1099年至1120年重建了公元6世纪的基督教大殿，并一直保存至今。

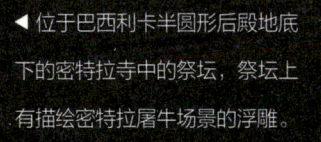

◀ 位于巴西利卡半圆形后殿地底下的密特拉寺中的祭坛，祭坛上有描绘密特拉屠牛场景的浮雕。

▼ 经过11世纪末至12世纪初的修复后的圣克莱孟圣殿内景。

❸ **密特拉寺和仓库** 大殿下有两座建筑的遗迹。第一座是一个仓库，由一系列围绕中央庭院的长方形房间组成，在公元2世纪被一个私人住宅取代，该住宅后来成为当地基督教会的总部。第二座建筑是一个带有半地下室的住所，那里有一座密特拉寺。

❷ **初代大殿** 初代大殿建于公元313年《米兰敕令》颁布之后，在经过扩建后被献给教皇克莱孟一世。大殿的半圆形后殿建在与克莱孟图斯的住宅相邻的住宅下面的密特拉寺之上。大殿内保存着罗马古老的基督教壁画。

此外，传统宗教的祭司可以信奉东方宗教——如密特拉教，或是对库柏勒、伊希斯或朱庇特·多立克努斯（Júpiter Doliqueno）的崇拜——同时并不放弃其祭司职位。因此，公元4世纪中叶的罗马贵族，如维提乌斯·阿格里乌斯·普雷特斯塔图斯（Vettio Agorio Pretestato），能够在其一生中担任各种官方祭司的职务，如占召官或灶神维斯塔的祭司，但这并不妨碍他参加地母神的祭祀仪式，在公牛血中沐浴，或参与密特拉教的屠牛仪式，或担任赫卡忒女神（Hécate）的祭司。

然而，基督教的神父们不接受异教的多神论，所以他们试图消除非福音书中所宣扬的任何宗教形式。为了达到这个目的，他们经常改变某些基督教节日的庆祝日期，有意将新的日期定在罗马传统的宗教节日的日期。例如，纪念无敌者索尔（Sol Invictus，一个与弗里吉亚神祇密特拉有关的神）诞生的节日被公元4世纪开始庆祝的12月25日的基督诞生节（圣诞节）所取代；3月24日不再举行阿提斯的血祭仪式，而是改为圣餐仪式，以纪念基督为赎免世界的罪恶所做的牺牲。

对异教徒的迫害

逐渐取代罗马主要传统宗教节日并不足以消灭传统宗教。借用考古学家和历史学家安德烈·皮加尼奥尔（André Piganiol）的名言，可以说罗马的传统宗教不是自然消亡的，而是被杀死的，因为当时制定的法律严厉禁止对这些宗教的崇拜。在公元4世纪下半叶，罗马的大部分密特拉寺被洗劫一空，其祭坛被暴力摧毁，城市的神庙和神殿被永久关闭（《狄奥多西法典》），而农村的神庙仅作为竞技比赛的场所保持开放。为了规劝人们不再信仰非基督教的其他宗教，霍诺留皇帝在公元416年规定，任何信仰异教神祇的官员均不得参与国家管理。

地下墓穴

在公元后的最初几个世纪中，基督教徒、犹太教徒与其他宗教信徒的下葬方式和地点是一样的，他们都将死者埋葬在城外郊区道路两旁的墓地，因为已知的最古老的罗马法律（《十二铜表法》）中的一个条文规定，出于卫生原因，尸体不能火化或埋在城内。

公元2世纪末以来，主要是从公元3世纪开始，一方面由于基督教信众的增多及其相互之间立下的道德约束和利他主义承诺，另一方面由于土葬方式取代了火葬习俗，最早的基督教徒集体墓地开始形成。这些墓地在地下挖掘而成，最终形成了数公里长的相互连接的地下通道，所有无力支付露天墓葬费用的人都可以安葬在此。与19世纪浪漫主义文学所传播的说法相反，罗马政府并非不知道这些墓葬地的存在，他们完全知道，以至于在迫害异教徒期间将这些墓地没收充公，直到清除异教徒后才归还教会。

这些地下墓地的名称是"墓穴"（cripta）。源自希腊语的"地下墓穴"一词（catacumba）最初指的是罗马的一个地区，位于阿庇亚大道的第二至第三罗马里的路段、城外圣塞巴斯蒂安圣殿（San Sebastián Extramuros）和马克森提乌斯竞技场之间，这里有一个因开采普佐拉纳岩（一种火山岩）而产生的地面凹陷。在公元3世纪，人们在这片区域内开掘了著名的基督教墓地，即圣塞巴斯蒂安地下墓穴（Catacumbas de San Sebastián），也被称为"紧邻地下墓穴"（ad catacumbas）。在中世纪，"地下墓穴"的名称被应用到所有其他具有类似特征的基督教和犹太教墓地。

罗马的地下土层具有特殊的地质特征，人们因此得以在罗马建造了大约60个地下墓穴，并在不同的深度挖掘出总长数百公里的通道，最大深度为20米。墓道宛如黑暗迷宫，宽约9米，高低不一。墓道的墙壁由火山凝灰岩砌成，被充分地用于打造壁龛，数量众多的壁龛在墓穴内层层排列，无穷无尽。人们将遗体包裹在薄裹尸

■ 宗教的熔炉

布中并葬于壁龛中，再用大理石或赤土板将壁龛覆盖，板上刻着简单的铭文，写着死者的名字和他活过的天数、月数和年数。

圣杰罗姆（San Jerónimo）在他的《〈以西结书〉评注》（Comentario sobre Ezequiel）中回忆了他在公元5世纪初探访罗马地下墓穴的经历："我们进入了在地底挖掘的墓道，里面挤满了坟墓……从外面射进来的一束奇怪的光微微照亮了黑暗，但光线很弱，似乎是从缝隙中透进而不是从天窗进入的。我们一步一步地慢慢前进，完全没入黑暗之中。此时，维吉尔的话浮现在我的脑海中：'魂灵被恐怖和沉默吓倒。'"

然而，坟墓各不相同，也不是所有的地下墓穴都是如此幽闭恐怖的。一些基督教贵族家庭斥巨资在殉道者墓附近购置土地，并在那里建造了宽敞的家族墓室，这些墓室用美丽的壁画做装饰，有的还在地面上铺设了

▶ 圣卡利克斯图斯地下墓穴（Catacumbas de San Calixto）的墓道之一，由罗马考古学家乔瓦尼·巴蒂斯塔·德罗西（Giovanni Battista de Rossi）于1850年发现。教皇的墓室和圣则济利亚的墓室都是在这个墓穴内发现的。

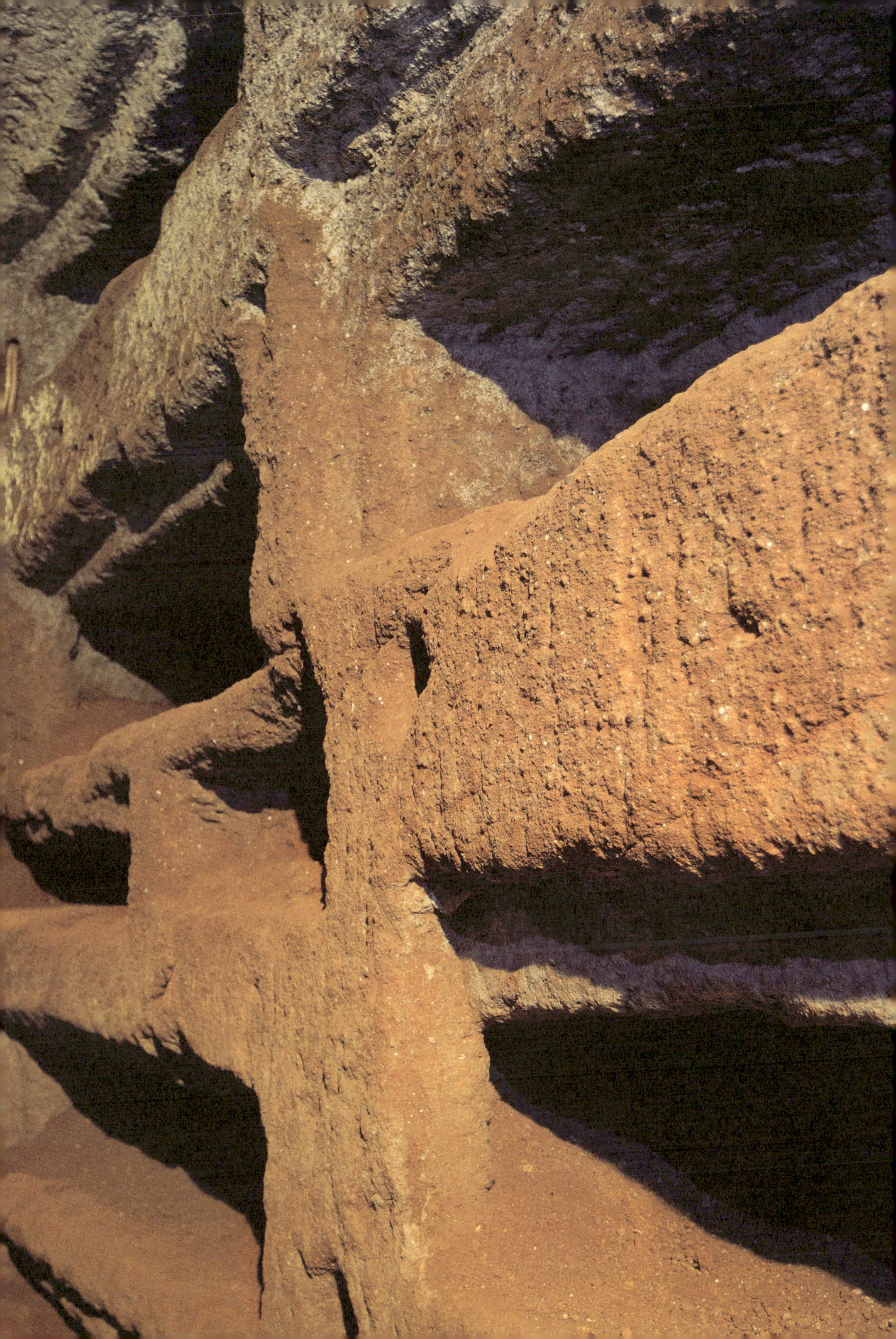

宗教的熔炉

马赛克镶嵌画，使从天窗照进来的光线的亮度成倍加强。家族中最杰出的成员的遗体被安放在石棺中，石棺上精美的雕刻装饰描绘了《旧约》与《新约》中的场景。这些石棺被放置于拱形凹槽中。

朝圣者的圣地

从君士坦丁大帝统治时期开始，地下墓穴开始具有了纪念性意义，人们在最受尊敬的殉道者和圣徒的墓穴上方修建了圣殿，吸引了来自帝国各地的成千上万的朝圣者。由于基督教信徒的大量涌入，在公元4世纪末，人们开辟了参观罗马圣殿和地下墓穴的路线，部分经过修复、添加了特别的灯光的墓道是参观的重点。不过，在公元6世纪中叶，因为担心殉道者的遗骸会被入侵的野蛮人破坏，人们将遗骸转移到新教堂内，这种地下墓穴内的"宗教旅游"也随之结束。

此后，许多基督教墓地被遗弃，绝大部分记录墓地名称和位置的相关记载都消失了，尽管遗物贸易在几个世纪中一直很繁荣。出现在遗物市场上的不仅有殉道者的遗体，还有与他们的遗骸接触过的织物或在他们

墓地的深度取决于地面的强度。地下墓穴最多可以有5层，最大深度为20米。

掘墓人不仅参与墓地的挖掘，也参与墓地的管理。掘墓人的队伍中包括绘制壁画和铺设马赛克镶嵌画的专家，以及装饰拱形凹槽和墓室的专家。

亡灵之城

与私人墓穴不同，公共地下墓穴设计之初就为扩建留下了空间。私人墓穴由数个地下墓室组成，面积较小，属于信奉基督教的贵族家族。

最简单的壁龛在墓道的墙壁上排成一排，被称为"loculi"（意为"小地方"）。遗体被包裹在裹尸布中，有时还伴有一件小的遗物，并被安放在这些壁龛中。壁龛上覆盖着瓦片、石板或赤土板。

富裕的基督徒在殉道者和圣徒墓穴附近花费了大笔钱财，在那里他们为自己建造了更大的、装饰更豪华的墓室。

墓道平均宽度为9米，高度不一，这取决于地下土层的地质特征。罗马的地下土层富含凝灰岩，易于挖掘，同时也有一定的抗塌陷能力。

天亡的孩子通常被埋葬在小壁龛中。小壁龛大多位于墓道的十字路口处。

■ 宗教的熔炉

早期基督教的象征符号

区分公元1至2世纪的罗马墓园中的基督教徒墓与异教徒墓并非难事。虽然不同宗教信仰的死者的墓碑形式和葬礼仪式相同，但有时墓碑上刻的标志图案可以帮助我们识别出基督教徒的坟墓。主要的标志有：

① **凯乐符号** 这个符号由基督的名字在希腊语中的前两个字母Χ（xi）和Ρ（ro）组合而成，从君士坦丁大帝统治时期开始使用。公元4世纪，人们经常在这个标志的两边加上阿尔法（Α、α）和欧米伽（Ω、ω）这两个字母，以表达救世主的本质，即万物的开始和结束。

② **鸽子** 鸽子的形象分为两种，区别在于是否衔着橄榄枝。鸽子代表被拯救的灵魂或上帝的干预。鸽子也与洗礼有关，它应该被理解为圣灵存在的象征。

③ **善牧者** 在古希腊艺术中，善牧者的形象被描绘成荷牛人或荷羊人（肩上扛着作为祭品的牛犊或羊羔）。后来，这个符号象征基督照顾他的信徒羊群。在墓葬中，田园牧歌的主题经常出现，以唤起人们对天堂的向往。

④ **鱼** 它的希腊语名字"ΙΧΘΥΣ"，是"耶稣基督，上帝的儿子，救世主"这一表述的缩略语。根据主教特土良的说法，鱼也象征着洗礼的圣事。

⑤ **孔雀** 和凤凰一样，孔雀也被认为是一种肉身不朽之鸟。因此，主教特土良和圣奥古斯丁经常将其作为人类灵魂不朽的象征。

的墓室中燃烧过的灯油。

16世纪，学者安东尼奥·博西奥（Antonio Bosio）和奥诺弗里奥·潘维尼奥（Onofrio Panvinio）再次发现了许多罗马地下墓穴，他们以极大的热情对这些墓穴进行探索、绘图和

研究，并促使了一门新学科——基督教考古学的诞生。这门学科主要是在19世纪由乔瓦尼·巴蒂斯塔·德罗西发展起来的，在他的巨著《罗马的地下基督教》(*La Roma sotterranea cristiana*)中，他详细描述了在教皇庇护九世的资助下发现的圣卡利克斯图斯、圣多米蒂拉、普雷特斯塔图斯及普利西拉地下墓穴。

▲ 1956年在修建公寓楼时发现的拉丁道上的地下墓穴。这座地下墓穴是私人墓穴（属于社会地位高的基督徒的家族地下墓穴）的较有趣的例子之一。

君士坦丁娜陵墓

在将帝国的首都迁往君士坦丁堡之前,君士坦丁大帝已经开始在罗马建造一座陵墓,并计划在死后葬于这座陵墓中。虽然它仿照了奥古斯都陵墓、哈德良陵墓和马克森提乌斯的王陵的建筑形式,但其选址非常独特。当时,无论是最贫贱的基督徒,还是最尊贵的皇室成员,所有人都希望自己的墓葬地能够靠近最受尊敬的圣人的陵墓。考虑到这些宗教原因,又或是出于纯粹的政治考量,君士坦丁大帝选择在拉比卡纳大道上靠近圣玛策林与圣彼得的墓穴入口的地方建造他的陵墓。然而,在公元326年之后,他更愿意将自己的遗骨安葬在新首都,在一座使徒圣殿旁建立的另一座陵墓中。因此,君士坦丁大帝在罗马建造的皇陵(现在的罗马托尔·皮格纳塔拉地区)和刻有描绘战斗场景的浮雕的红色斑岩石棺都被用来安葬他的母亲圣海伦纳。

起初,君士坦丁大帝为他的母亲圣海伦纳和他最喜欢的女儿君士坦丁娜保留了另一座陵墓,位于城外圣阿格尼斯圣殿旁。这是一座巨大的圆形建筑,内有12对柱子支撑着穹顶的基座。基座下部为12个拱形结构,上部开有12扇窗户。陵墓的穹顶高19.2米，直径12米，中央有一扇天窗，将其重量作用于陵墓外侧的回廊的拱形穹顶上。

君士坦丁娜的遗体被安放在一具红色斑岩石棺中，与圣海伦纳的石棺成双。巨大的石块上雕刻着动物和长着翅膀的精灵或负责采摘葡萄的厄洛特斯的形象。石棺的长边上环绕着巨大的莨苕花藤。

◀ 君士坦丁娜陵墓内景。这座陵墓最初被改造成洗礼堂，1254年，在教皇亚历山大四世的命令下，它被改造成独立的教堂。

▼◀ 君士坦丁和法乌斯塔的女儿、圣海伦纳的孙女君士坦丁娜的红色斑岩石棺。圣海伦纳被埋葬在一个具有相同特征的石棺中。

🏛 现藏于庇护-克莱孟博物馆

献给巴克斯的镶嵌画

君士坦丁娜的斑岩石棺的浮雕装饰中出现了与罗马酒神巴克斯（Baco）有关的图案，这激发了回廊的拱顶上的马赛克镶嵌画的创作灵感。拱顶的镶嵌画就像刺绣挂毯一样，有着精致的花卉元素、长着翅膀的小天使、从事葡萄采摘和葡萄酒生产的年轻人、各种鸟类、众多舞者以及种类丰富的银质餐具。与这些受异教传统启发的装饰不同的是，覆盖陵墓的穹顶的镶嵌画描绘了《圣经》中的故事。它在1620年被毁，但葡萄牙画家弗朗西斯科·德·霍兰达以绘画的形式对其进行了复制并得以保存下来。

① 祭坛
② 双柱廊
③ 回廊
④ 外围柱廊
⑤ 前廊

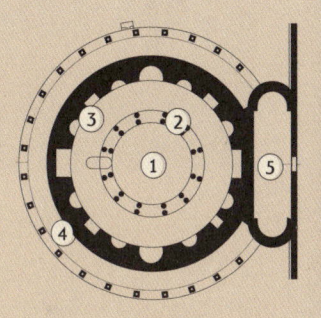

▶ 回廊拱顶上的镶嵌画（局部）。一个年轻人牵着两头牛，牛拉着一辆装满葡萄的车。镶嵌画中还有另外三个在压榨机中踩葡萄的人物，以及一个肩上背着篮子的年轻人。镶嵌画的边缘处是交错的嫩葡萄藤，一些男孩儿正在采摘藤上的葡萄。这幅镶嵌画也许象征着秋天。

使用罗马绘画技术的基督教艺术

公元4世纪的罗马艺术以其特有的艺术手法表达了基督教的思想。主要保存在地下墓穴内的壁画显示了基督教圣像绘画的演变，在演变过程中，前几个世纪中使用的技术和媒介并没有延续下来。

◀《医学课》是一幅来自拉丁路的地下墓穴的壁画，画面中间的医师带着一群学生和一位留着大胡子的助手，用棍子指示尸体的各个部位。

▼ 他的双臂微微张开，双手向上，做出古代的祈祷姿态。在一些基督教的语境中，这个形象被解释为灵魂得救的象征。

尽管《旧约》明确反对偶像崇拜且严令禁止制作圣像，但基督教教堂和墓地中逐渐充满了描绘《圣经》中的人物、场景以及相关的象征符号的壁画，这构成了古典时代晚期的罗马艺术表现的一个特有的主题。

这些壁画是以草图的形式创作的，并且为了引导信徒对其进行新的解读而进行了轻微的修改。壁画所使用的技术是相同的，但随着时间的推移，壁画的完成质量不断下降。壁画的准备层和表层的平滑度都变得非常低，勾画人物的笔触也非常粗糙。此外，人体比例的把控和色彩的搭配也受到了很大影响。

异教壁画中使用的许多绘画主题继续出现在早期基督教绘画中，但人们根据其所处的文化背景对其进行了不同的象征性解读。例如，希腊神话中的歌者俄耳甫斯（Orfeo）能够用甜美的

琴声驯服野兽，而根据哲学家和神学家亚历山大城的圣革利免（Clemente de Alejandría）的解释，在基督教背景下，琴声象征着基督的话语的诱惑力。另外，从灰烬中重生的凤凰或肉身不朽的孔雀，都被用于象征灵魂的复活和永生。

然而，在《旧约》《新约》以及其他未收入《圣经》的经书的启发下，罗马的壁画逐渐形成了自己的主题，目的是通过一种图像话语高扬正义之人得到救赎的理念。反复出现的情景包括约拿被抛出船外并被鲸吞食、但以理身陷狮子坑中，以及三个年轻人因拒绝向法老的雕像表示敬意而被烧死在火炉中。亚伯拉罕的牺牲或拉撒路的复活等场景也经常出现，象征着信仰的力量和基督的权力。

随着基督教的逐步确立，壁画中也开始出现对基督教的美好前景的描绘。在这个时期，绘画中的基督开始以坐在圣座上、身边包围着使徒的形象出现。殉道的场景在基督教壁画发展的后期才出现，因为这类场景对于墓穴所代表的永恒幸福来说过于暴力。同样在晚期出现的还有圣徒的形象，它们在墓穴成为众多朝圣者的圣地的几个世纪中被引入壁画。

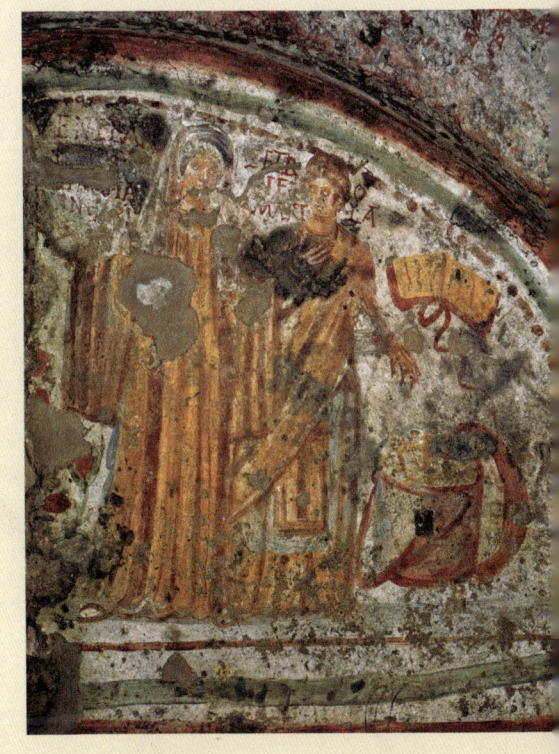

▲▲ 普利西拉地下墓穴中的希腊小教堂的壁画，描绘了一个宴会的场景。

▲ 位于多米蒂拉地下墓穴的维内兰达拱形凹槽的壁画细节，显示死者在使徒彼得的女儿殉道者佩特罗尼拉（Petronila）的陪同下进入天堂（作于公元4世纪）。

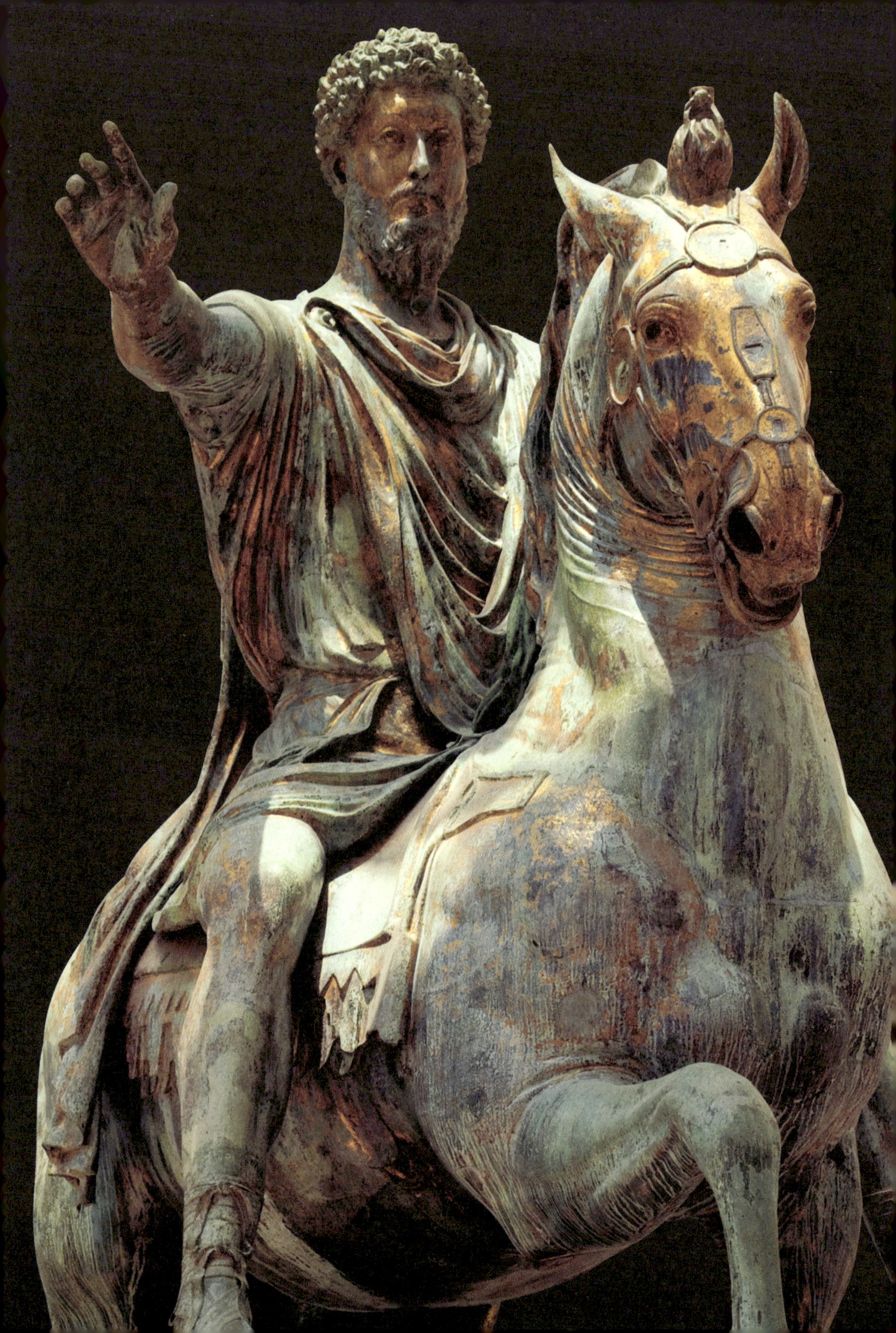

附录

卡比托利欧博物馆	332
罗马文明博物馆	340
梵蒂冈博物馆	346
漫步奥古斯都时期的罗马	352
漫步罗马帝国鼎盛时期的罗马	357
漫步西罗马帝国时期的罗马	360

◀ 马可·奥勒留的雕像。这座雕像在中世纪被放置于拉特朗圣约翰大殿旁,在文艺复兴时期被放置在卡比托利欧广场上。今天该广场上有一座它的复制品。

🏛 现藏于卡比托利欧博物馆

卡比托利欧博物馆

城市	罗马
落成时间	1471年

从多次考古发掘中发现的共和国时期和奥古斯都时期的罗马的考古文物被分送至罗马、意大利和欧洲的其他博物馆。文物的归属与被挖掘的土地的所有者、发掘工作的推动者以及时间有关，它们依据情况归于私人所有或成为市政或国家收藏的一部分。在某些情况下，同一地点出土的考古文物会被分给不同的博物馆。在第一大门区的皇家宅邸发现的文物就是如此：具有象征意义的奥古斯都雕塑在1865年被弗朗切斯科·森尼伯爵（雕塑出土的庄园的承租人）捐赠给教皇庇护九世，从而成为梵蒂冈博物馆馆藏的一部分；而莉薇娅别墅的壁画在原地保留了半个多世纪后被中央文物修复所（Instituto Central para la Restauración）接管，并在1951年后被转移至戴克里先浴场，这是罗马国家考古博物馆的最早的所在地。属于国家的文物还有法尔内西纳别墅的绘画以及在清理台伯河河道的工作中发现的所有古

① 阿波罗索西乌斯神庙的三角楣饰。
② 阿波罗索西乌斯神庙的饰带上的凯旋游行队伍浮雕。
③ 在银塔广场的圆形神庙中发现的战神玛尔斯头像。
④ 来自邦孔帕尼大道（Vía Boncompagni）上的撒路斯提乌斯庄园的部分饰带。

▲圣格雷戈里奥大道（Vía de San Gregorio）上的某座建筑的陶瓦制三角楣饰，上面有纪念战神的动物祭品和两个女神。它于1878年从圣格雷戈里奥大道出土。

物。当时，多梅尼科·马尔凯蒂（Domenico Marchetti）担任工程师，负责监督台伯河流域的挖掘工作，并上报发现的考古遗迹。

博物馆的创立和首批藏品

与梵蒂冈博物馆或罗马国家考古博物馆各分馆所收藏的来自意大利各地的藏品不同，卡比托利欧博物馆的藏品全部来自首都罗马及其周边地区，并与罗马的古代历史紧密相关。这个特色在建馆之初就已经确定了，当时的教皇西斯笃四世（Sixto IV）向罗马人民捐赠了博物馆的第一批重点藏品，包括一组曾保存在拉特朗地区的青铜雕像，如象征罗马的母狼雕像、《拔刺的少年》青铜雕像（el Espinario）、圣加弥禄雕像（el Camillo）以及君士坦丁巨像的头部、右手和一个球体。西斯

333

附录

笃四世教皇捐赠的雕塑数量虽不多，但却是弥足珍贵的。

此后，16世纪在罗马出土的文物通过收购或捐赠的方式进入卡比托利欧博物馆，逐渐丰富了馆藏。这些文物包括最著名的巨像系列（来自屠牛广场的镀金赫拉克勒斯雕像和来自新巴西利卡的君士坦丁巨像的部分），以及其他知名藏品，如布鲁图斯的青铜雕像，或诸如卡比托利欧年表（Fasticapitolini）这样的具有重要历史价值的铭文。这个年表是1547年在古罗马广场上偶然发现的奥古斯都时期的铭文，上面写着公元前483年至公元前19年的历任执政官名单，以及从罗慕路斯建立罗马城到公元前19年的胜利将军的名单。在获得这批藏品不久后，教皇庇护五世将梵蒂冈博物馆希望出手的异教的雕像作品赠予卡比托利欧博物馆。

卡比托利欧博物馆的藏品

博物馆的所有收藏品在保护官宫殿（Palazzo dei

巨型雕像

古代雕塑的尺寸是根据每个雕塑所处的空间来确定的。最大的雕像多由石头和其他材料一起制成，高度可达12米，通常被安置在神庙和巴西利卡内。

神话中的英雄

赫拉克勒斯的巨大镀金铜像，高2.4米，在教皇西斯笃四世时期（15世纪）发现于屠牛广场周边地区。它有可能是公元前2世纪供奉赫拉克勒斯的圆形神庙内的雕像，是留西波斯的一座雕塑的复制品。

弑僭者

1938年在卡比托利欧山上发现的阿里斯托革顿雕像是古希腊雕塑家克里托斯（Kritios）与内西奥特斯（Nesiotes）于公元前5世纪创作的哈尔摩狄奥斯和阿里斯托革顿雕像（Harmodio y Aristogitón）的复制品。雕像中的人物哈尔摩狄奥斯和阿里斯托革顿刺杀了当时的雅典僭主喜帕恰斯（Hiparco de Atenas）。

银塔广场的巨像

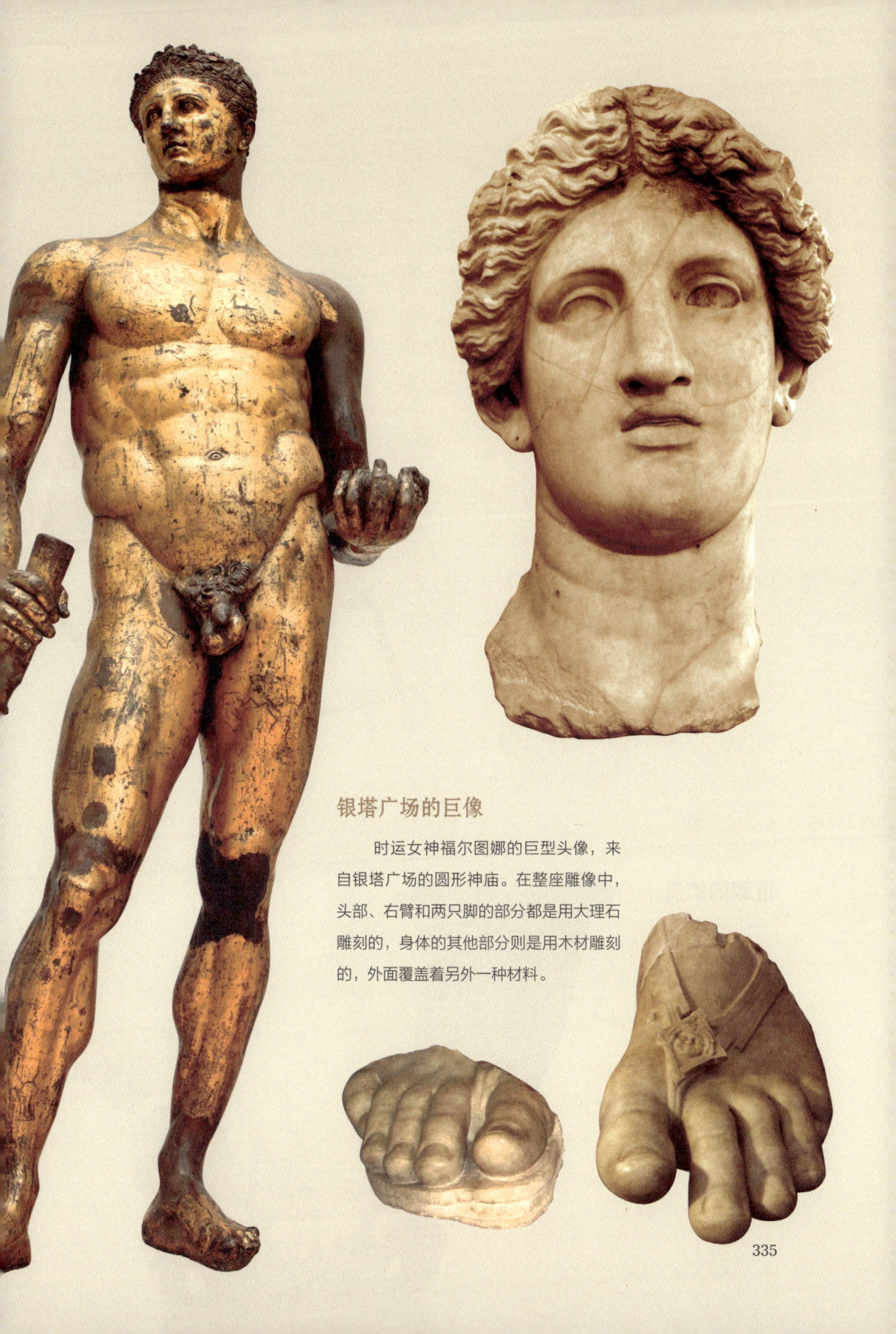

时运女神福尔图娜的巨型头像,来自银塔广场的圆形神庙。在整座雕像中,头部、右臂和两只脚的部分都是用大理石雕刻的,身体的其他部分则是用木材雕刻的,外面覆盖着另外一种材料。

附录

Conservatori）里存放了近一个世纪。1654 年，在米开朗琪罗改造宫殿期间，人们在卡比托利欧广场上保护官宫殿对面的位置建造了新宫（Palazzo Nuovo），并将这些藏品存放在新宫中。当时，马可·奥勒留的骑马像被转移到了广场中央，此前这座雕像一直位于拉特朗圣约翰大殿旁。然而，直到 1734 年，在教皇克莱孟十二世（Clemente XII）收购了枢机主教阿尔巴尼（Albani）收藏的雕像之后，卡比托利欧博物馆的藏品才向公众开放。

罗马在 1870 年成为意大利王国的首都后，在市政建设的过程中发现并出土了大量的雕塑作品。因此，卡比托利欧博物馆的藏品以令人惊讶的速度增加。

馆藏的扩展

在位于奎里纳莱山、维米那勒山和埃斯奎利诺山地区的蒙塔尔托-佩雷蒂-马西莫别墅（Villa Montalto Peretti Massimo）和阿尔铁里别墅（Villa Altieri）等著名的文艺复兴

古典雕塑

莉薇娅·德鲁莎

莉薇娅皇后的宝石浮雕，她蒙着头（可能象征着奥古斯都时期的司祭制度），侧身面对着一位皇室成员（可能是奥古斯都，浮雕的这部分已经遗失）。浮雕是在一块玉髓上雕刻而成的，创作于公元 1 世纪初。

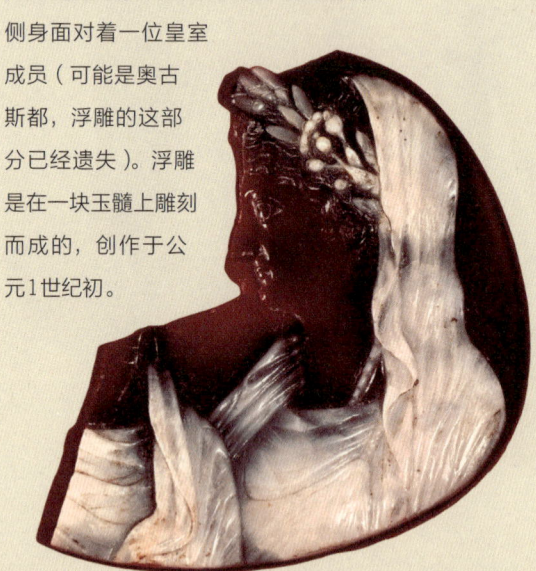

角状来通杯

这个大理石制的喷泉模仿了来通杯（一种饮酒容器）的形状，署名为庞提斯（Pontios）。1874 年，在挖掘埃斯奎利诺山上的梅塞纳斯庄园时，人们在庄园的礼堂附近的一个大厅里发现了这个喷泉。

布鲁图斯头像

这座青铜头像尺寸为69厘米,被认为是罗马共和国的第一任执政官卢修斯·尤尼乌斯·布鲁图斯(Lucio Junio Bruto)的头像,尽管没有任何实际依据可以证明这个推测。布鲁图斯头像由卡尔皮的枢机主教鲁道夫·皮奥(Rodolfo Pio)于1564年捐赠给卡比托利欧博物馆。这座雕像创作于公元前4世纪至公元前3世纪。这个时期的青铜雕像非常罕见,它也因此成为卡比托利欧博物馆中最珍贵的藏品之一。

拔刺的少年

这座小型青铜雕塑尺寸为73厘米,创作年代为公元前1世纪。雕塑中的年轻人试图拔出脚底的刺。这座雕塑在1471年被卡比托利欧博物馆收藏,它是教皇西斯笃四世捐赠给罗马拉特朗地区人民的青铜雕像藏品之一。

身着托加长袍的巴尔贝里尼

这座雕像的创作年代为公元前1世纪末,人物的头部另外雕刻于公元前1世纪中叶。这座雕塑表现的是贵族们在葬礼游行中公开展示本族祖先肖像的权利。

时期的别墅原址之上，人们建造了新的住宅区，以安顿大量的移民。市政建设是一个对城市的大片区域进行考古勘探的无与伦比的好机会。在为铺设下水道或为新住宅区铺设地基而挖掘沟渠的过程中，人们发现了建于公元 4 世纪初的建筑遗迹，这些建筑的地基中混杂了安敦尼王朝时期（公元 2 世纪）的雕塑碎片。人们将这些碎片取出，并暂时存放在罗马的各地。

这一时期的历史记载提到了这些发现的数量："705 只刻有重要铭文的双耳瓶，2360 盏陶瓦制的吊灯，1824 篇刻在大理石或石头上的铭文，157 个大理石柱的柱头，118 个柱基，590 件陶瓦艺术品，405 件青铜艺术品，711 件宝石、雕刻的石头和宝石浮雕，18 具大理石石棺，152 块浅浮雕，192 尊保存良好的大理石雕像，21 尊大理石动物雕像，266 尊半身像和头像，54 幅多色马赛克镶嵌画，47 件金器和 39 件银器，36679 枚金币、银币和铜币，以及无数的陶瓦、骨、玻璃、珐琅、铅、象牙、青铜、铜和灰泥制成的小件文物，其数量之多令人难以置信。"在这些文物中，最初有 133 件雕像被选中，从 1876 年开始在保护官宫殿内的一个木制的八角大厅里向公众展出。其余的文物被存放在卡比托利欧博物馆和切利奥市立文物馆（Antiquariumcomunale del Celio）中，后者后来用于收藏应用艺术的作品。

1925 年，博物馆负责人买下了后来的墨索里尼博物馆（Museo Mussolini）所在的卡法雷利宫（Palazzo Caffarelli）后，公开展出的藏品数量大大增加。20 世纪中叶，卡法雷利宫中增加了一个名为"新侧翼"（Braccio Nuovo）的新展区，位于保护官宫殿的一个侧翼，以及地下长廊（Galleria di Congiunzione）。地下长廊是 1939 年至 1941 年在卡比托利欧广场地下开凿的一条走廊，将各展区连接起来。长廊内展出了超过 1400 篇希腊文和拉丁文的碑文，我们今天只能看到其中的一小部分。博物馆的参观者可以通过这条走廊进入古罗马的国家档案馆，那里保存着刻在青铜板上的法律和官方记录。人们可以从这个位于卡比托利欧山南坡的档案馆俯瞰曾经宏伟的古罗马广场的废墟。在返回博物馆之前，还值得在维迪奥维斯神庙（Templo de Veiove）的遗迹和创作于图密善时代的维迪奥维斯的巨像前驻足。这座神庙建于公元前 2 世纪初，供奉的是罗马的地狱之神维迪奥维斯。

20世纪的翻修

由于需要恢复和调整卡比托利欧博物馆的展览空间，馆藏的大部分雕塑作品于1997年被转移至位于奥斯提亚大道的蒙特马蒂尼中心（Centrale Giovanni Montemartini）。这里原为一个发电厂，非常靠近城外圣保罗大殿。近400尊雕塑被放置在原发电厂的机器之间，其摆放方式经过了精心设计。这里成为欧洲最吸引人的古典雕塑博物馆之一。

值得一提的是，卡比托利欧博物馆最近的翻新工程使其增加了展区，如在克莱门蒂诺宫（Palazzo Clementino）新增的古钱币相关展台，以及卡法雷利宫的新展览室——人们可以从卡法雷利宫的露台上看到卡比托利欧山的朱庇特神庙的基墙，并欣赏罗马的壮丽景色。

罗马文明博物馆

城市	罗马
落成时间	1955年

在 1911年纪念意大利统一50周年之际，罗马市成立了一个庆祝活动的执行委员会，由恩里科·狄·圣马蒂诺（Enrico di San Martino）担任主席，以协调这一年的庆祝活动、大会和展览。委员会最成功的举措是举办了一个历史考古展览。这个展览强调，意大利是"一个具有古老价值的新国家"，意大利政府是过去的伟大文明成就的合法继承人，因此具有存在的正当性。展览在戴克里先浴场举办，这座浴场是罗马帝国伟大的建筑作品之一，当时正在为这个周年纪念活动进行修复。建筑师、考古学家、罗马公共考古委员会秘书及参议员鲁道夫·兰恰尼被委托协调活动并负责这个展览。

这次历史考古展览的目的是展示那些体现"罗马所具有的使其成为'世界的女主人'[27]的道德美德和物质丰裕"的藏品，并为其提供一个永久的展览空间。鲁道

---

[27] 塞万提斯曾称赞罗马是"城市之王和世界的女主人"（Reina de las ciudades y Señora del mundo）。——译者注

① 公元4世纪罗马城的模型，由建筑师和考古学家伊塔洛·吉斯蒙迪创作。
② 一座陵墓中的角斗士浮雕。
③ 描绘演员吹奏排箫的马赛克镶嵌画。
④ 一块来自圣岛的浮雕的复制品，描绘的是一间肉铺。
⑤ 图拉真和普罗蒂娜的半身像的复制品。

夫·兰恰尼在展览开幕式上表示："我们的目的有三个。首先，我们希望拼凑出一幅帝国时期的罗马文明图景，通过展示来自罗马帝国36个行省的展品，体现罗马为帝国境内各地的公共和私人生活的各个方面——尤其是公共工程领域——带来的有益影响。其次，我们希望把自文艺复兴时期以来从罗马盗走的艺术珍品以复制品的形式归还罗马，真品则留在原地，以丰富其他国家的博物馆馆藏。最后，我们还希望重建在动荡年代中被破坏、被分散的建筑群和雕像群。"

▼ 在罗马文明博物馆展出的罗马大角斗场的模型。

罗马文明博物馆的核心就这样诞生了，在这里展出的藏品最初是按照测绘学标准排列的。这次考古展览中展出了来自帝国各个地区的代表性文物，一些最重要的部分以等比例复制品或摹本的

341

附录

献给阿波罗的祭品

这幅浮雕描绘了向阿波罗神敬献的祭品。阿波罗神的塑像矗立在月桂树枝环绕的基座上。献祭者被描绘为君士坦丁大帝、利奇尼奥和君士坦提乌斯一世的模样。目前尚不清楚这块浮雕所属的建筑,尽管人们一般认为它来自哈德良在帕拉蒂尼山上为纪念安提诺乌斯而建的建筑。这块浮雕以及其他弗拉维王朝和安敦尼王朝时期的浮雕在公元315年被重新利用,用于装饰位于罗马大角斗场和帕拉蒂尼山之间的君士坦丁凯旋门。

货船

这个高浮雕描绘的是从海港溯流而上运送货物至罗马等城市的河港的船只。船上的两排各六个桨手正在搬运四桶来自摩泽尔(德国西南部的一个地区)的葡萄酒。这块浮雕来自诺维玛古斯(今德国诺伊马根-德龙地区),现藏于特里尔莱茵州立博物馆(RheinischeLandesmuseumTrier)。

武器

这个投石器是博物馆里各种规模的武器（投石机、冲车等）、栅栏和营地模型中的一个。这个武器用于攻城，是一种带有单个扭力臂的石炮。投石器抛出石弹时机器后部的运动形态类似于野驴（onagro）踢腿的动作。

拉蒂尔比的奥古斯都战利品模型

这座纪念碑建立于公元前7年，位于意大利省和纳博讷高卢省的边界之上。它是元老院决定建立的，以纪念奥古斯都战胜利古里亚人后罗马帝国最终统治阿尔卑斯地区。这座纪念碑的等比例复制品与奥古斯都时期的其他标志性建筑的模型一起展出，如安基拉的奥古斯都和罗马神庙模型以及和平祭坛模型。

343

形式展出，例如，刻在安基拉（今安卡拉）的供奉奥古斯都的神庙墙上的《奥古斯都神功业记》铭文的副本，部分重建的和平祭坛及分散在佛罗伦萨、巴黎和梵蒂冈等城市的和平祭坛的浮雕碎片的摹本，以及来自博斯科雷亚莱、贝尔图维尔、彼得罗阿萨和希尔德斯海姆的美丽宝藏的复制品。同时，也有真品在展览上展出，如维也纳艺术史博物馆中的奥古斯都宝石。

在五十周年庆典结束时，戴克里先浴场展出的文物被转移到罗马隔都的圣盎博罗削修道院（Convento de San Ambrosio en el Ghetto）。罗马帝国博物馆（Museo del Imperio Romano）在这批藏品的基础上成立，并于 1927 年 4 月 21 日落成。然而，随着新藏品的不断增加，博物馆不得不在两年后迁址至真理之口所在广场的博物馆宫（Palazzo dei Musei）。1937 年，罗马举行了奥古斯都诞辰 2000 周年纪念活动。1937 年，在民族自豪感高涨的罗马，政府在民族街的展览宫（Palazzo delle Esposizioni）举办了一个展览，展出罗马帝国博物馆的藏品。在这个时期，考古学家正在从菲亚诺-阿尔马贾宫的地基中抢救出和平祭坛的遗迹，并加快进度发掘古奥斯提亚城的遗迹。

1937 年的展览通过各种展品（如考古文物、钱币、书信）表现了古罗马文明的丰富性，为意大利法西斯政府的文化建设确立了一个典范。这次展览中展出的复制品质量极高，策展人朱利奥·奎里诺·吉廖利（Giulio Quirino Giglioli）对此表示，"不止一位博物馆馆长承认，每当他们看到复制品被打包运走时都必须加以确认，因为他们担心这就是真品"。参展的展品并没有随着奥古斯都诞辰 2000 周年纪念日结束而散佚各地，相反，这次展览促使当地建立了第一个研究古罗马文物的中央博物馆。该博物馆的场馆位于罗马西南地区，这一区域后改称 EUR[28] 区。

罗马文明博物馆现址

罗马文明博物馆于 1955 年 4 月 21 日在现址落成，比原计划晚了 7 年。这个博物馆的藏品全部是分散在世界各地的文物的复制品以及古罗马的重要建筑的模型。使博物馆闻名于世的两件藏品是建筑师伊塔洛·吉斯蒙迪（Italo Gismondi）制作的一个比例为 1∶250 的君士坦丁时期的罗马城模型，以及 125 块图拉真柱的浮雕的

---

[28] "EUR" 是罗马世界博览会（Esposizione Universale Roma）的首字母缩写。——译者注

石膏拓片。这套拓片先由拿破仑三世捐赠给教皇庇护九世，后由教皇庇护十二世赠送给博物馆。它们被安放在一个大展厅里，人们可以近距离地观察浮雕描绘的庆祝战胜德凯巴鲁斯的场景。

今天的罗马文明博物馆有两条不同的观展路线，一种是按时间顺序，观展者通过不同时期的文物看遍罗马从起源到帝国的衰落的历史；另一种是按主题顺序，便于观展者了解古罗马文明的丰富意涵和不同方面。

梵蒂冈博物馆

城市	罗马
落成时间	16世纪

5个多世纪以来,在世界上最小的国家梵蒂冈的中心,汇聚了世界上最令人印象深刻的考古文物,它们来自多位教皇的收藏品。从18世纪开始,在以教皇儒略二世(Julio Ⅱ)的私人古典雕塑藏品为核心的馆藏品基础上,新的藏品逐渐增加。

儒略二世曾委托米开朗琪罗为西斯廷教堂(Capilla Sixtina)的穹顶绘制壁画——对于大多数游客而言,这是梵蒂冈博物馆最吸引人的地方。1503年,儒略二世委托多纳托·伯拉孟特对梵蒂冈的宫殿和教皇英诺森八世(Inocencio Ⅷ)在15世纪末建造的贝尔韦代雷别墅(Villa del Belvedere)进行改造,将两座建筑连接起来。为了弥补它们之间20米的高度差,并连通这些分散在长达300米的区域内的各幢建筑,伯拉孟特设计了一系列的庭院和花园,其中包括贝尔韦代庭院或"雕像花园"

① 密特拉屠牛像。
🏛 现藏于庇护-克莱孟博物馆
② 奥克里库鲁姆浴场（Termas de Ocriculum）的马赛克镶嵌画。
🏛 现藏于庇护-克莱孟博物馆
③ 一个叫阿塞勒斯的男孩儿的墓碑，墓碑上有使徒彼得和保罗的肖像。
🏛 现藏于基督教博物馆

（现在的八角庭院），儒略二世在这里安放了当时最美丽的罗马雕像（贝尔韦代雷庭院的阿波罗雕像、快乐的维纳斯雕像、尼罗河塑像、沉睡的阿里阿德涅雕像和《拉奥孔和他的儿子们》雕像）。

庇护-克莱孟博物馆

1700 年，这些雕像在八角庭院的柱廊下一字排开，并一直保持到18世纪下半叶教皇克莱孟十四世（Clemente XIV）建立庇护-克莱孟博物馆（Museo Pío Clementino）之时。克莱孟十四世本着启蒙运动的精神，希望通过这个博物馆向公

▼ 在一个用"金玻璃"技术（两层透明玻璃之间夹有一片黄金）制作的盘子的底部，刻有一对已婚夫妇的肖像。这个盘子制作于公元3世纪，是在古老的撒拉里大道上的潘菲勒斯公墓（Cementeriode Pánfilo）中被发现的。

347

兄弟石棺

这具石棺之所以被称为兄弟石棺，是因为石棺中央圆形板块的浮雕中的两个人物相貌相似。它周围的多色镀金浮雕描绘的是《圣经》中的场景，如拉撒路的复活、彼得的预言、律法书的颁发、以撒的牺牲和身陷狮子坑的但以理。这具石棺被发现于城外圣保罗大殿。

现藏于基督教博物馆

善牧者雕像

肩扛公羊或羊羔的牧羊人形象在古代艺术中代表虔诚的奉献者。这个意象在基督教中象征着基督是善牧者，也与《马太福音》中迷途羔羊的寓言有关。善牧者的形象经常出现在田园诗的场景中，喻指来世的幸福。这座雕像创作于18世纪，是对一具基督教徒的石棺中发现的雕塑碎片的重组和再创作。

现藏于基督教博物馆

约拿石棺

一具公元4世纪早期的石棺正面雕刻着约拿的故事中最具代表性的场景。故事从石棺的左半部开始，在这个部分，先知约拿被水手扔进海里，被鲸吞食。这里的鲸被描绘成一个类似于特里同（Tritón）的巨大海怪。在石棺的右半部分，海怪驱逐了约拿，并把他扔到一个岛上，在那里他可以在一棵在上帝的旨意下奇迹般地生长的蓖麻下休息。石棺的浮雕中还描绘了《圣经》中的其他场景，如挪亚方舟、拉撒路的复活、两个有关彼得的场景以及象征着渔夫和牧羊人的场景。

🏛 现藏于基督教博物馆

圣海伦纳的石棺

这具石棺由红色斑岩制成，在1777年由加斯帕雷·西比拉（Gaspare Sibilla）和乔瓦尼·皮耶兰托尼（Giovanni Pierantoni）修复，并放置在弗朗切斯科·安东尼奥·弗兰佐尼（Francesco Antonio Franzoni）雕刻的四只狮子雕像上。石棺上的浮雕描绘了战斗场景。这具石棺本应用于安放君士坦丁大帝的遗体，不过，后来皇帝决定埋葬在君士坦丁堡，这具石棺就被用来安葬他的母亲圣海伦纳，并放置在托尔·皮格纳塔拉地区的皇陵中。

🏛 现藏于庇护-克莱孟博物馆

众展示在罗马和教皇国出土的最美丽的艺术珍品。马里亚诺·瓦西（Mariano Vasi）在他为壮游的旅行者撰写的旅游指南中说："庇护-克莱孟博物馆使所有其他博物馆黯然失色，既是因为其巨大的占地面积和恢宏的建筑外观，也是因为馆内收藏的大理石雕塑的数量令人望尘莫及。"

庇护-克莱孟博物馆的馆藏和布局基本延续至今，也因受巴洛克风格的影响而略有变化。该博物馆曾在一段时期内重视搜罗各种奇珍异宝，并按主题分类摆放。例如，动物大厅（Sala de los Animales）是一个令人惊叹的"石头动物园"，厅内的展品与自然和狩猎有关。二架马车大厅（Sala de la Biga）则汇集了与运动和竞技有关的雕像和石棺。在模仿万神殿建造的圆形大厅（Sala Rotonda）里有巨型雕像，而其他展厅、展柜和走廊则摆放了类型统一的藏品，并据此命名，如半身像大厅、烛台走廊、缪斯大厅、假面展室等。

基亚拉蒙蒂博物馆

从克莱孟十四世在任时期开始的对现有展馆的翻修和新展厅的建设工作一直持续到 18 世纪末庇护六世时期。这项工作在 1797 年中断，因为当时教会被要求将博物馆的主要藏品转让给拿破仑，并于巴黎展出——这些藏品直到 20 年后才经由雕塑家安东尼奥·卡诺瓦的外交斡旋而收回。法国与教皇国签订的《托伦蒂诺条约》（*Tratado de Tolentino*）允许法国占有这些藏品，这促使教皇国开展了一场大规模的收购运动，从古董商和考古学家手中收购文物。从 1806 年开始，基亚拉蒙蒂博物馆（Museo Chiaramonti）在收集到的艺术品的基础上建立起来，并于 19 世纪初由教皇庇护七世委托卡诺瓦进行管理。

1815 年，被拿破仑夺走的藏品得以重返梵蒂冈，因此有必要重新整理藏品并建造一个新的展区。庇护七世委托著名的罗马建筑师拉法埃莱·施特恩（Raffaele Stern）设计了基亚拉蒙蒂博物馆的新侧翼。

基督教博物馆

在创建庇护-克莱孟博物馆的同时，另外两个博物馆也开始成型，它们分别是 1757 年落成的基督教博物馆（Museo Cristiano），又称"神圣博物馆"（Museo

Sacro），以及1767年落成的世俗博物馆（Museo Profano）。基督教博物馆是在18世纪中叶由本笃十四世（Benedicto XIV）创建的，他委托维罗纳学者弗朗切斯科·维托里（Francesco Vettori）研究并整理了超过1000份文献和考古文物，其中大部分来自罗马的地下墓穴，这些文物构成了基督教博物馆最早的核心藏品。1963年，在这些早期基督教文物的基础之上，又增加了来自拉特朗宫（Palacio de Letrán）的庇护九世1854年的私人收藏，其中包括宗座神圣考古委员会（Comisión Pontificia de Arqueología Sacra）所发掘的大量文物。

此外，克莱孟十三世（Clemente XIII）于1767年建立了世俗博物馆，馆内展出浮雕、小型青铜器、象牙和水晶雕刻的奢侈品以及精美的教皇奖章。

■ 附录

漫步奥古斯都时期的罗马

在漫步于共和国时期和奥古斯都时期的伟大罗马建筑地标时，我们一定会想起歌德在1786年意大利之行中写下的那句话："在罗马城的发展中，问题不仅在于新城建在旧城之后，还在于旧城和新城的发展，在不同的时期，先后次序有所不同。"

● 本书中提及的建筑
○ 奥古斯都时期的罗马的其他建筑

特拉斯提弗列区及台伯岛

❶ 阿格里帕之家（今法尔内西纳别墅）
❷ 法布里奇奥桥和切斯提奥桥（上图）
❸ 圣巴托洛梅教堂（原埃斯库拉庇乌斯神庙）

从犹太区到圣母华彩教堂

❹ 马切罗剧院（上图）
❺ 屋大薇柱廊
❻ 阿波罗神庙和贝罗那神庙
❼ 欧利托里奥广场与圣奥莫博诺地区的祭祀区
❽ 波图努斯神庙
❾ 胜利者海克力斯神庙
❿ 真理之口

从鲜花广场到威尼斯广场

⓫ 鲜花广场上的庞培剧院
⓬ 银塔广场的祭祀区（上图）
⓭ 阿格里帕浴场与万神殿
⓮ 巴尔布斯剧院和巴尔布斯墓室

从罗马大角斗场到威尼斯广场

- ⑱ 恺撒广场和维纳斯神庙
- ⑲ 奥古斯都广场和复仇者玛尔斯神庙
- ⑳ 罗马的国家档案馆与卡比托利欧山的朱庇特神庙（上图）

从马克西穆斯竞技场到罗马大角斗场

- ⑮ 奥古斯都之家和莉薇娅之家（上图）
- ⑯ 马克西穆斯竞技场
- ⑰ 古罗马广场

科尔索大道、奎里纳莱山与埃斯奎利诺山

- ㉑ 奥古斯都陵墓（上图）
- ㉒ 和平祭坛
- ㉓ 撒路斯提乌斯庄园
- ㉔ 梅塞纳斯庄园的礼堂

353

特拉斯提弗列区及台伯岛

❶ 阿格里帕之家

阿格里帕的豪华住宅位于台伯河西岸，其遗迹被埋藏在文艺复兴时期建造的法尔内西纳别墅的花园下（花园在清理台伯河流域的工作中被拆除）。阿格里帕之家的著名壁画在罗马国家博物馆马西莫宫展出。

❷ 法布里奇奥桥和切斯提奥桥

法布里奇奥桥建于公元前62年，切斯提奥桥建于公元前1世纪下半叶。这两座桥的修建是为了连接战神广场和台伯河沿岸地区。法布里奇奥桥至今保存良好。

❸ 圣巴托洛梅教堂

圣巴托洛梅教堂建在古代埃斯库拉庇乌斯神庙的遗址上。尽管台伯岛上保存下来的建筑遗迹不多，但它与医疗行业的关系一直延续到今天。今天，天主圣约翰医护者协会经营位于台伯岛中心的医院。人们曾在20世纪30年代和20世纪80年代对医院下方的区域进行了考古发掘。

从犹太区到圣母华彩教堂

❹ 马切罗剧院

在屋大薇柱廊和欧利托里奥广场之间，矗立着保存最完好的古罗马剧院——马切罗剧院。这座剧院的建设由恺撒开始，由奥古斯都完成，并在公元前17年将其献给他已故的侄子、小屋大薇的儿子马塞卢斯。从13世纪开始，剧院看台的上部被萨维利家族的住宅占据，18世纪以来则成为奥尔西尼家族的财产，他们如今仍然居住在那里。

❺ 屋大薇柱廊

古老的屋大薇柱廊的入口位于犹太人聚居区的一条主干道上，这个柱廊的前身是梅特罗柱廊。从中世纪到19世纪，这里一直被用作鱼市，后来被改建为鱼市圣天使教堂。

❻ 阿波罗神庙和贝罗那神庙

矗立在马切罗剧院前的三根柱子属于阿波罗神庙，它又被称为"阿波罗索西乌斯神庙"，以纪念重建神庙的专员盖乌斯·索西乌斯。神庙的额枋和三角楣的奢华装饰来自一座希腊神庙，现在收藏于蒙特马蒂尼中心。而贝罗那神庙只有神庙前的高台保存了下来。

❼ 欧利托里奥广场与圣奥莫博诺地区的祭祀区

在马切罗剧院和屠牛广场之间，有一个小型的蔬菜市场，这就是欧利托里奥广场。广场上的雅努斯神庙、埃斯佩兰萨神庙和朱诺·索斯皮塔神庙被整合到后来的建筑中，如卡尔切雷的囚徒圣尼古拉教堂（San Nicola in Carcere）。

❽ 波图努斯神庙

在屠牛广场上建立的神庙中，只有两座神庙完好地保存了下来。其中一座是供奉河港的保护神波图努斯的波图努斯神庙，在公元9世纪被献给了埃及的圣马利亚，她是悔过的妓女的守护神。

❾ 胜利者海克力斯神庙

这是屠牛广场上另一座保存完好的神庙，这是由于它在12世纪被改建为教堂，先是供奉战车上的圣斯特凡，后用于供奉太阳圣母。胜利者海克力斯神庙建于公元前120年，是罗马现存最古老的大理石制神庙。

❿ 真理之口

1632年，人们在圣母华彩教堂的主柱廊里放置了一块雕刻着一个留着胡子的男人形象的大理石块，将其作为出水口或下水道的盖子使用。在古典时代晚期，开始出现关于这块石块的占卜能力的传说。

从鲜花广场到威尼斯广场

⓫ 鲜花广场上的庞培剧院

宏伟的庞培剧院及其柱廊在罗马的城市布局中留下了印记。鲜花广场旁建筑的外墙与当年剧院的看台和舞台的形状一致，从广场上的一些商铺的店面布局仍然可以看出剧院的出入口的形状。

⓬ 银塔广场的祭祀区

在1927年的城市改造项目中，银塔广场祭祀区的神庙被发掘出土，广场上的塔楼被拆除。这座塔楼名为"银塔"（Torre Argentina），它的名字来源于斯特拉斯堡的拉丁语名"银色堡垒"（Argentoratum），塔楼所属宫殿的主人就来自斯特拉斯堡。

354

⑬ 阿格里帕浴场与万神殿

在维托里奥·埃马努埃莱大街和万神殿广场之间，阿格里帕建造了罗马的第一个公共浴场（阿格里帕浴场）和罗马最著名的神庙（万神殿）。在哈德良时代，万神殿成为古代罗马最令人钦佩的建筑工程之一。

⑭ 巴尔布斯剧院和巴尔布斯墓室

巴尔布斯剧院的遗迹位于银塔广场和威尼斯广场之间，是奥古斯都时期的三间石制剧院之一。剧院的柱廊被称为巴尔布斯墓室，曾经是罗马国家博物馆的所在地。

从马克西穆斯竞技场到罗马大角斗场

⑮ 奥古斯都之家和莉薇娅之家

奥古斯都之家和莉薇娅之家是帕拉蒂尼山上唯一保存下来的建于奥古斯都时期的建筑遗迹，这些建筑在图密善建造皇宫的大型工程之前就已存在。这两座宅邸内的壁画都非常精美，可以追溯到公元前30年左右。

⑯ 马克西穆斯竞技场

马克西穆斯竞技场是曾经横跨阿文提诺山和帕拉蒂尼山之间的山谷、可以容纳30万名观众的大型竞技场，如今被荒草覆盖。装饰竞技场分界墙的弗拉米尼乌斯方尖碑在16世纪被转移至人民广场（Piazza del Popolo）。

⑰ 古罗马广场

古代罗马城的中心地带在今天仍然是一个迷人的地方。从卡比托利欧广场的一个平台上或罗马国家档案馆俯瞰古罗马广场，有助于了解它的建筑结构及识别各建筑的遗迹。

从罗马大角斗场到威尼斯广场

⑱ 恺撒广场和维纳斯神庙

恺撒广场是帝国议事广场中最古老的广场，其主要建筑是一座供奉维纳斯女神的神庙，可以从圣彼得监狱大道上看到。广场的西侧是建于图拉真时期的阿根塔利亚巴西利卡（Basilica Argentaria）的遗迹。

⑲ 奥古斯都广场和复仇者玛尔斯神庙

复仇者玛尔斯神庙和奥古斯都广场的两座半圆形建筑的遗迹位于帝国广场大道和孔蒂塔大道之间。这些建筑中的雕塑的遗迹，如奥古斯都巨像手部的碎片，在帝国议事广场博物馆（Museo de los Foros Imperiales）展出。

⑳ 罗马的国家档案馆与卡比托利欧山的朱庇特神庙

在参观卡比托利欧博物馆的过程中，可以看到罗马国家档案馆的内部，以及卡比托利欧山的朱庇特神庙的巨大基座。

科尔索大道、奎里纳莱山与埃斯奎利诺山

㉑ 奥古斯都陵墓

罗马的第一座皇家陵墓如今处于令人遗憾的失修状态。这座陵墓在12世纪时被改造为科隆纳堡垒，在14世纪时成为奥尔西尼家族的葡萄园，在18世纪时成为斗牛场，在20世纪时则成了一间礼堂。

㉒ 和平祭坛

复原后的和平祭坛现在被陈列在理查德·迈尔于2003年设计的罗马最具现代性风格的建筑内部。和平祭坛是在菲亚诺-阿尔马贾宫的地基下发现的，这座宫殿紧临科尔索大道（古拉塔路），即弗拉米尼亚大道的初始路段。

㉓ 撒路斯提乌斯庄园

历史学家盖乌斯·撒路斯提乌斯的庄园遗迹位于平乔山和奎里纳莱山之间，靠近奥勒良城墙的撒拉里门。人们在庄园中发现了《垂死的高卢人》雕像（Gálata moribundo）、《自杀的高卢人》雕像（Gálata Ludovisi）以及现在矗立在西班牙广场上的山上圣三一教堂（Trinità dei Monti）前的方尖碑。

㉔ 梅塞纳斯庄园的礼堂

在埃斯奎利诺山上，你可以参观属于奥古斯都的密友以及诗人和艺术家的保护者梅塞纳斯的庄园的巨大喷泉。别墅内"第三样式"风格的壁画（这种壁画在1874年被发现之前在罗马很少见）收获了学者们的赞誉。

帕拉蒂尼山与切利奥山

❶ 图密善的宫殿（奥古都宫、弗拉维亚宫及竞技场）（上图）
❷ 克劳狄神庙

罗马大角斗场与奥皮欧山

❸ 罗马大角斗场（上图）
❹ 角斗士学校
❺ 奥皮欧大厅（金宫）
❻ 七大厅蓄水池
❼ 图拉真浴场
❽ 维纳斯和罗马神庙

帝国广场大道

❾ 安东尼努斯和福斯蒂娜神庙（上图）
❿ 韦斯巴芗神庙
⓫ 涅尔瓦广场
⓬ 图拉真广场和图拉真市场
⓭ 图拉真柱
⓮ 瓦伦蒂尼宫

漫步罗马帝国鼎盛时期的罗马

在安敦尼王朝时期，罗马迎来了城市发展的辉煌时期。在这一时期内，城内建造了众多充满象征意义的建筑，它们在今天仍然是意大利首都罗马的象征。其中，万神殿等部分建筑仍然保存完好，而涅尔瓦广场上的神庙等其他建筑则在后来被改造成了新的建筑。

● 本书中提及的建筑
○ 公元1世纪、2世纪的罗马的其他建筑

从万神殿到纳沃纳广场

⑳ 尼禄浴场　　㉒ 图密善音乐厅
㉑ 万神殿与尼普顿巴西利卡（上图）　　㉓ 图密善竞技场

从特雷维喷泉到万神殿

⑮ 天堂祭坛住宅区　　⑱ 哈德良神庙
⑯ 水城　　⑲ 玛提迪雅神庙
⑰ 奥勒留圆柱（上图）

梵蒂冈

㉔ 哈德良陵墓　　㉖ 科内利亚大道墓园
㉕ 胜利大道墓园（上图）

357

附录

帕拉蒂尼山与切利奥山

❶ 图密善的官殿

在帕拉蒂尼考古公园，你可以参观图密善宫殿的遗迹，它包括三个部分：公共区域弗拉维亚宫、私人区域奥古斯都宫，以及一个被称为"帕拉蒂尼竞技场"的私人跑马场。弗拉维亚宫和奥古斯都宫之间有一座文物馆。

❷ 克劳狄神庙

在克劳狄一世于公元 54 年去世后，他的最后一位妻子小阿格里皮娜下令建立克劳狄神庙。在公元 64 年的一场大火后，尼禄将它改造成金宫中的一座由克劳迪亚水渠供水的喷泉。

罗马大角斗场与奥皮欧山

❸ 罗马大角斗场

罗马大角斗场建在原来金宫公共区域的一个池塘上。今天，角斗场的门票收入被用于奥皮欧大厅的壁画的修复工作和图拉真浴场公园的重建。

❹ 角斗士学校

公元 80 年，在建造罗马大角斗场的地下长廊的同时，图密善下令在角斗场附近建造一所与之相连的角斗士学校。角斗士学校的角斗士牢房和看台分布在一个长 63 米、宽 49 米的椭圆形庭院周围，可以容纳约 3000 名观众观看训练课程。

❺ 奥皮欧大厅

奥皮欧大厅是金宫中的私人区域，是皇室家族的休闲区和居住区。它在公元 104 年被烧毁，图拉真将其掩埋，并在其上建造浴场。奥皮欧大厅的精美壁画出自法布勒斯之手，在 15 世纪末被重新发现。

❻ 七大厅蓄水池

图拉真浴场东北角的大型蓄水池为浴场提供水源，这个蓄水池可以容纳 800 万升水。在 18 世纪中叶，蓄水池建筑群的九个房间中的七个被挖掘出土，因此人们称其为"七大厅蓄水池"。

❼ 图拉真浴场

图拉真浴场于公元 109 年落成，是图拉真委托大马士革的建筑师阿波罗多罗斯设计的。它的建筑设计和浴池分布方式（沿东北-西南方向轴线分布）被后来的浴场所仿效。图拉真浴场西南部的半圆形建筑是整个建筑群保存最完整的部分。

❽ 维纳斯和罗马神庙

维纳斯和罗马神庙是罗马最大的神庙。哈德良直接参与了神庙的设计，但受到了阿波罗多罗斯的批评（他因此被判处死刑）。神庙有两个内殿，分别供奉维纳斯和罗马女神。圣弗朗西斯卡罗马教堂（Iglesia de Santa Francesca Romana）就建立在其中一个内殿之上。

帝国广场大道

❾ 安东尼努斯和福斯蒂娜神庙

古罗马广场中保存最完好的神庙之一是建于公元 141 年、献给皇后福斯蒂娜的神庙，在安东尼·庇护去世后，这座神庙也供奉他。在公元 7 世纪，它被改造成米兰达的圣洛伦佐教堂。在 15 世纪，教皇马丁五世将其捐赠给罗马药剂师协会。

❿ 韦斯巴芗神庙

提图斯在罗马国家档案馆脚下建造了一座神庙，以纪念他于公元 79 年去世后被神圣化的父亲韦斯巴芗。韦斯巴芗神庙的建设工作由图密善完成。神庙内的一些浮雕在卡比托利欧博物馆内展出。

⓫ 涅尔瓦广场

图密善在奥古斯都广场和韦斯巴芗的和平广场之间建立了一个广场，广场上的主要建筑是一座纪念他的守护神密涅瓦的神庙。这个广场被称为"可通行的广场"，因为连接苏布拉区和古罗马广场的阿及雷多路的第一路段从这个广场横穿而过。密涅瓦神庙于 1606 年被拆除，人们用它的建筑材料在贾尼科洛山上建造了保罗喷泉。

⓬ 图拉真广场和图拉真市场

图拉真广场是帝国议事广场中最大的广场，由图拉真在连接卡比托利欧山和奎里纳莱山的山丘上建造。建造图拉真市场的目的是支撑奎里纳莱山被开凿后留下的土坡，各幢建筑处于不同的海拔高度。图拉真市场的主要功能是行政功能。

⑬ 图拉真柱

图拉真柱矗立在图拉真广场的西侧入口和乌尔比亚巴西利卡之间，它的两侧各有一座图书馆。柱顶的图拉真雕像在1588年被圣彼得的雕像所取代。

⑭ 瓦伦蒂尼宫

庇护五世的孙子建造的瓦伦蒂尼宫之下是一些帝国时代的贵族住宅的遗迹。宫内保存着图拉真广场的灰色花岗岩石柱柱体。

从特雷维喷泉到万神殿

⑮ 天堂祭坛住宅区

在卡比托利欧山顶、维托里奥·埃马努埃莱纪念碑的一侧、天堂祭坛圣母堂（Basílica de Santa María in Ara Coeli）下，有一处建于公元2世纪的五层住宅区的遗迹。当时的罗马骑士阶层住在住宅区低层，平民住在高层。

⑯ 水城

在特雷维喷泉近旁，有一个名为水城的地下考古区，内有维尔戈水渠的水塔以及一些帝国时期的穹顶的遗迹。

⑰ 奥勒留圆柱

圆柱广场上矗立着纪念马可·奥勒留取得马科曼尼战争（公元161—180年）胜利的圆柱。这根100英尺高的柱子外围有一条浮雕饰带，长达110米。

⑱ 哈德良神庙

这座神庙是哈德良为纪念他的亡妻萨比娜而建立的，她在公元136年被神圣化。在哈德良去世后，这座神庙也供奉神圣的哈德良。在17世纪，神庙被纳入卡洛·丰塔纳为梵蒂冈海关设计的建筑中，后在19世纪被改造为罗马证券交易所。

⑲ 玛提迪雅神庙

在哈德良神庙和奥勒留圆柱之间的地带，残存着哈德良为纪念他的岳母玛提迪雅（图拉真的侄女）而建的神庙的零星遗迹。

从万神殿到纳沃纳广场

⑳ 尼禄浴场

尼禄浴场于公元62年建于战神广场，维尔戈水渠为浴场提供水源。1666年，人们用来自浴场的两根粉红色花岗岩柱子修复万神殿。浴场的部分遗迹保存在夫人宫（Palazzo Madama）之下，而浴场的一个花岗岩大水槽如今位于科斯蒂通广场（Plaza della Costituente）上。

㉑ 万神殿与尼普顿巴西利卡

万神殿是古罗马令人惊异的建筑之一。它在公元608年被改造为教堂，因此得以完美地保存至今。在万神殿的入口对面，可以看到尼普顿巴西利卡的遗迹，巴西利卡上的浮雕喻指阿格里帕在阿克提姆海战中取得的胜利。

㉒ 图密善音乐厅

这座音乐厅是模仿希腊的音乐厅建造的，可以容纳1万名观众。马西莫柱宫的外墙保留了音乐厅的看台的形状。

㉓ 图密善竞技场

图密善竞技场由图密善在公元85年至公元86年出资建造，用于举办阿贡-卡比托利努斯运动会。这是罗马第一座石制竞技场。纳沃纳广场保留了竞技场的建筑设计（整体为长方形、一个短边为弧形），广场上的建筑下保留了竞技场出入口的形状。

梵蒂冈

㉔ 哈德良陵墓

哈德良在公元135年建造了一座皇家陵墓，这座陵墓在中世纪时成为一个要塞。从公元590年开始，它被称为圣天使堡，以纪念教皇格雷戈里奥一世看到的天使长米迦勒的异象，这预示着肆虐罗马的黑死病即将结束。

㉕ 胜利大道墓园

这是罗马最大的中下层阶级人士的火化地和墓园。尼禄的奴隶阿尔西姆斯（Alcimo）和官方簿记员提比略·克劳迪乌斯·奥普塔图斯（Tiberio Claudio Optato）都葬于此地。除了参观墓园，游客还可以参观一个用于火化的区域。

㉖ 科内利亚大道墓园

在公元2世纪，梵蒂冈的卡利古拉竞技场旁、科内利亚大道两侧建造了一系列装饰豪华的墓园，是富裕的获释奴隶的墓葬地。游客参观这个位于圣彼得大殿之下的墓园前必须预约。

■ 附录

漫步西罗马帝国时期的罗马

　　当你从罗马的某座山顶上俯瞰罗马，欣赏脚下这个拥有近900座基督教堂的迷人的城市时，你很难想象在戴克里先于公元313年签署《米兰敕令》之前这个异教的城市的模样。距离17个世纪前那次不可抗拒的、激进的改宗已经过去了很久，但我们今天可以从罗马的建筑中感受到这个转变过程：基督教从城墙外的墓地开始，逐渐征服了这座城市的中心。

梵蒂冈

❶ 圣彼得大殿　　❷ 梵蒂冈墓园（上图）

特米尼地区

❺ 戴克里先浴场（上图）　　❼ 密涅瓦医神庙

❻ 圣母大殿

诺门塔纳大道

❸ 普利西拉地下墓穴（上图）　　❹ 君士坦丁娜陵墓

古罗马广场

❽ 荣誉柱及演讲台　　❿ 圣科斯马和达米安教堂与罗慕路斯神庙（上图）

❾ 塞维鲁凯旋门、提图斯凯旋门及君士坦丁凯旋门

⓫ 新巴西利卡（上图）

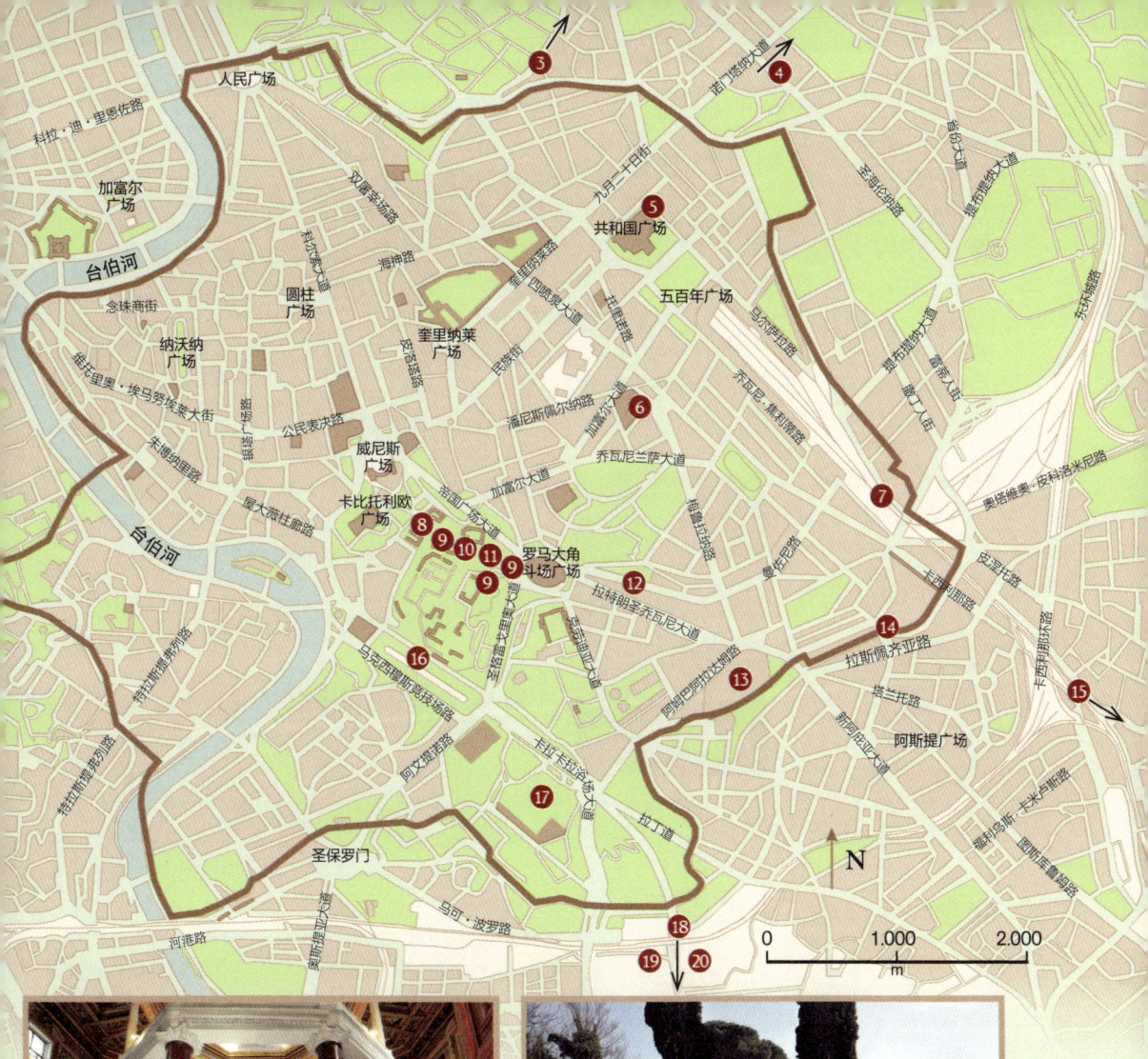

拉比卡纳大道与拉特朗圣约翰大殿路

② 拉特朗圣克莱孟圣殿
⑬ 拉特朗圣约翰大殿及洗礼堂（上图）
⑭ 卡斯特伦斯圆形竞技场
⑮ 塞索里安宫和圣海伦纳陵墓

从马克西穆斯竞技场到阿庇亚大道

⑯ 马克西穆斯竞技场
⑰ 卡拉卡拉浴场
⑱ 圣塞巴斯蒂安门和城墙博物馆
⑲ 圣卡利克斯图斯地下墓穴（上图）以及多米蒂拉、普雷特斯塔图斯、圣塞巴斯蒂安地下墓穴
⑳ 马克森提乌斯宫及竞技场

梵蒂冈

❶ 圣彼得大殿
今天的圣彼得大殿是君士坦丁时期的大殿在16世纪至17世纪经过大规模改造后的结果，参与改建的建筑师包括伯拉孟特、佩鲁齐、小安东尼奥·达·桑加罗、米开朗琪罗、马德诺和贝尔尼尼。初代大殿的地层位于梵蒂冈石窟中。

❷ 梵蒂冈墓园
参观梵蒂冈墓园需要提前几个月预约。在参观时，导游会带领游客深入圣彼得大殿的地下，那里完好地保存着科内利亚大道墓园的几座陵墓。在参观过程中，你还可以欣赏到"盖乌斯的战利品"和"涂鸦墙"的遗迹。

诺门塔纳大道

❸ 普利西拉地下墓穴
撒拉里道旁的普利西拉地下墓穴是罗马最古老的早期基督教墓园之一，里面埋葬着365位殉道者和众多圣徒。

❹ 君士坦丁娜陵墓
君士坦丁娜的陵墓被改造成基督教教堂，因此得到了较好的维护。尽管建筑的外观很朴素，但陵墓内部的多色马赛克镶嵌画使其成为一个不容错过的景点。

特米尼地区

❺ 戴克里先浴场
在19世纪时，戴克里先浴场的建筑群完全融入了罗马的城市肌理。冷水浴室和温水浴室的大厅在1562年被米开朗琪罗改建为一座基督教圣殿，即天使之后圣殿。在19世纪末，浴场的半圆形殿被改造为共和国广场，而浴场主建筑的其他大厅成为罗马国家考古博物馆的首个馆址。

❻ 圣母大殿
圣母大殿是唯一一座保留了早期基督教圣殿的原始平面结构的大殿，它是在公元360年左右由教皇利伯略（Liberio）委托建筑师设计的。大殿前方矗立着"和平柱"，柱高14米，柱头为科林斯式，来自新巴西利卡的中央中殿。

❼ 密涅瓦医神庙
密涅瓦医神庙残存的遗迹位于特米尼火车站的东南端。密涅瓦医神庙是利奇尼奥庄园和帕拉蒂尼庄园中的一个精致的大厅，用于举办宴会和接待客人，曾经是壮游的旅行者的热门目的地。

古罗马广场

❽ 荣誉柱及演讲台
作为罗马公共政治生活的场所，古罗马广场见证了权力的更迭以及代表权贵人物的纪念性建筑的不断建立和破坏。在这些建筑中，四帝共治时期的诸位皇帝的荣誉柱只剩下了光秃秃的底座，这是人们通过一些可以追溯到公元3世纪的钱币上的图案识别出来的。

❾ 凯旋门
凯旋门是为纪念罗马军队的伟大胜利而建立的荣誉性建筑，是帝国官方以图像语言进行的政治宣传。比较塞维鲁凯旋门、提图斯凯旋门和君士坦丁凯旋门上的浮雕在叙述方式上的异同无疑是一种有趣的参观方式。

❿ 圣科斯马和达米安教堂与罗慕路斯神庙
马克森提乌斯为他的儿子罗慕路斯建的神庙在公元6世纪时被并入圣科斯马和达米安教堂。游客可以从广场上看到神庙的圆形外墙，但只有从帝国广场大道进入教堂，才能欣赏原来的神庙的内景。

⓫ 新巴西利卡
在马克森提乌斯建造的新巴西利卡中，只有南侧的中殿和西侧的半圆形后殿的一部分保存了下来。半圆形后殿中有君士坦丁大帝的巨像，雕像的头部和手部在15世纪被发现。

拉比卡纳大道与拉特朗圣约翰大殿路

⑫ 拉特朗圣克莱孟圣殿

拉特朗圣克莱孟圣殿内埋葬着西里尔字母的创造者——圣西里尔和圣美多德。这座圣殿是罗马城市发展历程的一个很好的例子。初代圣殿建在一个帝国时代的仓库和一所宅邸的遗址上,这座宅邸本身经过多次翻修,其地下室被改造为密特拉寺。

⑬ 拉特朗圣约翰大殿及洗礼堂

拉特朗圣约翰大殿是第一座用于举行圣餐仪式的大教堂,由教皇西尔维斯特一世在公元 324 年将其敬献给最神圣的救世主。洗礼堂是在古代浴场的地基上建造的一座独立建筑。大殿所在的广场上矗立着拉特朗方尖碑,这是罗马最高的石碑(高 32.2 米),于 1588 年应教皇西斯笃五世的要求从马克西穆斯竞技场转移到拉特朗地区。

⑭ 卡斯特伦斯圆形竞技场

卡斯特伦斯圆形竞技场位于奥勒良城墙保存较完好的地段,这座竞技场是埃拉伽巴路斯皇帝在塞普蒂米乌斯·塞维鲁的斯佩乌埃特里斯庄园中增加的两座娱乐性建筑之一。竞技场旁的城墙之内矗立着耶路撒冷圣十字圣殿,殿内存放着耶稣受难的十字架,是由君士坦丁大帝的母亲圣海伦纳在公元 325 年从圣地带回罗马的。圣殿的地基中堆放着来自卡瓦里奥山的土石。

⑮ 塞索里安宫和圣海伦纳陵墓

君士坦丁大帝在拉比卡纳大道(今卡西利那路)的第三罗马里处建造了一座皇陵,陵墓与塞索里安宫和纪念圣玛策林及圣彼得的圣殿相连,这两位圣徒的遗体安葬在与圣殿相邻的地下墓穴中。这座陵墓本是为君士坦丁本人而建,但他并没有葬在这里,只有他的母亲圣海伦纳于公元 328 年去世后葬于此地。

从马克西穆斯竞技场到阿庇亚大道

⑯ 马克西穆斯竞技场

马克西穆斯竞技场是古罗马最大的娱乐性建筑,其主要功能是举办广受民众欢迎的战车比赛。虽然它的建造可以追溯到罗马的王政时代(公元前 753 年至公元前 509 年),但马匹候场区的闸门在公元前 329 年才建造完成。在经历了图密善统治时期的一场严重的火灾后,竞技场由图拉真在公元 103 年重建并完善。后来,安东尼·庇护、卡拉卡拉和君士坦丁大帝都对竞技场进行过改建。

⑰ 卡拉卡拉浴场

保存最完好的帝国时期的浴场是卡拉卡拉在公元 216 年建造的浴场,后由埃拉伽巴路斯皇帝和亚历山大·塞维鲁皇帝完善。卡拉卡拉浴场由马西亚水渠提供水源,可以同时容纳 1600 名来自不同社会阶层的沐浴者。后来,哥特人摧毁了罗马的水渠,浴场的供水也被中断。因此,浴场遭到废弃,成为建筑材料的来源。在教皇保罗三世在任时期,浴场的废墟为米开朗琪罗设计的法尔内塞宫提供了石材。

⑱ 圣塞巴斯蒂安门和城墙博物馆

在奥勒良城墙的 18 个城门中,圣塞巴斯蒂安门是最大的,也是保存得最好的一个。阿庇亚大道的起点就在这里。城墙博物馆(Museo de las Murallas)于 1990 年开设在城门内,向参观者介绍共和国时期以来罗马的不同防御工事的故事。

⑲ 阿庇亚大道的地下墓穴

阿庇亚大道的地下墓穴位于距离圣塞巴斯蒂安门 1.5 公里处的卡法雷拉公园,大量殉道者和教皇都葬于此地。这些墓穴分别是圣卡利克斯图斯地下墓穴(其墓道长约 20 公里)、多米蒂拉地下墓穴(据说人们曾在这里供奉使徒彼得的女儿殉道者佩特罗尼拉)、普雷特斯塔图斯地下墓穴(建在属于同名元老院成员的土地上)和圣塞巴斯蒂安地下墓穴(圣塞巴斯蒂安是在戴克里先迫害基督教徒的行动中被杀害的殉道者之一)。

⑳ 马克森提乌斯宫及竞技场

在阿庇亚大道和皮尼亚特利路之间,坐落着马克森提乌斯宫的遗迹,包括一个长 520 米的竞技场和一个皇陵,这个陵墓内安葬着于公元 309 年去世的瓦莱里乌斯·罗慕路斯。

363

图书在版编目（CIP）数据

重返古罗马 / 西班牙RBA传媒公司著；唐正译. 北京：现代出版社，2025.3. --（RBA环球考古大系）. ISBN 978-7-5231-1159-8

Ⅰ．K126-49

中国国家版本馆CIP数据核字第20248CB547号

版权登记号：01-2022-2693

©RBA Coleccionables, S.A. 2020
©Of this edition: Modern Press Co., Ltd. 2025
由北京久久梦城文化发展有限公司代理引进

重返古罗马（RBA环球考古大系）
CHONGFAN GULUOMA

著　　者	西班牙RBA传媒公司
译　　者	唐　正
选题策划	张　霆
责任编辑	刘　刚　张　瑾
内文排版	北京锦创佳业文化传播有限公司

出版发行	现代出版社
地　　址	北京市安定门外安华里504号
邮政编码	100011
电　　话	（010）64267325
传　　真	（010）64245264
网　　址	www.1980xd.com
印　　刷	北京新华印刷有限公司
开　　本	710mm*1000mm 1/16
印　　张	23
字　　数	356千
版　　次	2025年3月第1版　2025年3月第1次印刷
书　　号	ISBN 978-7-5231-1159-8
定　　价	158.00元

版权所有，翻印必究；未经许可，不得转载